Ellen Gunderson-Traylor
STARK DURCH GOTT

Ellen Gunderson-Traylor

Stark durch Gott

Die Geschichte Simsons, des Richters in Israel

Leuchter-Verlag eG · Erzhausen

Titel der Originalausgabe: SAMSON
Übersetzung: KH. Neumann
Umschlaggestaltung: Dieter Illgen, Hannover

1. Auflage Dezember 1994

ISBN 3-87482-175-7

Gesamtherstellung: Schönbach-Druck GmbH, 64390 Erzhausen

INHALT

Vom Fresser kommt Speise,
vom Starken kommt Süßes.

Richter 14,14

PROLOG

Das Rauschen der See war seltsam laut in dieser Nacht, und das Donnern der Brandung rollte über den Hafen von Gaza hinweg. Salzwind wehte vom Meer her und riß an den Dächern der Häuser in der Hauptstadt der Philister.

Eine dunkelhaarige Frau huschte im Schatten der Häuser dem Hauptplatz der Stadt zu, wo der große Tempel Dagons stand. Sie bedeckte ihr Gesicht mit dem Schleier und hoffte, niemand würde sie als Jüdin erkennen. Sie hatte gehofft, vor Einbruch der Dämmerung in der Stadt zu sein, doch der klapprige Karren und der alte müde Esel hatten das verhindert. Ihre Fahrt von Zora war deshalb so langsam gewesen, daß nun die Dunkelheit mit Macht hereinbrach.

Die alte Rena hatte sie zu dieser Fahrt überredet, weil ihr ehrwürdiger Gatte Manoah kurz vor seinem Tode stand und seinem verlorenen Sohn noch ein Abschiedswort überbringen lassen wollte. Sicher würde Marissa den „Jungen" finden, hatte die alte Frau gesagt, und ihm Manoahs Ermahnung mitteilen. „Mein Sohn, räche dich selbst!" war der Befehl vom Sterbebett her. „Sage Simson, er soll sich noch einmal gegen seine Feinde erheben."

Mit großer Furcht hatte sich die jüngere Frau dann endlich auf den Weg gemacht, denn sie mußte nicht nur durch ihr unbekannte Gegenden fahren, sondern auch durch das Gebiet der Feinde Simsons. Juden waren im Land der Philister nicht willkommen, besonders nicht, seit sie Simson gefangen hatten. Würde Marissa entdeckt, konnte sie ihr Leben verlieren oder würde als Gefangene viel Übles ertragen müssen.

Nach zwölf Stunden mühsamer Fahrt durch das Hügelland des Stammes Dan hatte Marissa die Meerebene erreicht. Hier auf der großen Straße ging es leichter und schneller voran. Doch mit der immer mehr sinkenden Sonne war Marissas Unruhe gewachsen. Dann hatte sie gerade noch mit den letzten Reisenden das Stadttor von Gaza erreicht. Doch als es nun dunkel wurde, gab es nur noch wenig Verkehr in den Straßen. Deshalb hatte sie den Esel in der Nähe des Hauptplatzes an einen Pfahl gebunden und lief nun eilig zum Tempel Dagons.

Doch auch wenn sie dieses heidnische Haus ohne Zwischenfall erreichen würde, war es noch nicht sicher, ob Simson auch dort gefangengehalten wurde. Als Letztes hatte man in Zora erfahren, daß er im Tal Sorek gefangengenommen und in die Hauptstadt gebracht wurde. Da die Regierung der Philister, genau wie die der Juden, eng mit der nationalen Religion verbunden war, wollte Marissa ihre Suche im Haupttempel beginnen.

Marissa hatte mit ihren feinen Kleidern auf dem alten Karren mit dem lahmen Esel davor ein recht seltsames Bild abgegeben. Doch sie war fest entschlossen gewesen, ihre Feiertagskleidung für diese Reise anzuziehen. Was auch immer geschehen würde, sie wollte den Philistern in einem feinen Gewand gegenübertreten.

Marissa hatte an diesem Kleid jahrelang gearbeitet. Schon als Mädchen hatte sie damit begonnen, den feinen Seidenstoff kunstvoll zu besticken. Das Kleid hatte ihr Hochzeitsgewand sein sollen. Bisher war sie nicht verheiratet gewesen, sondern hatte ihren Lebensunterhalt als Näherin verdient. Doch nun war sie seit einiger Zeit mit Simson verlobt, und in zwei Wochen hätte die Hochzeit sein sollen, hätten die Philister ihn nicht gefangengenommen. Doch nun wollte sie das Kleid wenigstens tragen, wenn sie zu ihm ging.

Sie mußte an Simson denken, während sie im Schatten der Häuser entlanghuschte. Sie hatte keine Ahnung, wie sie ihn finden sollte und in welchem Zustand er sich befand.

Plötzlich hörte sie über sich Flügelschlagen und stand ganz still. Als sie nach oben blickte, erkannte sie im Mondlicht einen Falken. Sie hatte gehört, daß die Wachen der Philister Falken statt Hunde hielten, und drückte sich deshalb noch tiefer in den Schatten. Einige Minuten wartete sie mit angehaltenem Atem. Als der Falke nicht zurückkehrte, faßte sie wieder Mut. Doch ehe sie weiterging, zog sie ihre Sandalen aus, um ihre Schritte unhörbar zu machen.

Als sie den Marktplatz erreichte, schlich sie auf Zehenspitzen an den dort aufgestellten Götterstatuen vorbei. Viele von ihnen trugen Helme und Schilde und Speere. Die Waffen waren aus Eisen, was den Philistern ein so großes militärisches Übergewicht über die anderen Völker rundum gab, die es noch nicht verstanden, Eisen herzustellen.

Marissa kannte sich unter den Göttern der Philister nicht aus. Doch sie wußte, daß die Tempel von El, dem Vater der Götter, und von Dagon, seinem Sohn, im Zentrum der Akropolis lagen. Und sie kannte auch die Statue der Astarte, vor der sie jetzt stand. Niemand brauchte ihr zu sagen, daß es sich um die Fruchtbarkeitsgöttin und die Göttin der sinnlichen Liebe handelte. Marissa lief es kalt über den Rücken, denn diese Göttin symbolisierte nicht nur die fremde Kultur der Feinde Israels, sondern war auch ein Modell der Frauen, die für Simsons tiefen Fall verantwortlich waren.

Warum mußte sie gerade jetzt daran erinnert werden, überlegte sie, als ihr Tränen in die Augen traten. Machte es wirklich etwas aus, daß Simson eine Schwäche für diese Frauen hatte? Ja, es machte etwas aus! Und zwar nicht in erster Linie, weil er Marissas Verlobter war, sondern weil er ein Diener Gottes, ein Richter in Israel, ein Nasiräer von Geburt an war, berufen, sein Volk von ihren Feinden zu befreien. Seine Zuneigung zu diesen Frauen hatte immer wieder dazu geführt, daß er Gottes Beistand verlor, und mochte auch die Ursache für seine jetzige Niederlage und Gefangenschaft sein.

Endlich sah sie den Tempel Dagons vor sich auftauchen. Wie eine riesige Festung aus Marmor erhob sich dieses größte und bedeutendste Bauwerk von Gaza über der Stadt. Riesige Säulen trugen den Bau mit seinem terrassenförmig angelegten Dach. Die Ausmaße des Gebäudes zeigten, daß Dagon der Hauptgott der Philister war. Sicher wurde Simson hier gefangengehalten, denn der Nasiräer hatte Dagon oft beschämt.

Wo aber sollte sie Simson in dem riesigen Bau finden? Wo mit ihrer Suche beginnen? Bisher war sie froh gewesen, niemand begegnet zu sein. Doch jetzt wünschte sie sich, jemand fragen zu können. Doch andererseits durfte sie hier im Herzen der Philisterstadt niemandem auffallen. Was sollte sie tun? Nur der Gott Israels konnte ihr helfen und ihr Führer sein.

Sie schlich zwischen den riesigen Säulen entlang zum inneren Hof, wo ein großer Brunnen plätscherte. Die riesige bronzene Statue stellte Dagon dar, das wußte Marissa. Er trug ein Szepter, das so ähnlich wie eine Gabel geformt war, und auf dem Haupt eine Krone. Der Oberkörper des Gottes war der eines Menschen, und ab den Hüften hatte er eine Fischgestalt. Er ruhte auf einem mächtigen Felsblock, und sein Schwanz hing bis hinunter ins Wasser des Brunnens. Umgeben war er von einem Kreis von Frauen. Einige waren völlig menschlich, andere hatten die Form von Nixen. Doch alle schauten sie verehrungsvoll zu Dagon auf.

Marissa zitterte ein wenig, als sie auf die mächtige Götterfigur blickte. Leise flüsterte sie Adonais Namen und bat Ihn um Schutz. Da hörte sie plötzlich eilige Schritte. Als sie den Blick nach dort richtete, sah sie im Mondlicht einen Botenjungen eilig über den Hof laufen. Er hatte wohl die Frau, die im Schatten einer Säule stand, nicht gesehen.

Obwohl sich Marissa fürchtete, wußte sie doch, daß dies vielleicht ihre einzige Chance war, Hilfe zu finden. Die

Jugend des Burschen gab ihr Mut, und sie rief: „Herr, ich glaube, ich habe mich verlaufen!“

Der Junge blieb stehen und versuchte zu erkennen, woher die Worte gekommen waren. Marissa trat einen Schritt ins Mondlicht. Vorsichtig kam der Junge einige Schritte näher und sagte dann zu ihrer Überraschung in ihrer eigenen Sprache: „Das stimmt wohl. Niemand sollte nach Sonnenuntergang noch hier sein. Wie bist du durch das Eingangstor gekommen?“

Marissa wußte das auch nicht genau. Ihr war nur klar, daß sie sich auf gefährlichem Boden befand. „Bitte, Herr“, wiederholte sie nochmals, „ich weiß meinen Weg nicht.“

Der Junge stand jetzt direkt vor ihr und betrachte sie staunend. „Du bist keine Philisterin“, meinte er. „Deine Sprache ist wie die meine und – wie seine.“

Marissa wußte, daß es nicht ungewöhnlich für jüdische Jungen war, bei den Philistern in Gefangenschaft zu sein. Sie empfand Mitleid mit dem armen Jungen. Doch sie hatte einen Auftrag übernommen und wollte sich nicht ablenken lassen. Sie fragte: „Wer spricht noch so wie ich?“

„Du bist eine Israelitin“, wunderte sich der Junge. „Warum bist du hier?“

Marissa ging nicht auf ihn ein, sondern fragte nochmals: „Wer spricht so wie ich?“

Der Junge trat zwei Schritte zurück und musterte sie genau. „Ich weiß es“, rief er dann leise, „du gehörst zu den Juden, so wie Simson!“

Marissa faßte Mut, trat zu dem Jungen und packte ihn am Arm. „Du kennst ihn?“ fragte sie. „Wo ist er?“

Der Junge wollte sich losreißen, doch Marissa hielt ihn fest und forderte: „Du mußt mich zu ihm bringen, ich bin seine Freundin.“

„Ich kann nicht“, antwortete er ernst. „Bitte, laß mich gehen.“

Doch Marissa packte seinen Arm nur noch fester. „Hast du einen Vater?“ forschte sie. „Wenn ja, weißt du auch, welchen Kummer es ihm bereiten würde, dich zu verlieren."

Diese Worte schienen den Jungen getroffen zu haben. Es war zu erkennen, wie er mit sich kämpfte. Marissa fuhr fort: „Auch Simson hat einen Vater, und der liegt im Sterben. Er hat mich geschickt, um Simson noch eine letzte Botschaft von ihm zu bringen."

Dem Jungen traten Tränen in die Augen. Er nickte und sagte: „Komm, ich bringe dich zu ihm. Aber was du siehst, wird dir nicht gefallen."

Der Junge führte sie durch ein Tor ganz in der Nähe. Dahinter führten schmale Stufen in die Tiefe zu einem riesigen Lagerraum der philistäischen Priester. Selbst wenn jemand ihr eine Zeichnung gemacht hätte, würde Marissa nie den Weg durch dieses Labyrinth gefunden haben. Da standen große Kisten mit getrockneten Früchten und Käse, Säcke mit Getreide und Schläuche mit Wein.

Wie die Hebräer, so mußten auch die Philister den Zehnten all ihrer Produkte in ihre Tempel bringen. Diese Steuer war für die Priester bestimmt, die dadurch einen beträchtlichen Reichtum ansammelten. Zweifellos gab es in anderen Räumen auch Gold, Silber und andere Schätze. Doch hier waren nur Lebensmittel gelagert.

Marissa konnte sich nicht denken, warum der Junge diesen Weg nahm. „Simson ist der Gefangene eurer Regierung", bemerkte sie. „Doch das hier sieht nicht wie ein Gefängnis aus."

Der Junge sah sie traurig an. „Wissen Sie, Frau", antwortete er, „Simson wäre gut bedient, wäre er nur ein Gefangener. Doch leider ist er nicht so glücklich."

„Was könnte schlimmer sein, als in einem eurer Gefängnisse zu sitzen", gab die Jüdin zurück.

Der Junge antwortete nicht, sondern führte sie weiter, bis sie in der äußersten Ecke zu einer verriegelten Tür kamen, die der Junge öffnete. Der Gang, durch den sie gekommen waren, wurde spärlich erleuchtet durch Fackeln, die in großen Abständen an der Wand hingen. Doch in dem Raum, den sie nun betraten, brannte nur eine einzige Kerze, so daß die Ecken so gut wie völlig dunkel blieben.

Marissas Augen mußten sich erst an die Dunkelheit gewöhnen, ehe sie einen großen, wie ein Rad geformten Stein erkennen konnte, der mit der Schmalseite auf dem Fußboden stand. „Ein Mühlstein?" staunte sie. „Dann ist das hier eine Getreidemühle."

Der Junge nickte.

„Dann haben sie Simson in eine Getreidemühle gesperrt", flüsterte sie.

Schweigend nahm der Junge sie bei der Hand und führte sie auf die andere Seite des Mühlrades, wo ein Mensch saß, in sich zusammengesunken.

„Er schläft", sagte der Junge.

Marissas Beine zitterten bei diesem Anblick so sehr, daß sie sich an dem mächtigen Steinrad festhalten mußte. Der, den sie liebte, machte trotz der erbärmlichen Umgebung immer noch den Eindruck eines kräftigen Mannes. Nur sein Haar war viel kürzer als gewöhnlich, fiel aber immer noch bis auf seine breiten Schultern hinunter.

„Er schläft sehr fest", erklärte der Junge. „Er muß nämlich sehr schwer arbeiten."

„Ist er ein Sklave?" fragte sie entsetzt.

„Ich sagte dir schon, daß es ihm besser ginge, wäre er ein Gefangener", sagte ihr Begleiter.

Marissa erkannte nun, daß Simsons Beine mit einer Kette verbunden waren, so daß er keine großen Schritte machen konnte. Ihr wurde auch klar, daß er das schwere Mühlrad zu drehen hatte. Eine Arbeit, für die man sonst kräftige Ochsen brauchte.

„Bitte", drängte sie den Jungen, „wecke ihn für mich auf, und bringe die Kerze näher, damit er mich erkennen kann."

„Ich werde ihn wecken“, nickte der Junge. „Doch das Licht nützt nichts, denn er ist blind. Hast du das nicht gewußt?“

Die Frau wäre fast umgefallen. „Blind?“ seufzte sie und legte die Hand auf die Schulter des Mannes, den sie liebte. „Was haben sie mit dir getan?“ weinte sie.

Simson fuhr auf, weil er glaubte, Soldaten seien gekommen und hätten ihn im Schlaf überrascht. Er packte den schweren Griff und begann das Mühlrad zu drehen. Marissa erkannte, daß er alle Kraft aufwenden mußte, um es zu bewegen. Am meisten war sie entsetzt über die toten Augenhöhlen, in die sie blickte.

Sie wich zurück an die Wand und mußte erst neue Kraft sammeln. Adonai war mit ihr gewesen und hatte den Jungen gesandt. Ohne ihn hätte sie nie nach hier gefunden. Doch wie sollte sie ertragen, was sie jetzt sah? Wie konnte es geschehen, daß der große Richter Israels in eine solche Lage geriet?

Eine ganze Weile stand sie still, während der Junge beruhigend auf Simson einsprach. Sie mußte daran denken, was Rena ihr über Simsons Geburt erzählt hatte, wie der Engel zu ihr gekommen war und sagte, das Kind, das sie im Leib trug, würde ein Mächtiger in Israel werden, und sein Name würde *Kleine Sonne* bedeuten.

Marissa faßte sich und betete um Kraft. Sie mußte ihren Auftrag ausführen und Simson die letzte Botschaft seines sterbenden Vaters bringen. Sie mußte Simson ermutigen, noch einmal gegen die Philister aufzustehen. Denn er war immer noch der leuchtende Stern Israels, und er mußte sich noch an seinen Feinden rächen.

TEIL I

DER NASIRÄER

1. KAPITEL

Acht schweißbedeckte und verstaubte Jungens spielten auf dem Dorfplatz von Zora mit einem Ball in zwei Mannschaften zu je vier gegeneinander. Vom Turm am Tor des Dorfes wehte die rotweiße Fahne. Dasselbe Banner, das auf dem Turm jeder befestigten danitischen Ortschaft flatterte.

Zora war durchaus keine mächtige Festung, sondern nicht viel mehr als ein Wochenendmarkt für einige Dutzend Bauernfamilien, die überall verstreut an den Hängen des Sorektales lebten. Doch die Leute, die in Zora wohnten, waren stolz auf ihre befestigte Ortschaft und zeigten dies durch die gezackte Fahne über dem Eingangstor.

Heute diente das Tor als Ziel für die ballspielenden Jungen. Jede der beiden Mannschaften mußte es abwechselnd einmal verteidigen. Und obwohl es nur ein harmloses Spiel war, gab es doch auch Zuschauer. Eine Gruppe Kinder, darunter eine Anzahl junger Mädchen, feuerten die Spieler immer wieder mit Beifall und Zurufen an. Auch einige Erwachsene schauten zu. Unter ihnen ein Ehepaar, die nahe der Tür des Töpferhauses standen. Rena und Manoah waren es, Bauern aus den Hügeln, die zum Einkauf gekommen waren und nun noch ein wenig ausruhten und dabei ihrem einzigen Kind, Simson, und den anderen Jungen zuschauten.

„Er ist schnell heute", bemerkte Manoah. „Josef hat in ihm einen guten Spieler."

Josef, der Führer von Simsons Mannschaft, war des Jungen bester Freund. Obwohl Josef zwei Jahre älter war, hatte er sich immer für den Jungen, der außerhalb der Mauern lebte, interessiert. Oft hatte Josef ihn draußen auf dem Bauernhof besucht, und die beiden hatten die Hügel des Tales durchstreift. Gemeinsam hatten sie gelernt, auf Israel und die reichen Überlieferungen ihres Volkes stolz zu sein. Sie haßten beide die Philister, weil sie ihre Unterdrücker waren, und sie träumten zusammen von großen Kämpfen und Siegen gegen die Feinde ihres Landes.

Zwar war Josef der Ältere, doch er war nicht so groß wie Simson. Drahtig und geschmeidig, intelligent und von schneller Auffassung, war er der geborene Führer. Simson ging deshalb gewöhnlich auch auf Josefs wohldurchdachte Pläne ein und überließ Josef die Leitung, obwohl er viel stärker war als dieser. Heute jedoch beim Spielen wurde sehr deutlich, daß Simson der Überlegene war. Immer wieder überwand er die gegnerische Mannschaft und erzielte einen Punkt nach dem anderen, so daß die Mädchern ihm immer mehr zujubelten.

Auch Rena und Manoah sahen ihrem Sohn voller Stolz zu. Sie erinnerten sich an jenen lange zurückliegenden Tag, als jener geheimnisvolle Mann zu ihnen kam, der so strahlte wie das Frühlingslicht. Nie würden sie seine unglaublichen Worte vergessen. Sie sollten in ihrem hohen Alter doch noch einen Sohn erhalten. Und nicht nur über dieses Wunder würden sie sich freuen, sondern der verheißene Sohn würde von Geburt an bei Gott in hoher Gnade stehen und würde eines Tages die Israeliten aus der Hand der Philister befreien.

Manoah, der immer praktisch dachte, fragte den Fremden, wie sie als Eltern den Jungen am besten aufziehen sollten und wie sie am besten Gottes Absicht im Leben ihres Sohnes dienen könnten. Der Bote hatte ihnen bestimmte Regeln auferlegt. Rena sollte sich während ihrer Schwangerschaft vom Wein und allen anderen alkoholischen Getränken enthalten und an nichts „Unreinem" teilnehmen, sondern die zeremoniellen Traditionen und die priesterlichen Gesetze der Reinheit genau einhalten.

Die Anweisungen für den Jungen schienen einfach. Er sollte ein Nasiräer sein vom Mutterleib an bis zu seinem Tod. So klar die Forderung auch war, fehlten dabei doch die Einzelheiten.

Rena und Manoah hatten manchmal Glieder der nahegelegenen Nasiräer-Gemeinde gesehen, wenn sie aus ihrem abgelegenen Wohnplatz in der Einöde in die Ortschaft zum lokalen Priester zum Gebet und zur Reinigung kamen und dann wieder zurückkehrten zu ihrem Klosterleben in den Hügeln.

Doch während die Nasiräer in der Nähe von Zora ein strenges Mönchsleben führten, waren andere Nasiräer-Gemeinden weniger eng und führten ein Leben mitten in der Gesellschaft. Sie beobachteten genau ihre Ritualien und lebten nach strengen Speisegesetzen, doch sonst führten sie das normale Leben eines Ehegatten und Bürgers. Nur zu bestimmten Zeiten im Jahr zogen sie sich einige Tage zurück zum Gebet und zum Studium der heiligen Schriften.

Deshalb hatte Manoah gute Gründe gehabt, den Boten Gottes, der zu ihnen kam, nach näheren Einzelheiten für die Erziehung des Jungen zu fragen. Doch sie hatten nur wenige Anweisungen erhalten.

Das Haar des Jungen, hatte der Bote gesagt, durfte nie mit dem Schermesser in Berührung kommen, sondern mußte sein ganzes Leben unbeschnitten bleiben, als Zeichen seiner besonderen Heiligung. Doch das traf auf alle Nasiräer zu. Sonst waren sie offensichtlich frei in der Erziehung ihres Sohnes. Sie waren sich darüber im klaren, daß sie sich in nicht allzulanger Zeit mit der Frage des Zölibats auseinandersetzen mußten. War Gottes Absicht für diesen Nasiräer ein Klosterleben? Oder war er frei, zu heiraten und eine Familie zu gründen und die Gesetze einer mehr liberalen Nasiräer-Gemeinde zu beachten?

Rena und Manoah hätten natürlich am liebsten eine Schwiegertochter gehabt, und später einen ganzen Köcher voller Enkelkinder. Nichts würde sie glücklicher machen als das. Und deshalb hatten sie auf eines der Mädchen aus der Ortschaft ein Auge geworfen, obwohl sie in der Öffentlichkeit nie ein Wort darüber verlieren würden. Marissa, die Tochter der Näherin, war hübsch und schlank wie eine Berglilie, und in ihrer privaten Unterhaltung träumten die beiden alten Leute oft davon, was für eine wunderbare Frau sie für ihren Sohn abgeben würde.

Da Marissa heute unter den Mädchen stand, die zuschauten, hofften die beiden Alten, ihr großes Interesse an dem Spiel würde auch Simsons wachsenden Talenten gelten.

Rena und Manoah waren nicht die einzigen, denen Marissas Gedanken wichtig waren. Josef, so etwas wie der Star bei ihren Spielen, hätte sich jedes der jubelnden Mädchen aussuchen können. Doch ihm war nur daran gelegen, Marissa mit seinem Spiel zu beeindrucken. Immer wieder suchte er mit seinen Augen die Blicke des Mädchens.

Soweit es Marissa selbst betraf, hatte Josef bisher sowieso keinen Rivalen. Obwohl er kleiner war als sie, hatte er sie immer mit seinem scharfen Verstand und dem witzigen Charm beeindruckt. Er hatte auch schon sein *Bar Mitzbah* hinter sich. Ihre Mutter hatte erwähnt, er würde einmal ein guter Geschäftsmann werden und einem glücklichen Mädchen ein guter Ehegatte. Marissa war stolz auf die Aufmerksamkeit, die der Junge ihr entgegenbrachte.

Bis jetzt hatten sie jedoch über ihre gegenseitige Attraktion noch kein Wort verloren. Auch seinem besten Freund hatte Josef noch nichts von seinen Gefühlen erzählt. Simson war wohl noch zu jung, um das zu verstehen, meinte er. Doch eines Tages würde Josef Marissa zu seiner Frau machen. Natürlich hatte das noch etwas Zeit, denn er war erst vierzehn Jahre alt. Doch in Israel war dieses Alter durchaus nicht zu früh, um über diese Dinge nachzudenken.

Simson würde sein Brautführer werden, wenn es soweit

war, überlegte sich Josef. Und eines Tages würden er und der Bauernjunge vielleicht hier an der Straße stehen und ihren eigenen Kindern beim Spielen zusehen. Doch jetzt mußte er sich auf das Spiel konzentrieren.

Da es in die vierte Runde ging, rief Josef seine Mannschaft nochmals zur Besprechung zusammen. Wohlwollend klopfte er Simson auf die Schulter. „Du hast heute besonders gut gespielt“, sagte er.

Die anderen Jungen stimmten zu, und einer sagte: „Sogar die Mädchen haben über dich besonders laut gejubelt.“ Er wandte sich Josef zu und sagte neckend: „Gib nur acht, vielleicht verdreht er eines Tages noch Marissa den Kopf.“

Obwohl Josef mit den anderen über diese Worte lachte, fühlte er doch einen Stich in seinem Herzen. War es möglich, daß Simson ihm bei Marissa zur Gefahr werden konnte? *Nein,* dachte er, *nicht Simson, dieser Bauernjunge aus den Hügeln.* Und doch hörte er gerade jetzt wieder, wie in der Gruppe der Mädchen bewundernde Worte über Simsons Spiel gesagt wurden.

All das ließ ihn in wenigen Augenblicken zu einem Entschluß kommen. Während Simson noch stolz war auf das Lob, wandte sich Josef ihm nochmals zu und sagte: „Du hast so eifrig gekämpft, daß du sicher müde bist. Ich werde mir aus unserer Reserve einen Mitspieler aussuchen. Du solltest dich jetzt ausruhen, damit du in der letzten Runde wieder bei vollen Kräften bist und die entscheidenden Punkte machen kannst.“

„Aber ich bin nicht müde“, entgegnete Simson enttäuscht. „Ich brauche keine Pause.“

„Ich bin der Anführer unserer Mannschaft und weiß es besser“, unterbrach Josef ihn. „Du bekommst deine Chance in der letzten Runde“, fügte er hinzu, obwohl er nicht die Absicht hatte, Simson wieder ins Spiel zu nehmen.

Simson fügte sich seufzend und ging vom Spielfeld. Josefs Plan wäre gelungen, hätte es nicht einen seltsamen Zwischenfall gegeben. Josef, der nun zeigen wollte, was er konnte, warf das runde Leder mit aller Kraft. Es flog viel zu weit und landete unter einem Karren, auf dem hochgetürmt Heu aufgeladen war.

Josef und ein Junge der Gegenpartei rannten zum Karren und kämpften um das Leder. Dabei stieß Josef an einen dicken Stab, der den Karren abstützte, und dieser rutschte weg. Da der Karren nun auf dieser Seite keinen Halt mehr hatte, fiel er um und stürzte geradewegs auf Josef.

Die nächsten Augenblicke waren ein Durcheinander an Geschrei. Die Spieler und auch die Zuschauer eilten herbei, um zu helfen. „Langsam", warnte einer der Erwachsenen. „Wenn er verletzt ist, müssen wir sehr vorsichtig sein."

Die Jungen und einige Männer versuchten den Karren anzuheben. Doch es gelang ihnen nicht. Simson, der am anderen Ende des Feldes gesessen hatte, war nun auch beim Karren. Die anderen machten ihm Platz, damit er seine Kräfte mit den ihren vereinen konnte.

Doch was nun folgte, war noch für lange Zeit Gesprächsstoff in der Ortschaft. Der Junge, der heute schon alle anderen beim Spielen übertroffen hatte, übertraf sie nun auch bei dem, was er tat. Josef war sein bester Freund, und er wollte ihm unter allen Umständen helfen. Doch als er jetzt die Hand an den Wagen legte, versuchte er nicht sofort, ihn zu bewegen, sondern stand einen Augenblick still, hob das Gesicht zum Himmel empor und rief: „O Herr, Gott Israels, gib mir Kraft!"

Nun ergriff er den Karren, und mit einem gewaltigen Seufzer hob er ihn mitsamt dem Heu etwa einen Meter hoch. Die anderen schauten staunend zu, bis jemand an Josef dachte. Schnell zogen seine Kameraden ihn weg, so daß Simson den Karren wieder absetzen konnte.

Josefs Wunden waren mehr seelischer als physischer Art. Als er sich jetzt umschaute, konnte man ihm ansehen, daß mehr Scham als Erleichterung ihn bewegte. Er wußte, wer ihn gerettet hatte, und war darüber nicht erfreut.

Simson, der sich freute, seinen Freund so gut wie unverletzt zu sehen, lief zu ihm. Doch Josef hatte zu Marissa geblickt, und ihm gefiel nicht, was er in ihrem Gesicht las. Da war Mitleid für ihn selbst zu sehen, aber auch ein Blick voll Bewunderung, als sie seinen Retter anblickte.

Als Simson seinen kleinen Freund umarmen wollte, sagte dieser: „Ich danke dir. Aber rühre mich nicht an, mir tut alles weh.“ Er drehte sich um und hinkte davon. Sein Gesicht war vor Ärger hochrot.

2. KAPITEL

Am späten Nachmittag dieses Tages lief Simson vor dem Haus, in dem Josefs Familie wohnte, hin und her. „Freund“, rief er bittend, „komm heraus! Ich bin es, Simson! Ich muß mit dir reden!“

Er wußte, daß Josef ihn hörte. Doch der ältere Junge antwortete nicht. Aus dem Haus hörte man mancherlei Geräusche, die auf Vorbereitungen für das Abendessen schließen ließen. Doch Josef erschien weder am Fenster noch unter der Tür.

Doch Simson wich nicht, denn er wußte, daß Josef bald erscheinen mußte, um am Brunnen Wasser zu holen. Da er keine Schwestern hatte, war das Wasserholen seine Aufgabe, und das mußte noch vor Sonnenuntergang geschehen.

Endlich öffnete sich die Tür, und Josef erschien mit einem ledernen Wassereimer. „Josef?“ rief Simson. „Ist etwas nicht in Ordnung?“

Doch Josef blickte ihn nicht einmal an. Als er an Simson vorüberging, fauchte er: „Laß mich in Ruhe! Du bist kein wahrer Freund!“

Verdutzt blieb Simson einen Augenblick stehen, lief dann neben ihm her, packte ihn am Arm und fragte: „Was habe ich dir denn getan? Habe ich heute nicht bewiesen, daß ich dein Freund bin?“ Dabei dachte er natürlich an das Unglück mit dem umgefallenen Heukarren.

Der kleinere Junge riß sich von Simsons festem Griff los. „Pack doch nicht so fest zu“, ärgerte er sich. „Mußt du immer so gewalttätig sein?“

Überrascht über seine eigene Kraft, entschuldigte sich Simson: „Es tut mir leid, ich habe es nicht so gemeint."

„Du meinst es nie so", beklagte sich Josef. „Du tust es einfach."

„Aber heute beim Spielen habe ich dir nicht geschadet, sondern geholfen", entgegnete Simson fast entschuldigend.

„Na ja", meinte Josef gönnerhaft, und fügte dann spöttisch hinzu. „Geh doch wenigstens gerade. Wenn du deine Schultern so hängen läßt, siehst du aus wie ein Getreidesack." Damit eilte er so schnell er konnte zum Brunnen.

Doch Simson überwand seinen Ärger und lief ihm nach. „Womit immer ich dich beleidigt habe, bitte, vergib mir", bat er.

Josef wandte sich zu ihm um und rief mit lauter Stimme: „Hau doch ab, du Getreidesack!"

Doch damit hatte er auch Simsons Geduld zu sehr beansprucht. Dieser wurde zornig und überlegte gerade, was er mit dem kleineren Jungen anstellen sollte, als er Stimmen hinter sich hörte. Er drehte sich um und sah eine Gruppe von Mädchen, die mit ihren Wasserkrügen ebenfalls zum Brunnen kamen. Unter ihnen war auch Marissa. Als er sie sah, verschwand sein Zorn.

Nebeneinander warteten Josef und Simson am Brunnen auf die näherkommenden Mädchen. Als Marissa ihren Krug am Brunnenrand absetzte, griffen beide danach. „Ich werde dir helfen", sagten sie wie aus einem Mund und begannen, den Krug hin und her zu zerren. Als es dem Mädchen zuviel wurde, griff sie nach dem Krug und sagte: „Es ist schon gut, ich mache es selber. Es ist wirklich schwer, zwischen euch beiden zu wählen."

Zwischen uns zu wählen? dachte Josef. Seit wann gab es da eine Wahl? Hatte Marissa ihn nicht immer bevorzugt? *Es ist also doch wahr,* überlegte er wütend. *Simson ist eine Gefahr für mich.* Voller Zorn ließ er den Krug des Mädchens los und überließ ihn Simson. Er ergriff seinen vollen Wassereimer und ging ohne ein Wort zu sagen davon.

Bis tief in die Nacht stand Marissa noch am Fenster ihrer Kammer, blickte über die Ortschaft hinweg und dachte über die Ereignisse des Tages nach. Sie hatte Josef nicht weh tun wollen. Doch andererseits wollte sie auch Simsons plötzlich gezeigtes Interesse auch nicht zurückstoßen.

Sie war überrascht von ihren eigenen Gefühlen. Sie hatte Simson schon oft gesehen. Und bisher war er für sie einfach der Bauernjunge aus den Hügeln gewesen. Doch heute hatten sein sportliches Geschick und die erstaunliche Kraft, mit der er den Heukarren hob, sie tief beeindruckt. Gewiß, sie hatte davon gehört, daß Menschen in Notfällen Kräfte mobilisieren konnten, die ihnen sonst nicht zur Verfügung standen. Aber bei Simson war das nicht so gewesen. Er hatte sich nicht überhastet auf den Karren gestürzt, sondern hatte zuerst den allmächtigen Gott angerufen und Ihn gebeten, Er möge ihm Kraft geben. *Was für ein Junge ist Simson?* fragte sie sich.

Und was für ein Junge war Josef? Auch in ihm hatte sie heute eine neue Seite kennengelernt, aber eine, die ihr nicht gefiel. Seine neidischen und trotzigen Reaktionen hatten sie überrascht und enttäuscht.

Sie mußte sich auch eingestehen, daß es ihr gefallen hatte, mit Simson allein zu ihrem Haus zurückzugehen, der ihr den Wasserkrug trug, nachdem Josef weggelaufen war. Sie wunderte sich über sich selbst und legte sich endlich kopfschüttelnd ins Bett. Ihre Träume hatten nicht Josef zum Inhalt, sondern den anderen Jungen, den sie bisher immer übersehen hatte.

3. KAPITEL

Simson und sein Vater Manoah wanderten durch die Hügel, die sich hinter Zora hinzogen. Ab und zu mußten sie durch einen angeschwollenen Bach waten, der ihren Weg kreuzte. In diesem Frühjahr hatte es ungewöhnlich viel Regen gegeben. Die Bachbetten waren zwar die meiste Zeit des Jahres trocken. Aber jetzt floß das Wasser so reichlich und schnell, daß man beim Durchqueren vorsichtig sein mußte.

Ihr Ziel lag etwa acht Kilometer von der Ortschaft entfernt. Ein leichter Fußmarsch für einen gesunden und kräftigen Mann. Doch Manoah war in der letzten Zeit oft kränklich gewesen und wurde schnell müde. Simson mußte sehr langsam gehen, wenn er nicht vorauslaufen wollte.

„Kleine Sonne“, seufzte der alte Mann und gebrauchte Simsons Spitznamen, „ich fürchte, wir werden zu deinem Geburtstag nicht mehr nach Mahaneh-Dan kommen, und schon gar nicht bis Sonnenuntergang.“ Er blieb wieder stehen, setzte sich auf einen großen Felsblock und wischte sich den Schweiß von der Stirn.

Simsons dreizehnter Geburtstag, von dem an in Israel ein Junge zu den Männern zählte, war noch drei Tage hin. Schon vor langer Zeit hatte Manoah beschlossen, ihn an seinem *Bar-Mitzbah* mit nach Mahaneh-Dan in das *Lager der Daniter* zu nehmen. Das Lager der Daniter lag in der einsamen Wildnis. Hier lebten Angehörige der verschiedenen nasiräischen Gruppen. Mitglieder der strengen Orden wohnten hier das ganze Jahr. Doch solche von liberalerer Prägung waren ebenfalls willkommen und blieben für einige Tage oder Wochen, um die heiligen Schriften zu studieren und zu beten.

Seit Simsons Säuglingsalter war sein Vater davon überzeugt, daß sein Sohn seine volle Berufung an diesem heiligen Ort erhalten würde, wo Männer von tiefem geistlichen Verständnis ihn anleiten konnten. Doch als nun sein alterndes Herz ihm so zu schaffen machte, fragte er sich, ob er die Reise überhaupt überleben würde.

Simson betrachtete seinen Vater mit Sorge. Er legte ihm die Hand auf die Schulter und sagte: „Vielleicht sollten wir umkehren?"

„Niemals!" rief Manoah. „Du und ich, wir warten schon so lange auf diesen Tag. Wir werden weitergehen."

Mühsam erhob er sich mit Simsons Hilfe und blickte zur Sonne, die schon weit im Westen stand. „Wir können doch auch hier ein Lager aufschlagen, Vater, und morgen früh weitergehen", redete Simson ihm zu.

„Hast du vergessen, daß mit Sonnenuntergang der Sabbath beginnt?" fragte Manoah. „Kein Nasiräer reist an diesem Tag." Langsm schleppte er sich weiter den Hang hinauf.

Kopfschüttelnd folgte Simson ihm. Sein ganzes Leben war er in den Gewohnheiten der Nasiräer unterwiesen worden, doch manchmal wurden ihm die Lektionen langweilig. Er hatte verstanden, weil seine Eltern es ihm oft erzählt hatten, daß er von Gott für eine besondere Aufgabe bestimmt war. Aber welche Aufgabe das war, wußte er nicht. Seine Eltern meinten, die Last sei für den Jungen zu groß, würde er die ganze Prophezeiung erfahren. Deshalb hatten sie ihm nicht gesagt, daß er Israel von der Unterdrückung der Philister befreien sollte. Denn was er verstand, war schon fordernd genug. Nie durfte er Weintrauben essen oder etwas, das schon gärte. Unreine Dinge durfte er nicht berühren, wie zum Beispiel tote oder kranke Tiere. Und nie hatte er etwas gegessen, was nicht von einem Priester gesegnet war. Außerdem hatte er die Reinheitsgebote viel genauer gehalten als seine Spielkameraden.

Es war nicht leicht, so besonders zu sein. Vor allem in dem Alter, in dem Kinder sich gern den anderen anpassen, fiel es ihm nicht leicht, anders zu sein. Außerdem war es nicht nur die Länge seines Haares oder die nasiräischen Gebote, die ihn so ungewöhnlich machten.

Es war nun ein Jahr her, seit er Josef von dem auf ihn gefallenen Karren befreit hatte. Dadurch war Simsons ungewöhnliche Kraft erstmals öffentlich bekanntgeworden. Seine Eltern hatten es schon länger bemerkt, wenn er zum Beispiel seinem Vater half, schwere Gegenstände zu heben oder wildgewordene Tiere zu bändigen. Doch manchmal erschreckte ihn diese Kraft auch. Sie forderte viel Zurückhaltung von ihm. Und während Erwachsene und Kinder ihn dieserhalb immer mehr bewunderten, wußte niemand als er besser, welch eine Last ein solcher „Segen“ auch sein konnte.

Wegen seiner Kraft wurde er oft von anderen Jungen herausgefordert. Wie Hunde, die nach den Beinen eines Bärs schnappen, konnten diese Jungen auch Simson ärgern und plagen. Und wenn Simsons Geduld dann doch zu Ende ging und er zuschlug, gab es gewöhnlich größeren Schaden.

Während er nun Manoah weiter folgte, sagte er endlich: „In diesem Tempo werden wir bei Sonnenuntergang nicht einmal den oberen Rand dieses Hanges erreicht haben, viel weniger das Lager. Wir müssen doch hierbleiben und morgen weitergehen, es sei denn, du willst einen ganzen Tag verlieren.“

Als Manoah nur den Kopf schüttelte, fügte er noch hinzu: „Wir haben auch nicht genug Verpflegung mit, um so lange zu warten.“

Nach einiger Zeit mußte sich Manoah wieder setzen. Seinem Gesicht konnte man die Resignation ansehen. Simson murmelte: „Wir haben es bald geschafft. Wenn wir oben sind, können wir vor uns im Tal das Lager sehen.“

Doch Manoah blieb hart. „Bald bricht der Sabbath an“, sagte er. „Und selbst wenn wir verhungern sollten, werden wir dann keinen Schritt weitergehen.“

Simson überlegte einige Augenblicke, dann erklärte er: „Ach Vater, es gibt keine bessere Zeit als den Sabbath, um mit Gott zu gehen.“ Damit beugte er sich hinunter, nahm den alten Mann auf seine starken Arme und trug ihn wie ein Kind den Hang hinauf.

Der alte Mann war zunächst verblüfft. Doch dann protestierte er. „Laß mich sofort herunter, du widersetzt dich dem Herrn.“

„Wieso widersetze ich mich dem Herrn?“ fragte Simson, während er weiterging. „Ist es denn falsch, am Sabbath nach Ihm zu suchen?“

„Du verdrehst das Gesetz“, ermahnte Manoah ihn.

„Wieso?“ lachte Simson. „Was verdrehe ich denn?“

Schon waren sie auf der Anhöhe angekommen. Simson setzte seinen Vater ab, und beide blickten ins Tal hinunter. Unter ihnen leuchteten die Lichter von *Mahaneh-Dan.*

„Du bist ein seltsamer Junge“, bemerkte Manoah und blickte seinen Sohn von der Seite an. „Prophet oder Schurke, manchmal weiß ich es einfach nicht.“

Einige Augenblicke blickten sich die beiden tief in die Augen. Dann zuckte Simson mit den Schultern und ging den Berg hinunter. Sein Vater folgte ihm. Es war einige Zeit vor Mitternacht, und der Sabbath war schon einige Stunden alt, als sie *Mahaneh-Dan* erreichten.

4. KAPITEL

Das Lager der Daniter lag völlig offen am Hang eines runden Berges, als wolle es den Mächten des Bösen trotzen, sollten sie sich nahen. Von der Höhe des jenseitigen Hügels aus, von wo Simson und Manoah es zuerst gesehen hatten, war es nicht mehr als ein Haufen verstreuter Feuer, wie sie etwa auch vom Lager eines wandernden Nomadenstammes zu sehen waren.

Als die beiden dann näherkamen, konnten sie die einzelnen Feuerstellen unterscheiden, die am Eingang der Höhlen brannten, in denen die einzelnen Nasiräer wohnten; und zwar in jeder Höhle nur ein Mann. Diese Feuer bildeten einen unregelmäßigen Kreis um ein großes Feuer, das in der Mitte lag.

Als sie das Lager fast erreicht hatten, erkannten die beiden Zorahiter, daß in einzelnen höher gelegenen Höhlen auch noch Feuer brannten, in denen die ältesten Leiter der Gemeinschaft wohnten. Außerdem waren nun auch die Umrisse einiger einfacher Lehmhäuser zu erkennen, da die Nasiräergemeinschaft so sehr gewachsen war, daß die Höhlen nicht mehr ausreichten. In diesen Lehmhäusern wohnten mehrere von ihnen zusammen.

Nirgends stand ein Wachposten. Auch ein Tor oder ein anderes Hindernis gab es nicht. Als Manoah und Simson den Kreis der Feuerstellen erreichten, herrschte ringsum nur tiefes Schweigen. Nur das Geräusch leisen Schnarchens war aus einigen der Höhlen zu hören.

Gewiß, es war schon nach Mitternacht. Doch trotzdem

hatten die Ankömmlinge irgendeine Begrüßung erwartet. Als die beiden nachdenklich am Rand des Kreises standen, fragten sie sich, wie sie sich nun verhalten sollten. Manoah wies auf einen in der Nähe stehenden großen Baum. „Dort setzen wir uns“, sagte er. „Beim Morgengrauen werden wir uns bemerkbar machen.“

Obwohl er durchaus nicht müde war, stimmte Simson zu. Er legte sich auf den Rücken und blickte zum Sternenhimmel hinauf. Diese einsamen Hügel waren noch viel stiller als die ländliche Gegend von Manoahs Bauernhof, wo man wenigstens ab und zu das Blöken der Kühe und Schafe oder das Meckern der Ziegen hörte, und zwischendurch auch einmal eine menschliche Stimme.

Als eine Sternschnuppe vom Himmel fiel, fragte sich Simson, ob sein Leben auch so sein würde – eine kurze Zeit voller Feuer, und dann ohne Sinn verlöschend? Solche und ähnliche Gedanken gingen ihm hier in der Einsamkeit durch den Kopf. Warum war er so anders als alle anderen? Woher kam seine außergewöhnliche Kraft? Was war das Geheimnis seiner Berufung? Er wußte, seine Kraft kam nicht von ihm selbst, und sie mußte sorgfältig diszipliniert werden, da er sonst Schaden anrichtete. Dabei fiel ihm der Tag ein, an dem er Josef gerettet hatte. Zwar hatte er Gott um Hilfe gebeten, aber schon allein durch sein Handeln hatte sich sein bester Freund von ihm abgewandt.

Doch er mußte auch an das Gute denken, das daraus entstanden war. Marissa schien ihm an jenem Tag ihr Herz geöffnet zu haben. Das war ein unerwarteter Gewinn gewesen, und seitdem hatte er sehr oft an sie denken müssen. Beschämt blickte er zu seinem Vater. *Wie konnte er an einem so heiligen Platz solche Gedanken haben,* dachte er. Sein Vater beschäftigte sich sicher mit heiligeren Dingen, oder er betete gar. War es eines Nasiräers, eines *Berufenen,* würdig, sich damit zu beschäftigen?

Plötzlich wurden seine Überlegungen durch das Dröhnen eines Widderhorns unterbrochen. Manoah und Simson fuhren auf, weil sie glaubten, ein Feind nähere sich dem Lager. Doch bald kamen aus allen Höhlen Männer in weißen Gewändern und stellten sich rund um das große zentrale Feuer auf. Es war ein seltsamer Anblick, diese weißgewandeten Figuren im Mondlich zu sehen. Zwar waren den beiden Eindringlingen die weißen Kleider der Nasiräer nicht unbekannt, da diese einmal im Jahr nach Zora kamen, um den Segen des Priesters zu empfangen. Doch hier im Mondlicht machten sie doch einen ganz anderen Eindruck.

Die beiden fragten sich, ob man sie als Eindringlinge betrachten und zurückweisen würde. Doch die Nasiräer nahmen überhaupt keine Notiz von ihrer Anwesenheit. Nun kamen auch etwa ein halbes Dutzend Männer von den oberhalb gelegenen Höhlen herab. Man konnte an ihrer ganzen Haltung und auch an ihren erstaunlich langen Bärten erkennen, daß sie die Ältesten waren. Offensichtlich hatte das Widderhorn nur zu einem nächtlichen Gottesdienst gerufen.

Als die Ältesten auch noch den Kreis betreten hatten, begannen alle leise ein bekanntes israelitisches Lied zu singen:

Ich singe dem Herrn ein Lied,
denn Er ist hoch und erhaben!
Rosse und Wagen warf Er ins Meer.
Meine Stärke und mein Lied ist der Herr,
Er ist für mich zum Retter geworden.
Er ist mein Gott, Ihn will ich preisen;
den Gott meines Vaters will ich rühmen.
Der Herr ist ein Krieger, Jahwe ist Sein Name!

Simson fühlte, wie seine Seele sich aufschwang. Und obwohl die beiden Gäste außerhalb im Dunklen saßen, stimmten sie mit ein, denn sie waren Männer von Israel, also Brüder der Nasiräer. Das Lied hatte Mose gesungen, als Israel von den Ägyptern befreit wurde. Wenn etwas die Hebräer von den Heidenvölkern unterschied, dann war es die Überzeugung von ihrer göttlichen Berufung. Nasiräer und alle anderen glaubten gemeinsam, daß sie herausgerufen waren zur Ehre Gottes.

Und tatsächlich war Israel noch mehr eine geistige Gemeinschaft als eine politische. Deshalb gelang es ihren Nachbarn auch immer wieder, sie zu unterdrücken. Während die Israeliten überzeugt waren, das Land, auf dem sie lebten, sei ihnen von Adonei, ihrem großen Gott, gegeben worden, meinten die Heiden rundum, das Land gehöre ihnen. Da Israel keinen König hatte wie die anderen Völker, sondern die einzelnen Stämme meist von Richtern regiert wurden, sahen die Philister sie als ihre Vasallen und verlangten regelmäßig Tribut.

Als das Lied verklang, schlossen alle in dem Kreis die Augen und hoben ihr Gesicht zum Himmel empor. Der Älteste von ihnen begann zu sprechen. *„Der Herr ist ein Krieger, Jahwe ist Sein Name!“* wiederholte er die letzte Zeile des Liedes, und alle nickten dazu.

„Der Herr führt Israel auch heute, wie Er es in den Tagen Moses tat“, fuhr der alte Mann fort. *„Er führte uns durch Abraham, Er führte uns durch Isaak und Jakob. Er errettete uns durch Joseph und befreite uns durch Mose und Josua.“*

Beifallsrufe wurden hörbar, und die Männer lachten vor Freude. Dann trat wieder Stille ein, und die Nasiräer blickten auf ihren Leiter, der eine lange nachdenkliche Pause machte.

„Doch meine Brüder, die mächtigen Männer der alten Zeit sind nicht mehr“, fuhr der Älteste endlich seufzend fort. „Es hat für über dreihundert Jahre in Israel keinen Patriarchen mehr gegeben. Und das heilige Land, das uns durch Abraham versprochen wurde und das Josua erobert hat, wird nun immer wieder überrannt von unseren Feinden. Wir besitzen es nicht mehr ehrenvoll, sondern müssen es mit unseren Feinden teilen.“

Es war den Männern anzusehen, daß ihnen nicht gefiel, was sie hören mußten. Der Älteste fuhr nun fort, von den großen Männern zu reden, die Gott immer wieder erweckt hatte, seit sie vor Jahrhunderten nach Kanaan gekommen waren. Er erwähnte mächtige Krieger wie Gideon, Deborah, Abimelech und Jephtah, die große Siege über Israels Feinde errangen. Es waren fast ein Dutzend dieser großen Leiter, die das Volk immer wieder aufgerüttelt und von Unterdrückung befreit hatten. Doch in den letzten Jahrzehnten war die Hoffnungslosigkeit immer größer geworden.

Der Älteste erklärte: *„Gott hat uns große Befreier geschenkt, doch wo sind diese Richter heute? Vierzig Jahre ist es her, seit unser letzter Richter, Abdon, dahinging. Und seither ist keiner an seiner Stelle aufgestanden. Fast die gesamte neue Generation unseres Volkes flirtet mit den Philistern und geht immer mehr zur heidnischen Lebensweise über."*

Nichts von dem, was er hörte, war für Simson neu. Er hatte ähnliche Reden schon oft in der Synagoge gehört. Doch hier in dieser Umgebung schien es ihm, als sei er davon besonders angesprochen. Ihm war, als spüre er dabei Gottes Stimme in seiner Seele. Doch wie er darauf eingehen sollte, war ihm nicht klar. Er war wohl noch zu jung, um damit etwas anfangen zu können. Doch seine Gedanken wurden davon gefangengenommen.

Als der Älteste endlich seine Rede beendete, sangen die Männer nochmals dasselbe Lied, und die letzte Zeile drang wie ein Pfeil in Simsons Herz: *„Der Herr ist ein Krieger, Jahwe ist Sein Name!"*

5. KAPITEL

Erst in der Morgendämmerung wurden die beiden Zorahiter im Lager bemerkt. Nach der nächtlichen Versammlung rückten Simson und Manoah eng zusammen, und Manoah war bald eingeschlafen, da er von der Reise erschöpft war. Doch für Simson wollte der Schlaf lange nicht kommen. Und als er dann doch in einen kurzen unruhigen Schlummer verfiel, wachte er schon wieder auf, ehe es zu dämmern begann.

Als er sich umblickte, erinnerte er sich an die Höhle, aus welcher der Sprecher in der Nacht gekommen war. Er richtete seinen Blick dorthin, und tatsächlich, da stand der Älteste in seiner weißen Kleidung vor dem dunklen Hintergrund der Höhle.

Hätte Simson seinen Namen gewußt, würde er ihn wohl gerufen haben. Doch zu seiner Überraschung schien der alte Mann sie erspäht zu haben, denn er kam den Hang herunter und geradewegs auf sie zu. Simson schüttelte Manoahs Arm und flüsterte: „Vater, wach auf, es kommt jemand zu uns."

Manoah richtete sich stöhnend auf, rieb sich die Augen und blickte in die Richtung des Lagers. Als er den alten Mann erblickte, der näherkam, schnaufte er erstaunt: „Peniel! Es ist Peniel, der da kommt!"

„Du kennst ihn?" wunderte sich Simson. „Warum hast du mir nichts gesagt?"

„Ich habe ihn in der Nacht nicht erkannt. Erst jetzt sehe ich es daran, wie er geht." Es stimmte, der alte Mann ging so, als sei ein Fuß verkrümmt.

„Er war mein Kinderfreund", erklärte Manoah und erhob sich zur Begrüßung. „Wegen seines verkrümmten Fußes konnte er nicht mit uns rennen und spielen, deshalb hat er viel in den Gesetzbüchern gelesen. Als er etwa so alt war wie du, wurde er ein Nasiräer. Aber ich habe nicht gewußt, daß er sich in Mahaneh-Dan aufhält."

Mittlerweile war der Älteste heran, und er war genauso überrascht wie Manoah. „Freund", rief er, „betrügen mich meine alten Augen etwa?"

„Nicht mehr als die meinen mich", lachte Manoah.

Voller Freude umarmten sie sich und dachten dabei an ihre Kindheit. „Etwas sagte mir, wir hätten Besucher", bemerkte Peniel. „Wann seid ihr angekommen?"

„Gestern nacht", antwortete Manoah. „Wir hörten deine Rede in der Nacht."

Simson wunderte sich, weil sein Vater damit zugab, daß er am Sabbath gereist war. Doch Peniel tadelte ihn nicht. Er schien nur froh zu sein, seinen alten Gefährten nach so vielen Jahren wiederzusehen. Als Simson ihm vorgestellt wurde, betrachtete der Alte ihn sorgfältig. Manoah sagte: „Das ist mein Sohn Simson. Er wird in zwei Tagen dreizehn Jahre alt. Wir sind in der Hoffnung gekommen, ihr würdet sein *Bar Mizbah* mit uns feiern."

Peniel betrachtete den Jungen von allen Seiten und sagte dann freundlich: „Dein Haar ist nie mit einem Messer beschnitten worden."

Simson antwortete nicht, doch er fühlte in seinem Herzen denselben Drang wie in der Nacht zuvor.

„Er ist von Geburt an als Nasiräer erzogen worden", erklärte Manoah. „Seine Mutter und ich wurden beauftragt, ihn zu heiligen. Er hat nie etwas Unreines gegessen und ..."

Peniel hob seine Hand und brachte Manoah zum Schweigen. Lange betrachtete er Simson, ehe er fragte: „Du warst in der Nacht hier?"

„Ja, Herr", antwortete der Junge.

„Und du hast meine Rede gehört?"

„Ja, Herr."

Der Alte trat etwas zurück, faltete seine knorrigen Hände und schloß die Augen. Endlich flüsterte er: „Ich wußte, daß jemand hier war, der nicht in unserem Kreis stand. Und für ihn war meine Botschaft besonders bestimmt."

Simson ging mit Peniel tief in die Hügel hinein, die sich hinter Mahaneh-Dan erstreckten. Tief unter ihnen lag das Lager, wo sie Manoah in der Höhle des Ältesten zurückgelassen hatten, um dort auszuruhen.

Ihre Wanderung ging nicht so langsam wie die Reise von Zora. Obwohl Peniel von Kind an einen verkrümmten Fuß hatte und ein alter Mann war, hatte ihn das Leben in der Wildnis hart gemacht.

„In zwei Tagen also wirst du deine Kindheit hinter dir lassen", bemerkte Peniel. „Wie fühlst du dich vor deinem neuen Lebensabschnitt?"

Simson überlegte sorgfältig. Er konnte viele verschiedene Antworeten geben. Er konnte sagen, daß es aufregend war, oder auch eine Herausforderung. Statt dessen drückte er ehrlich seine Gefühle aus. „Manchmal fürchte ich mich ein wenig", sagte er.

Peniel blieb stehen, da er einen Anflug von Traurigkeit in des Jungen Stimme vernahm.

„Weißt du", fuhr Simson fort. „Für mich ist es eben anders."

„Anders?"

„In zwei Tagen werde ich ein Mann. Aber ich bin nie wirklich ein Junge gewesen."

Der Alte setzte sich auf einen Felsblock und legte seinen Wanderstock über die Beine. Mit einer Handbewegung ermutigte er Simson, fortzufahren.

„Ich bin nicht wie die anderen", seufzte Simson, „nicht wie meine Freunde. Ich war immer größer und stärker."

Peniel lächelte nun. „Na so eine Last“, neckte er den Jungen. „Ich bin auch immer anders gewesen“, fügte er hinzu und wies auf seinen verkrümmten Fuß. „Bist du nicht dankbar für deine Fähigkeiten?“

Simsons Gesicht rötete sich vor Verlegenheit.

„Fällt es dir schwer, deine Kräfte zu zügeln?“ forschte der Alte.

„Sicher, manchmal schon“, nickte Simson.

„Ich nehme an, es zieht dich von den geistlichen Gedanken ab?“ meinte der Älteste.

Noch nie hatte der Junge mit jemand über seine inneren Kämpfe gesprochen. „Es zieht mich in viele Richtungen“, bekannte er, während ihm Tränen in die Augen traten. „Und doch sagte man mir, es sei eine Gabe Gottes.“

Peniel betrachtete den Jungen mitleidig. Im Sonnenlicht war schon der leichte Anflug eines Bartes zu erkennen. Simson schien früher zu altern als die anderen Jungen. Peniel nickte verständnisvoll. „Die Versuchungen der Welt und unsere sinnlichen Gefühle sind sehr mächtig. Und manchmal werden die geistlichsten Menschen am heftigsten versucht.“

Simson lief es kalt den Rücken hinunter. Ihm schien, als könne der alte Mann tief in seine Seele hineinschauen. Er hätte gern Fragen gestellt, doch Peniel hatte die Augen geschlossen und schien in tiefes Nachdenken versunken zu sein.

Nach einer ganzen Weile erhob sich der Älteste und blickte zum Himmel empor. Er begann: „Simson möchte gern, daß ich ihm sage, sein Weg wird leichter werden und daß die Versuchungen aufhören.“ Ja, ja, genau das wollte er hören. Er wollte aus seinem kindlichen Wesen herauswachsen und nicht mehr über seine Mitmenschen in Zorn geraten. Er wollte ein ganz normales Leben führen, wie die anderen Handwerker und Bauern in Zora, und Marissa heiraten und mit ihr glücklich sein. Und man sollte von ihm keine großen und erstaunlichen Dinge erwarten. Er wollte hören, daß der Aufruhr in seinem Geist und das Kochen seines Blutes eines Tages enden würden.

Doch Peniel sagte nichts dergleichen. Statt dessen öffnete er seine Augen, trat nahe zu dem Jungen und legte ihm die Hände auf den Kopf. „Du bist ein Berufener, und dein Weg wird schwer sein“, sagte er. Du bist ein Nasiräer. Und die Wege der Nasiräer sind für jene, die Schwierigkeiten haben, sich von der Welt abzuwenden.“

Seine Hand fuhr durch Simsons langes Haar, und er band es in sieben Locken, das Zeichen eines Nasiräers. Dann zog er Simson ganz nahe heran und schaute ihm tief in die Augen.

Und während sie so standen, erkannte sich Simson in dem Ältesten wieder. Er sah, daß sie beide gleich schwach und gleich stark waren. Und für einen Augenblick meinte er, daß aus den Geheimnissen des Lebens große Entscheidungen emporwachsen würden.

6. KAPITEL

Ein dörfliches *Bar-Mizbah* wurde gewöhnlich zu einem großartigen Fest. Alle kamen, um dem Jungen zu seinem dreizehnten Geburtstag Glück zu wünschen und ihn in die Gemeinschaft der Erwachsenen aufzunehmen.

Obwohl Simsons Geburtstag schon einen Tag zurücklag und in Mahaneh-Dan begangen wurde, ließ es sich seine kleine Heimatstadt nicht nehmen, das Fest ebenfalls zu feiern.

Als Simson und sein Vater noch eine Strecke von dem Ort entfernt waren, hörten sie schon die Musik und viele fröhliche Stimmen. Als sie den Ort erreichten, wurden sie mit Girlanden, Blumen und einer Gruppe fröhlich tanzender Mädchen begrüßt. „Simson, Simson!" sangen sie, „du bist ein Mann von Israel. Die Kindheit liegt hinter dir, und die Welt liegt dir zu Füßen. Simson, Simson, diene Adonai! Du bist ein Mann von Israel!"

Simson betrachtete die Singenden und hoffte, Marissa würde unter ihnen sein. Zu seiner Enttäuschung war sie nicht dabei. Doch vielleicht wartete sie am Marktplatz auf ihn. Er hatte sich sorgfältig die Worte überlegt, die er ihr sagen würde, wenn sie allein waren. Die drei Tage im Nasiräerlager hatten ihn voller Eifer werden lassen und die Überzeugung in ihm befestigt, daß Gottes besondere Berufung auf ihm lag. Obwohl er nicht wußte, was diese Berufung erfordern würde, war ihm doch klar, daß Gott ihn zu großen Dingen ausersehen hatte. Das hatte auch seinen Mut gestärkt, und er hatte sich ganz fest vorgenommen, zu

Marissa von seiner Liebe zu sprechen, wenn er nur ein wenig mit ihr allein sein konnte.

Der plätschernde Brunnen in der Stadtmitte war umgeben von Musik und Festlichkeit. Als Simson und Manoah den Marktplatz betraten, wurden sie von allen Seiten durch Zurufe begrüßt. Viele junge Leute umringten Simson und bestaunten die Art, wie sein Haar jetzt arrangiert war.

Es wurde also nicht nur ein *Bar Mizbah* gefeiert, sondern auch die Weihe zu einem Nasiräer. Vor drei Tagen hatte Simson die Stadt als beliebter Junge verlassen, und nun war er zurückgekehrt als Mann, der die Zeichen der Heiligungsweihe trug.

Wie gehofft, wartete Marissa in der Nähe des Brunnens. Ihre Augen fanden sich über den Platz hinweg; und ihrem Gesicht war anzusehen, wie sehr sie Simson bewunderte. Doch als sie die sieben Locken im Haar, das Zeichen seiner Berufung, erkannte, griff sie erschrocken an ihren Mund, und er fragte sich, was sie jetzt wohl dachte. Hätte es die Sitte erlaubt, wäre er zu ihr gelaufen, hätte sie in die Arme genommen und ihr versichert, daß seine heilige Aufgabe ihn nie von ihr trennen würde. Doch es gehörte sich nicht. Die Vorschriften der Überlieferungen mußten eingehalten werden.

Lachend und singend drängten sich die Menschen um Simson und schoben ihn zu einem kleinen Zelt an der anderen Seite des Marktplatzes. Hier würde er den Segen des Stadtpriesters empfangen und mit ihm einen Schluck Wein trinken. Da er ein Nasiräer war, mußte er starke Getränke meiden, und der Schluck bei dieser Gelegenheit war der einzige, der ihm erlaubt war. Die Sitte wollte es so. Es war ein symbolisches Zeichen seiner nun beginnenden Männlichkeit.

Während sie zu dem Zelt schritten, blickte er immer wieder zu Marissa. Manoah, der neben ihm ging, gab ihm einen leichten Rippenstoß. „Sohn, gib acht!" flüsterte er und führte ihn zu dem Priester, der am Eingang des Zeltes wartete. Neben ihm stand Simsons Mutter. Über ihrem Arm lag ein handgestrickter Gebetsschal, den sie für Simson gemacht hatte. Er würde dem Jungen auf den Kopf gelegt zum Zeichen, daß er nun in die danitische Bruderschaft aufgenommen war.

Als Simson vor ihr stand, küßte Rena ihn auf die Wange. Es war ihr nicht erlaubt, ihn in das Zelt zu begleiten. Keine Frau durfte in das Heiligtum eines *Bar Mizbah-Zeltes* eintreten. Sie übergab den Schal an Manoah, der ihn im Zelt an den Priester weitergeben würde für die offizielle Bedeckung.

Simson folgte dem Priester ins Zelt und kniete gehorsam nieder, als dieser über ihm betete. In einer schlichten Zeremonie wurde ihm der danitische Mantel umgehängt und der Schal auf den Kopf gelegt. Dann empfing er den Becher mit Wein.

Dies war ein heiliger Augenblick. Fast so weihevoll wie jener Moment, als Peniel über ihm gebetet und sein Haar in die sieben Locken gelegt hatte, wodurch er zum Nasiräerleben abgesondert war.

Die kleine Stadt feierte bis weit in die Nacht hinein. Zora war kein reicher Ort, und seine Bewohner mußten schwer arbeiten. Doch wenn sie eine Gelegenheit zum Feiern hatten, dann taten sie es gründlich. Obwohl *Bar Mizbah* eigentlich mehr eine religiöse Angelegenheit war, wurde gewöhnlich im Laufe des Festes die Ausgelassenheit sehr groß.

Simson hatte sich noch nie so sehr der Aufmerksamkeit aller jungen Mädchen erfreut wie an diesem Abend. Mit jeder mußte er immer wieder tanzen, bis ihm ganz schwindelig wurde. Immer, wenn Marissa seine Partnerin war, wünschte er, der Tanz würde nie enden.

Doch ein junger Mann nahm an dem Fest teil, dessen Herz nicht froh war. Josef saß im Halbdunkel und beteiligte sich nicht an dem allgemeinen Trubel, sondern beobachtete seinen alten Freund voller Eifersucht. Josef war immer schmächtig gewesen. Doch er hatte seine kleine Statur durch Behendigkeit und Klugheit ausgeglichen. Doch an diesem Abend fühlte er sich im Vergleich zu Simson noch kleiner und unbedeutender. Zorn trat in seine Augen, als er beobachtete, wie Marissa mit dem Bar-Mizbah-Jungen tanzte und ihn liebevoll anblickte.

Voller Bitterkeit mußte Josef daran denken, daß man im ganzen Ort davon überzeugt war, Simson sei ein von Gott Berufener und er sei mit übernatürlichen Gaben ausgestattet. Ärgerlich schüttelte Josef bei diesem Gedanken den Kopf. Er kannte Simson gut genug, kannte sein launisches Temperament und seinen Mangel an Selbstbeherrschung. Josef hatte nie geglaubt, daß Simsons Fähigkeiten mehr als nur menschlicher Natur sein könnten.

„Du bist die Muskeln, und ich bin das Gehirn", hatte er seinem stämmigen Spielkameraden oft gesagt. Und als er jetzt an diesen Satz denken mußte, flammte in ihm ein Hoffnungsfunke auf. Ja – er würde die Herausforderung annehmen. Simson war auch nur ein Mensch. Gewiß, er war groß und stark, aber nie war er so klug gewesen wie Josef. *Gehirn gegen Muskeln,* sagte er zu sich selbst. Du warst töricht, Josef, und hast dich einschüchtern lassen. Wenn du Simson schlagen willst, mußt du deinen Kopf gebrauchen.

Er wußte nur zu gut, daß es nichts einbringen würde, wenn er jetzt versuchte, Marissa für sich zu gewinnen. Er würde sich nur lächerlich machen. Er mußte erst mit seinem Gegner fertig werden, dann würde der Rest sich von allein ergeben. Josef überlegte, wie er Simson eine Falle stellen könnte. *Wenn ich ihn besiegen will, muß ich zuerst auf ihn eingehen,* überlegte er. Und dazu gab es keine bessere Zeit als jetzt. Der ganze Ort würde sehen, wie großzügig sich Josef über Simsons Ehrungen freuen konnte.

Als die Musik eine Pause machte und die jungen Leute sich zu ihren Familien an die Tische begaben, trat Josef aus dem Schatten und ging hinter Simsons Rücken auf ihn zu. Als er ihn erreicht hatte, tippte er ihm auf die Schulter. Als

Simson herumfuhr, streckte er lächelnd die Hand aus und sagte: „Ich habe dir noch nicht gratuliert."

Einen Augenblick war Simson überrascht. Doch dann ergriff er freudig die ausgestreckte Hand und schüttelte sie.

„Ich gratuliere dir von Herzen", sagte Josef so laut, daß möglichst viele es hörten. „Wir sind als Jungens zusammengewesen, und nun sind wir beide Männer.

Bewegt zog Simson ihn an sich und klopfte ihm auf die Schulter. „Freund", rief er, „das ist in der Tat eine glückliche Nacht!"

Dann zog er Marissa in die Umarmung hinein und rief: „Könnte sich ein Mann noch mehr wünschen als das!"

Von allen Seiten kamen freudige Rufe der Zustimmung. Und als nun die Musik wieder zu spielen begann, tanzten sie alle drei fröhlich – Josef, Marissa und der Bar-Mizbah-Junge.

7. KAPITEL

Nur das Mondlicht erhellte den Marktplatz noch, als die Musik endlich verklang. Die Feiernden verabschiedeten sich und wünschten Simson nochmals Glück auf seinem Lebensweg. Rena und Manoah, deren Herzen voller Freude waren, hatten sich schon vor einigen Stunden nach Hause begeben, und auch Josef war mittlerweile lächelnd heimgegangen.

Einige Männer halfen dem Priester noch, das Bar-Mitzbah-Zelt zusammenzulegen und für die nächste Feier zu verstauen. Marissa stand noch neben Simson und sagte: „Ich muß jetzt auch gehen. Meine Mutter wird auf mich warten."

Sein Herz klopfte, als er ihre Hand nahm. Er hatte sich fest vorgenommen, diese Nacht nicht vorübergehen zu lassen, ohne ihr von seiner Liebe zu sagen. „Geh noch ein Stück mit mir", sagte er leise.

Marissa entzog ihm ihre Hand nicht, sondern nickte. *Der Bach,* sagte er zu sich selbst, *gehe mit ihr zum Bach.* Obwohl das kleine Wasserrinnsal, das am Rand des Ortes entlangfloß, nur etwa hundert Meter vom Marktplatz entfernt war, schienen es für ihn Kilometer zu sein. Er gab sich Mühe, die Blicke des Priesters und das Flüstern der anderen nicht zu bemerken, und hoffte, es würde ihnen niemand folgen.

Am Bach angekommen, fand er unter Weiden und Platanen einen etwas geschützten Platz, wo er mit dem Mädchen stehenblieb. Es war ihm noch nie leichtgefallen, schöne Worte zu machen. Doch für diese Gelegenheit hatte er sich genau überlegt, was er sagen wollte. Als er jedoch nun in ihr liebliches Gesicht schaute, hatte er alles vergessen.

Als er spürte, wie sie zitterte, wußte er, daß er jetzt doch etwas sagen mußte. „Habe keine Angst“, flüsterte er. „Ich habe dich nach hier geführt, um dir zu sagen ...“

Was zu sagen? fragte er sich. Er schluckte den Kloß hinunter, der ihm plötzlich in der Kehle saß. „Ich bin nun ein Mann“, begann er, „und habe dir viel zu sagen.“

„Ja?“ Marissa versuchte, ihm Mut zu machen.

„Ich ... ich habe in Mahaneh-Dan viel erlebt.“

„Ja“, bestätigte sie und betrachtete sein Haar. „Du bist ein Mann Gottes.“

„So ist es“, bestätigte er und fügte schnell hinzu, „doch das macht keinen Unterschied.“

„Keinen Unterschied?“ wunderte sich Marissa.

„Keinen Unterschied zwischen uns, meine ich“, stammelte er. Er wußte, daß er sich ziemlich dumm benahm. „Was ich meine, ist ...“

„Was meinst du denn?“ flüsterte sie.

Er ergriff ihre beiden Hände und zog sie zu sich. „Ich bin ein Mann Gottes“, wiederholte er. „Aber ich bin auch ein Mann, und ich liebe dich, Marissa.“ Da war es endlich heraus.

Ja, ja, er liebte sie. Lange hatte Marissa darauf gewartet, diese Worte zu hören. Als er sie nun ganz eng an sich zog, schmiegte sie sich an ihn, und ihr Herz war erfüllt von der Schönheit ihrer jungen Liebe.

Aber es war eine Liebe voller Leiden. Sie konnte seine Erregung spüren, als er sie zu fest an sich drückte. Und irgendwie ahnte sie dabei etwas von dem Geheimnis der Leiden, die durch Liebe entstehen können.

TEIL II

DER LÖWE UND DAS RÄTSEL

1. KAPITEL

Josef gab seinem Pferd die Zügel frei, als es über den letzten Hügel westlich von Zora ging. Er trabte ein ganzes Stück vor dem kleinen Wagenzug her, als habe er es eilig, die Stadt zu erreichen. Die Wagen kehrten leer zurück, woran man erkennen konnte, daß seine Reise nach Aschkalon erfolgreich gewesen war. Als er Zora verlassen hatte, waren die Wagen vollbeladen mit Kupfergeschirr, Stoffen und Kisten mit Honigwaben – alles Produkte der eigenen Stadt und des Umlandes. All das hatte er in wenigen Tagen auf den Marktplätzen des Küstenlandes verkauft.

Da er sich im Handel besonders klug erwies, war er so etwas wie der Generalvertreter der Handwerker und Bauern von Zora geworden, obwohl er erst 22 Jahre alt war. Alle Handwerker, Töpfer, Weber, Juweliere und Bauern der Gegend hatten Josef den Verkauf ihrer Erzeugnisse in entfernter gelegenen Städten übertragen. Er erhielt dafür zehn Prozent des Verkaufserlöses.

Josef war daher, obwohl noch in jugendlichem Alter, schon ein reicher Mann. Und trotz seiner kleinen äußeren Gestalt hatte ihm sein erfolgreicher und kluger Händlersinn in der kleinen Stadt ein großes Ansehen eingebracht.

Doch im Augenblick waren die Geschäfte das Letzte, was ihn beschäftigte. Als sein Pferd jetzt durch das Stadttor trabte, hielt er eifrig Ausschau nach Simson.

In wenigen Wochen war es sieben Jahre her, seit Simson zum Nasiräer geweiht worden war, und sieben Jahre seit seinem *Bar-Mizbah*. Er würde bald zwanzig Jahre alt sein und hatte von seinem Mentor im Lager Mahaneh-Dan die Erlaubnis erhalten, zu heiraten. Jedermann in Zora wußte das. Und sie wußten ebenfalls alle, daß Simson niemand anders heiraten würde als Marissa.

Obwohl es dieserhalb keine formelle Bekanntmachung gegeben hatte, sahen die Einwohner den stattlichen jungen Mann doch immer wieder zu Marissas Haus gehen. Oft brachte er Blumen mit. Und manchmal gingen die beiden auch am Bach oder in den nahen Feldern spazieren. Das Licht, das abends lange in Marissas Raum brannte, sagte ihnen, daß sie an ihrem Hochzeitskleid arbeitete. Und da nun Simsons Geburtstag nahte, erwarteten alle im Ort, von der Verlobung zu hören.

Daß davon noch nichts gesagt worden war, erklärte man sich damit, daß der Nasiräer sehr oft nicht daheim war, sondern einen großen Teil seiner Zeit in Mahaneh-Dan zubrachte. Simson war wirklich in aller Augen ein heiliger Mann. In den vergangenen sieben Jahren hatte er seine Berufung sehr ernst genommen. Obwohl er kein Nasiräer der extremsten Gruppe war, hielt er doch die Regeln ein, die von Jugend auf für ihn bestimmt waren. Er vermied starke Getränke und hielt sich von allem Unreinen fern. Sorgfältig beachtete er alle Gesetze Moses, und auch die seiner Nasiräerschaft. Viel Zeit verbrachte er in der Einsamkeit und ließ auch sein Haar nicht schneiden.

Wegen dieses geheiligten Lebens hatten alle vor ihm großen Respekt. Oft wurde er vom Rat der Stadtältesten um seine Meinung gefragt. In letzter Zeit hatte man ihn sogar einige Male gebeten, in Streitigkeiten zu vermitteln. Die Leute sahen ihn als einen Richter an und würden ihn noch mehr respektieren, wenn er eine Frau nahm.

Über all das dachte Josef an diesem Abend nach, als er nach seinem alten Freund suchte. Doch er hatte einen ganz besonderen Grund dabei, der mit Marissa zu tun hatte, in deren Zimmer auch jetzt noch das Licht brannte.

Josef wußte, daß Marissa ihm sagen konnte, wo Simson

war, und das ärgerte Josef. Doch er wollte sich diese Tatsache heute zunutze machen. Wenn sein Plan gelang, würde das Mädchen schon bald nichts mehr mit Simsons Leben zu tun haben.

Vor Marissas Haus stieg er vom Pferd und klopfte an. Als sie die Tür öffnete, sah Josef an ihrem enttäuschten Blick, daß sie wohl Simson erwartet hatte. „Josef", sagte sie erstaunt und zurückhaltend, „bist du schon von deiner Reise zurück? Ich hatte eigentlich ..."

„Simson erwartet", beendete Josef den Satz. „Wo ist er denn?"

„Er wollte heute abend von Mahaneh-Dan zurückkommen. Suchst du ihn?"

„Ja", nickte er. „Ich habe ein Geschenk für ihn." Er blickte in den Raum hinein und sah dort ein schönes Gewand, das ausgebreitet über dem Tisch lag. Nadel und Faden daneben. „Ein Hochzeitsgeschenk", fügte er etwas ironisch hinzu.

Marissa wurde rot, als sie zu dem Kleid blickte. „Ich habe gerade daran genäht", stammelte sie.

„Ich sehe es", er machte den Versuch, zu lächeln. „Ich werde Simson suchen. Kommt er zu dir, bevor ich ihn finde, dann sage ihm bitte, daß ich nach ihm Ausschau halte."

Kurz ritt er zu seinem eigenen Haus. Als er sah, daß die Wagen mittlerweile angekommen waren und seine Diener die Zugtiere versorgten, ritt er davon, um Simson zu begegnen. Abrechnen würde er mit den Bewohnern am nächsten Tag. Das hatte Zeit. Während er Simson entgegenritt, dachte er darüber nach, wie erfolgreich seine Reise verlaufen war. Er hatte nicht nur alle Waren gut verkauft, sondern unterwegs vielleicht auch die Möglichkeit gefunden, daß Problem seiner Liebe zu Marissa zu lösen.

Während sein Pferd sich auf dem schmalen Pfad durch die Hügel seinen Weg suchte, kehrten Josefs Gedanken zu seinem kurzen Aufenthalt in Timnah, einer kleinen Philisterstadt reichlich zehn Kilometer westlich von Zora, zurück. Seit er begonnen hatte, auf Handelsreisen zu gehen, war er schon oft in dem kleinen Ort eingekehrt. Doch nie zuvor hatte er die schönsten Bewohnerinnen gesehen, Jezel und Zerah, die Töchter Mardoks.

Wäre Josef nicht entschlossen gewesen, Marissa für sich zu gewinnen, hätte er eines der beiden Mädchen für sich selbst haben wollen. Besonder Jezel übertraf mit ihrer eleganten Erscheinung noch ihre auch sehr schöne jüngere Schwester. Doch die beiden Mädchen konnten ihm sehr nützlich werden. Josef glaubte, wenn es ihm gelingen würde, Simson dazu zu bringen, die Schönheit der beiden Mädchen zu sehen, würde er das Herz des Nasiräers von Marissa abwenden.

Josef wußte, in welch engem Umkreis und bewahrt vor allen äußeren Einflüssen hebräische Jünglinge aufwuchsen. Josef erinnerte sich genau, wie er gefühlt hatte, als er zum ersten Mal in eine Philisterstadt gekommen war und dort die scharlachrot gekleideten Prostituierten an den Straßenecken sah, mit ihren Glöckchen um die Hüften und dem entblößten Busen. Obwohl er mittlerweile ein erfahrener Reisender war, staunte er immer noch über die verführerisch gekleideten und geschminkten heidnischen Frauen. Er konnte sich vorstellen, daß Simson, von Geburt an in mönchischer Abgesondertheit gehalten, noch mehr als er selbst durch die Erscheinung solcher Frauen beeindruckt sein würde.

Mit seinem Verstand haßte Josef alles, was von den Philistern kam. Doch er war nicht immun den Versuchungen gegenüber, die es in der Heidenwelt gab. Manchmal fühlte er sich deshalb schuldig und dachte traurig an die großen Träume seiner unschuldigen Kindheit, als er gemeinsam mit Simson alle Feinde Israels besiegen wollte. Als Kind hätte er sich nie vorstellen können, daß er einmal an den Tischen der Heiden sitzen, mit ihnen starken Wein trinken und die sündigen heidnischen Freiheiten genießen würde. Doch Geschäft war Geschäft, entschuldigte er sich; und wenn er mit den Heiden Geschäfte machen wollte, mußte er auch auf ihre Lebensweise eingehen, wenn er bei ihnen war.

Er erinnerte sich gut daran, was er empfunden hatte, als er zum ersten Mal eine philistäische Frau sah. Und wenn Simson noch der Gleiche war, den er kannte, der an seinem *Bar-Mizbah* mit einem Dutzend Mädchen bis zu deren Erschöpfung tanzen konnte, der Bursche mit dem impulsiven und wenig stabilen Charakter, dann würde er sicher ein Opfer dieser heidnischen Versuchungen werden.

Das Problem war, Simson aus Zora heraus und in die Philisterstadt zu bekommen. Nachher würde sich alles Weitere fast von selbst ergeben. Er dachte immer noch darüber nach, wie er das bewerkstelligen könnte, als sein Pferd stehenblieb und durch die Nüstern blies. „Was ist los?" flüsterte Josef. „Kommt jemand?"

Dann sah er auch schon den großen breitschultrigen jungen Mann auf sich zukommen. „Simson!" rief er.

„Josef?" fragte der Nasiräer laut und erstaunt zurück. „Bist du es?"

Bald standen sie sich gegenüber. Josef stieg vom Pferd und umarmte seinen Freund voller Eifer. „Simson", lachte er, „mir wurde gesagt, ich würde dich hier finden. Ich bin gerade von einer Reise zur Küste zurückgekehrt und habe dir ein Geschenk mitgebracht."

„Ein Geschenk? Aber warum?"

„Ein Hochzeitsgeschenk. Du wirst doch Marissa heiraten. Davon redet doch schon ganz Zora."

Simson zuckte mit den Schultern und lächelte verschämt.

„Natürlich wirst du sie heiraten. Und ich werde dein Brautführer sein. Aber zuerst mußt du mein Geschenk in Empfang nehmen", erklärte Josef.

„Also gut", stimmte Simson zu. „Aber sage es noch niemand, da wir es noch nicht öffentlich bekanntgemacht haben."

„Du hast mein Wort", versprach Josef und klopfte ihm auf die Schulter.

„Gut“, seufzte Simson. „Wo ist nun das Geschenk?“

„Du mußt mit mir nach Timnah kommen und es dort in Empfang nehmen“, sagte Josef eifrig. „Ich habe es für dich reserviert.“

„Du hast es bei den Philistern gelassen?“

„Es war notwendig“, lächelte Josef. „Außerdem sind es nur etwas mehr als zehn Kilometer von Zora, so daß man eigentlich noch nicht von Heidenland reden kann. Mache dir darüber keine Sorgen.“

2. KAPITEL

Das Sonnenlicht, das auf den Hügeln lag, die sich nach Timnath hinzogen, schien an diesem Morgen besonders leuchtend zu sein. Es war schwer, an solch einem Tag seine Ruhe zu bewahren. Trotzdem war es für einen Nasiräer nicht einfach, in philistäisches Gebiet zu gehen.

Wie Josef gesagt hatte, lag Timnath nicht weit von Zora entfernt, in demselben hügeligen Weinland. Und obwohl es nur ein kleiner Ort war, herrschte doch darin die typische sündhafte Freizügigkeit der Heiden.

Die Juden hatten einen Namen für die Heiden, die neben ihnen wohnten. Sie nannten sie *Gojim,* was ganz einfach *Leute* oder *die Leute draußen* heißt. Dieses Wort wurde immer mit ein klein wenig Verachtung ausgesprochen. Ein echter Jude hatte seine Ablehnung zum Ausdruck zu bringen, wenn er dieses Wort gebrauchte.

Natürlich war es notwendig, mit den Heiden gewisse Kontakte zu haben. Die Israeliten waren ja von ihnen umgeben, trieben mit ihnen Handel und verschiedene andere Geschäfte. Leute wie Josef waren deshalb für die Juden sehr nützlich, denn sie wagten es, enger mit den Heiden Verbindung zu halten als die meisten Juden. Josef ließ seine Landsleute wissen, welche Last das für ihn war, und diese waren dankbar dafür. Er würde ihnen gegenüber nie zugeben, daß ihm die Verbindung mit den *Unreinen* Freude machte.

Als die beiden jungen Männer auf der Straße westwärts zogen, schien die Morgensonne warm auf ihre Rücken. Josef führte sein Pferd am Zügel und ging neben Simson her, da dieser nie ein Pferd besessen hatte.

Er ist so ein guter Freund, dachte Simson und erinnerte sich an ihre Kindheit, als sie in den Hügeln rund um Zora gemeinsam gespielt hatten. In den letzten Jahren hatte er oft gemeint, Josef ginge ihm aus dem Weg, doch heute zeigte sich, daß dies wohl ein Irrtum war, er war immer noch der gute Freund wie früher.

Als Simson laut lachen mußte, blickte Josef ihn neugierig an. „Was gibt es?" fragte er.

„Ich mußte gerade an die vielen eingebildeten Kriege denken, die wir als Kinder mit den Philistern ausgefochten haben. Der Feind war stets unsichtbar, deshalb blieben wir auch immer Sieger. Aber wir müssen Tausende von Philistern getötet haben."

Josef lachte nun mit ihm, und Simson bemerkte nicht, daß dieses Lachen etwas gekünstelt klang. „Ja, ich erinnere mich", stimmte Josef zu.

„Und ihre Kriegspferde!" rief Simson. „Diese feinen Philisterpferde. Wir haben sicherlich mindestens zehntausend davon erbeutet." Bei diesen Worten war es, als käme Simson eine Erleuchtung, denn Josefs Pferd war ein solches, das er während einer Reise bei den Philistern gekauft hatte. Er boxte Josef freundschaftlich in die Seite und rief: „Du kleiner Gauner, jetzt weiß ich, worum es geht!"

„Hast du es erraten?" zweifelte Josef, der sich das nicht vorstellen konnte.

„Du willst mir ein solches Philisterpferd schenken und willst mir die Freude machen, es selbst auszusuchen", erklärte Simson.

Über Josefs Gesicht zog ein spöttisches Lächeln. „Du sollst die Freude der Auswahl haben", nickte er. „Doch wenn es ein Pferd ist, dann ist es wirklich ein süßes kleines Fohlen."

Timnah, in den grünen Hügeln über der Küstenebene gelegen, schien es nichts auszumachen, daß es nicht sehr groß war. Überall an der niedrigen Mauer hingen bunte Fahnen, die kundtaten, daß Reisende willkommen waren. Direkt vor dem eisernen Stadttor stand eine große Statue von Astaroth, der Schutzgöttin von Timnah, in verführerischer Haltung.

Wenn Simson gehofft hatte, jeden direkten Einfluß philistäischer Lebensart zu vermeiden, so erkannte er schnell, daß dies nicht möglich war. Die Göttin der sinnlichen Liebe stach ihm in die Augen und traf sein Herz mit erotischen Pfeilen. Wie ein Feuerbrand trieb es ihm das Blut ins Gesicht, und er bekam Furcht, die Stadt zu betreten. Stammelnd sagte er: „Josef, ich warte hier. Gehe allein in die Stadt und bring sie zu mir heraus."

Josef bemerkte, was in Simson vorging, und kicherte nervös. „Na komm, Simson, das geht doch nicht. Es sind ja auch keine Pferde, die du dir ansehen sollst."

Simson blickte Josef mißtrauisch an. „Welche Art von Spiel willst du mit mir spielen?" fragte er. „Warum hast du mich nach hier gebracht?"

„Wenn ich dein Freund bin, sollte ich alles tun, um dich glücklich zu machen", gab Josef zurück. „Und wenn ich dein Brautführer bei deiner Hochzeit sein soll, möchte ich ganz sicher sein, daß du die richtige Wahl getroffen hast."

Verwirrt wegen dieser ihm unverständlichen Antwort ließ Simson sich nun von Josef, der seinen Arm ergriffen hatte, durch das Stadttor führen. „Vertraue mir", fuhr Josef fort. „Niemand kennt dich doch besser als ich, und auch die Welt um uns kennt niemand besser als ich." Er wies auf den Marktplatz, der vor ihnen lag und voller Leben war, und fügte hinzu: „Du hast bisher ein zu sehr zurückgezogenes und behütetes Leben geführt", das weißt du doch.

3. KAPITEL

Wie es kam, daß Simson sich wenige Stunden später im Haus des größten Händlers von Timnah befand, lachend in den Armen einer heidnischen Frau lag und mit ihr Wein trank, wußte er selbst nicht genau zu sagen. Die Zeitspanne zwischen dem Betreten der verbotenen Stadt und seiner Teilnahme an den heidnische Aktivitäten war wie ein nebelhafter Schleier und würde immer so sein.

„Komm, Simson", hatte Josef ihm zugeredet, als er ihn über die Schwelle von Mardoks Haus schob. „Sei nicht ängstlich. Wir bleiben nur einige Augenblicke. Du solltest mindestens die Frauen kennenlernen. Gefallen sie dir nicht, wirst du, wenn wir nach Zora zurückkehren, noch fester als vorher überzeugt sein, daß du die richtige Wahl getroffen hast."

„Aber ich habe nie an meiner Wahl gezweifelt", argumentierte Simson, der sich immer noch sträubte.

Aufputschende Musik war vom Haus her zu hören. Josef gab dem Jüngeren einen leichten Stoß. „Also gut", sagte er, „vergiß die Frauen. Doch wir sind nun einmal hier, da sollten wir auch hineingehen. Ist es denn verboten, ein wenig Spaß zu haben?" Damit schob er Simson in den Patio. Der große Hof war nicht überdacht. Doch vielleicht machte es das helle Sonnenlicht auf dem Marktplatz, daß es Simson hier dunkel vorkam.

Josef zog seinen Freund von einem Fremden zum anderen und stellte ihn überall vor. Da Simson es vermied, die Philister anzublicken, tadelte Josef ihn: „Sei wenigstens höflich. Wir sind auf einer Party, nicht zur Beerdigung."

Doch für den Nasiräer war es eine bittere Prüfung. Hier in der Mitte des heidnischen Hofes fühlte er sich sehr fremd. Der Blick auf den aufgeputzten Flitter rundum und die Art, wie die Leute sich vergnügten, zeigte ihm, daß er hier fehl am Platz war. Er wandte sich wieder dem Ausgang zu. Doch Josef hielt ihn am Arm fest. „Hast du Angst?“ fragte er. „Das alles kann dich ja nicht berühren. Du bist ja ein Nasiräer, ein heiliger Mann. Du bist stark genug, Weizen und Spreu voneinander zu trennen.“

„Warum sollte ich mich in solche Schwierigkeiten bringen“, begehrte Simson auf. „Sie sollen ihren Weizen und die Spreu dazu allein behalten.“

Doch gerade als er gehen wollte, erschien Mardoks ältere Tochter und lächelte ihm zu. Simson blieb stehen und betrachtete das Mädchen, das ganz anders war als alle jüdischen Mädchen, die er je gesehen hatte. Er fühlte, wie seine Knie weich wurden.

Sie trat zu ihm. „Nanu, Josef, wo hast du dieses Prachtbild von einem Mann bisher verborgen?“ staunte sie und fuhr mit der Hand über seine muskulösen Arme. Dann umarmte sie ihn, wie einen lange vermißten Verwandten. Ihr Name war Jezel, und ihre Schönheit war so fremdartig, daß Simson sofort davon gefangengenommen war.

Wäre Simson schon öfter bei den Philistern gewesen, hätte er die Schönheit des Mädchens nicht so ungewöhnlich gefunden. Doch so war sie die erste arische Frau, die er je sah. Groß gewachsen und schlank, wie Helleninnen, mit Haar, das die Farbe von Sommerweizen hatte und Augen in der Farbe der Kornblumen. Blaue Augen! Er hatte noch nie vorher blaue Augen gesehen.

Marissa war dunkel, wie es für semitische Menschen typisch ist. Auch Marissa war für eine Semitin groß gewachsen, doch sie hatte längst nicht so frauliche Formen wie die Philisterin. Dazu kam, daß Jezel neben ihrer eindrucksvollen Schönheit überaus freimütig Männern gegenüber war.

Während Marissa sich immer still und zurückhaltend benahm, flirtete und lachte Jezel gern.

„Hier, Liebling", sagte sie zu Simson und drückte ihm einen Weinbecher in die Hand. „Feiere mit uns."

Durch diesen kurzen Zwischenfall waren zwanzig Jahre der Abstinenz vergessen. Simson trank seinen ersten Schluck Wein seit seinem *Bar Mizbah* und ließ sich von Jezel auf die andere Seite des Patios zu einem Sofa führen, wo eine andere blondhaarige Schönheit saß. Zwischen Jezel und Serah, der jüngeren Tochter des Hausherrn, blieb Simson keine Minute Zeit, über die Grenzen seines Nasiräertums nachzudenken.

„Komm, komm", lockte die jüngere Schwester und zog ihn auf das Sofa. „Du bist gerade rechtzeitig für den Auftritt des Zauberers gekommen."

Die Feiernden in Mardoks Patio suchten sich nun überall Sitzplätze und blickten gespannt zum Brunnen hin, neben dem ein noch geschlossener Vorhang hing. Sie klatschten in die Hände und riefen nach dem Magier.

Bald öffnete sich der Vorhang, und ein Mann, der in eine lange glitzernde Robe gekleidet war und einen seltsamen Hut trug, trat heraus. Neben ihm stand seine Assistentin in einem langen weißen Gewand, und bemalt wie ein Pfau. Um ihre Hüften trug sie einen glänzenden Gürtel, mit Bergkristall besetzt. Simson, der noch nie gesehen hatte, was man mit geschickten Händen anstellen konnte, war sofort gefesselt durch die Tricks des Magiers, dessen Assistentin es gut verstand, die Aufmerksamkeit der Zuschauer immer im rechten Augenblick von den Händen des Zauberers abzulenken.

Aus einem leeren Glas schien Wasser zu fließen. Münzen verschwanden von der offenen Hand des Magiers. Aus leeren Schachteln wuchsen Blumen, wenn ein Schleier von ihnen entfernt wurde. Staunend versuchte Simson zu begreifen, wie solche Dinge geschehen konnten, und er fragte sich, ob sie das Werk von bösen Geistern seien. Doch diese

Sorge war schnell vergessen, als die beiden Mädchen sich an ihn schmiegten und seinen stattlichen Körperbau sowie die Nasiräerlocken bewunderten.

Mardok stand nicht weit entfernt mit Josef zusammen. Die beiden Männer flüsterten miteinander und nickten eifrig mit den Köpfen. Doch Simson bemerkte es nicht, denn er war völlig gefangengenommen von den Tricks des philistäischen Magiers und der Schönheit der beiden fremden Mädchen.

Für jetzt jedenfalls war Marissa vergessen.

4. KAPITEL

Als Simson nach Zora zurückkehrte, ging er nicht zu Marissas Haus, und auch nicht nach Mahaneh-Dan, um mit Peniel zu sprechen. Er tat vielmehr alles, um nicht mit diesen beiden zusammenzutreffen.

Wäre seine Verbindung zu seinen orthodoxen Eltern nicht so eng gewesen, wäre er auch ihnen aus dem Weg gegangen. Doch Rena und Manoah waren kein Problem. Simson hatte seinen Einfluß, den er über sie hatte, nie mißbraucht. Doch er und seine Eltern wußten, daß es so war. Sie wußten alle, daß es der Sohn war, und nicht die Eltern, der das letzte Wort hatte.

Simson rechnete natürlich mit ihrem Mißfallen, als er ihnen erzählte, wo er gewesen war und was er getan hatte. Obwohl er ein mächtiger Mann war, hatte er seine Eltern nie verachtet.

„Wo bist du gewesen?“ rief Manoah empört, als Simson erklärte, wo er so lange gewesen war. „Wir hatten erwartet, du würdest von Mahaneh-Dan direkt zurückkommen. Was kann dich nur dazu gebracht haben, nach Timnah zu gehen?“

Simson hatte sich auf Ärger mit den Eltern vorbereitet. Doch das half alles nicht, als er jetzt den Ausdruck des Schreckens auf dem Gesicht seiner Mutter sah. Er vermied es, ihr in die Augen zu schauen, sah aber an der Art, wie sie die Hand vor den Mund hielt, wie entsetzt sie war. Er kannte ihre unausgesprochenen Gedanken: *Heiden – Gojims! Mein Sohn hat sich mit Gojims eingelassen!*

„Ich kann alles erklären“, sagte Simson, der verzweifelt versuchte, ein wenig zu lächeln. „Ich glaube, ihr werdet euch mit mir freuen.“

„Freuen!“ rief Manoah ärgerlich. „Hast du das gehört, Mutter?“ Er wandte sich Rena zu und legte den Arm um ihre Schulter. „Unser Sohn sagt, wir sollten uns freuen, daß er seinen Eid gebrochen hat und unreinen Boden betrat.“

Simson begriff, daß er die Sache besonders vorsichtig angehen mußte. Als Rena jetzt auch noch leise zu weinen begann und ihre schmalen Schultern dabei bebten, fragte sich der junge Nasiräer, ob er sie überhaupt würde überzeugen können. Doch er hatte sich unterwegs sehr gut überlegt, was er sagen wollte.

„Hört mich doch erst an“, begann er. „Ihr vertraut doch Josef, oder nicht? Jeder in unserem Ort respektiert ihn. Glaubt ihr, er würde mich verführen?“

Als die beiden Alten nicht antworteten, sondern sich erstaunt anblickten, wußte Simson, daß er den richtigen Punkt getroffen hatte. Josef war auch in ihrer Familie gut angesehen, da er immer einen großen Gewinn mit den Waren gemacht hatte, die Manoah und Rena ihm zum Verkauf mitgaben. Sie schätzten seine Geschäftstüchtigkeit nicht weniger als alle anderen Einwohner von Zora.

„Na gut“, seufzte Manoah. „Aber was hat das damit zu tun? Josef ist immer ein guter Freund gewesen, aber er hat kein Recht, dich in etwas hineinzuziehen, was gegen deinen Nasiräereid ist.“

„Ich bin keiner von den *Sadokim“,* wandte Simson ein, indem er die extremste Gruppe der Nasiräer erwähnte. „Es ist mir erlaubt, von meinen Regeln abzuweichen, wenn eine Sache es notwendig macht.“

Rena hörte auf zu weinen und blickte Simson hoffnungsvoll an. „Du hattest also einen guten Grund?“ seufzte sie. „Welchen Grund, Simson?“

Der Nasiräer schwieg einen Augenblick, als müsse er alles nochmals überdenken. Mit völlig harmloser Miene erklärte er dann: „Ihr wißt, daß Peniel mir erlaubt hat zu heiraten.“

Natürlich wußten sie das. Sie hatten ja so oft darüber nachgedacht und hofften auch für ihre Zukunft darauf. Seit Monaten warteten sie darauf, bekanntgeben zu können, daß Marissa und ihr Sohn heiraten würden. Doch was sein Ausflug zu den Philistern mit ihren Hoffnungen zu tun haben sollte, konnten sie sich nicht vorstellen.

„Sicher“, bestätigte Manoah. Dann sah man seine Augen vor Freude strahlen, als er lachte: „Natürlich! Du bist gegangen, um Geschenke für deine Braut zu kaufen.“

Solch eine Handlung würde zwar kaum zu Simsons Eid passen, konnte aber noch verstanden werden. Doch als der junge Mann zu Boden blickte und nicht gleich antwortete, kehrten die Sorgen der Eltern zurück. „Josef nahm mich mit nach Timnah, um mir ein Hochzeitsgeschenk zu kaufen“, sagte er endlich.

Ehe er weiterreden konnte, rannte Manoah zu ihm und umarmte ihn. „Preis sei Adonai!“ rief er. „Also hast du endlich einen Termin für deine Hochzeit festgesetzt!“

Simson wußte, daß er nicht mit seinen Eltern spielen konnte, und sagte endlich die Wahrheit. „Josef präsentierte mir ein Geschenk. Doch das Geschenk war nicht der Brautpreis, sondern die Braut selbst. Ich möchte nicht mehr Marissa heiraten. Statt dessen habe ich in Timnah eine junge Frau gesehen, eine der Töchter eines Philisters. Vater, ich möchte, daß du sie für mich beschaffst – als meine Frau.“

Manoah griff sich erschrocken an sein Herz. Ein Stöhnen kam über seine Lippen. Dann stammelte er: „Aber Sohn ... warum? Marissa! – Oh, Herr, unser Gott!“

Rena zitterte so, daß sie sich an ihrem Gatten festhalten mußte. Tränen liefen über ihr Gesicht. „Gibt es keine Frau unter unserem ganzen Volk“, weinte sie, „daß du dir eine Frau von den unbeschnittenen Philistern nimmst?“

So entsetzt war ihr Gesichtsausdruck, daß man meinen konnte, eine Schar von Dämonen sei durch den Raum gezogen. Manoah hielt Rena fest. Er schien noch nicht glauben zu können, daß es sein Sohn war, der einen solchen Wunsch äußerte.

Simson fühlte einen Kloß in seinem Hals. Er schluckte ihn hinunter und versuchte einen gefaßten Eindruck zu machen. „Ich hätte nie geglaubt, daß ich je von einer anderen Frau angezogen werde, als von Marissa“, bekannte er. „Doch es ist nun einmal geschehen. Wenn ich ein geistlicher Mann bleiben soll“, überlegte er, „muß ich dieses Philistermädchen haben. Sonst werde ich so lange von meiner Berufung abgelenkt, bis sie mir gehört.“

Er schwieg wieder einige Augenblicke, holte dann tief Atem und machte klar, daß er mit der Mitwirkung seiner Eltern rechnete. „Beschaffe sie mir“, forderte er, „denn sie gefällt mir.“

5. KAPITEL

Für einen jüdischen Ältesten gehörte es sich nicht, zu schnell zu laufen. Sie gingen stets behutsam, möglichst mit gefalteten Händen, und den Kopf würdig gehoben. Doch an diesem Tag rannte Manoah fast und strapazierte seine alten Muskeln auf dem Weg nach Mahaneh-Dan.

Vor sieben Jahren, als er diesen Weg mit Simson gegangen war, um den Segen für dessen *Bar-Mizbah* zu holen, war er kaum in der Lage gewesen, die Hügel zu bewältigen, und hatte sich unterwegs oft ausruhen müssen. Doch heute wurde er von seinem Zorn und von seinem Eifer angetrieben. Er mußte mit Peniel sprechen und ihm den Kummer ausschütten, den er im Herzen trug.

Obwohl er erst einen halben Tag gegangen war, sah er unter sich schon die abendlichen Lichter das Lagers. Obwohl die Nasiräer sich gerade zum abendlichen Gottesdienst versammelten und schon ein Lied anstimmten, nahm er darauf keine Rücksicht, sondern eilte in das Lager und rief: „Peniel! Peniel!“ Er sprach einen der weißgekleideten Mönche an und sagte: „Ich muß schnellstens mit Peniel sprechen.“

Mißbilligend blickten die Versammelten den Eindringling an. „Peniel darf jetzt nicht gestört werden“, tadelte einer. „Unser Bruder betet jetzt.“

„Er wird sicher seine Gebetszeit verschieben können“, beharrte Manoah. „Es gibt einen Notfall.“ Er schob den Mann beiseite, der ihn getadelt hatte, und ging direkt zu Peniels Höhle.

Durch die Geräusche, die der Eindringling verursachte, wurde Peniel aus seiner Andacht gerissen. Er blickte sich um und sagte staunend: „Manoah, bist du das?“

Manoah trat näher und setzte sich Peniel gegenüber. „Ich bin es“, erklärte er. „Aber wer bist du?“

Peniel schüttelte leicht lachend seinen behaarten Kopf. „Was willst du damit sagen?“ fragte er.

„Du behauptest, ein heiliger Mann zu sein“, empörte sich Manoah, „ein Lehrer der Nasiräer. Vor Jahren habe ich dir deshalb meinen Sohn anvertraut zur rechten geistlichen Erziehung, aber du hast mich sehr enttäuscht.“ In anklagendem Ton fuhr er fort: „Gehörte Simson nicht von seiner Geburt an dem Herrn? Ja, sogar schon vor seiner Geburt? Solange er bei mir lebte, unter meiner unzulänglichen Erziehung, war er ein heiliger junger Bursche, so rein wie Schnee.“

„Ja, und?“ fragte Peniel, überrascht durch den Ärger seines Freundes.

„Aber du hast ihn ruiniert. Du, sein Lehrer und Erzieher, sein geistlicher Führer, dem seine Mutter und ich die Seele unseres Sohnes anvertrauten.“

Peniel war total erschüttert. Er rieb sich die Augen und fragte sich, ob das alles auch Wirklichkeit war. Er gab sich Mühe, geduldig zu bleiben und forschte: „Was ist denn geschehen, mein Freund?“

„Du hast Simson erlaubt zu heiraten“, klagte Manoah. „Und das wird er tun.“

Achselzuckend meinte der Ältere: „Das geschah doch mit deiner Zustimmung. Das weißt du selbst.“

„Aber ich hätte nie einer Heirat außerhalb des Gesetzes zugestimmt“, zürnte Manoah.

Kopfschüttelnd sagte Peniel: „Auch ich habe dazu keine Zustimmung gegeben. Du weißt ganz genau, daß ich das nicht tun würde.“

„Aber das ist seine Absicht“, erklärte Manoah, der sich ein wenig beruhigte. „Er will eine Frau aus Timnah heiraten.“

Als Peniel ihn nur verständnislos anblickte, erzählte der

alte Vater die ganze Geschichte. Er schloß mit den Worten: „Und als Simson aus der Philisterstadt zurückkehrte, verlangte er von mir, ich solle ihm dieses Weib besorgen. Kannst du dir das vorstellen? Ich soll für eine Heidin den Brautpreis bezahlen?"

Während Manoah die Geschichte erzählte, beschuldigte er immer wieder Peniel, dafür verantwortlich zu sein. Der Mönch fuhr sich nachdenklich durch seinen langen Bart und überlegte. Das Gesetz Moses gab klare Anweisungen im Blick auf eine Heirat *außerhalb des Bundes.* Heiraten mit bestimmten ausländischen Völkern waren strikt untersagt. Da es zur Zeit Moses noch kaum Kontakt mit den Philistern gab, waren diese nicht ausdrücklich unter den Heiratsverbotsvölkern erwähnt. Doch die meisten Juden lehnten eine solche Verbindung ab. Da von einem Nasiräer erwartet wurde, daß er vor dem Herrn heilig lebte, hatte er alle Regeln noch strenger zu befolgen als die orthodoxen Juden. Eine Heirat mit einer Philisterin war für einen Nasiräer undenkbar.

„Was hast du ihn in all diesen Jahren gelehrt?" wollte Manoah wissen. „Hast du dich nicht um seine Gelübde gekümmert?"

Peniel wußte, daß solche Anklagen lächerlich waren und aus einem verwundeten Herzen kamen. Der alte Eremit, der besser als alle anderen um die Kämpfe in Simsons wankelmütigem Wesen wußte, hätte nun mit Empörung reagieren können. Doch statt dessen ging sein Blick an Manoah vorbei, zum Ausgang der Höhle hinaus. Mit der Geduld vieler Jahre geistlichen Forschens lauschte der Mönch auf eine andere Stimme, die er in seinem Herzen vernehmen wollte.

Während Manoah weiter klagte, hörte Peniel ihn zwar, und doch hörte er ihn nicht, denn ein anderer Geist zog leise durch seine Seele und redete mit ihm. „Halte Frieden, Manoah", flüsterte der Alte endlich, „und höre mir zu."

So leise waren seine Worte, daß Manoah sie nicht vernahm. Doch als er sie lauter wiederholte, verstummte der Erboste und blickte Peniel fragend an.

Noch immer blickte der alte Nasiräer nachdenklich zur Höhle hinaus und stellte eine seltsame Frage: „Ist Gott der Herr des Gesetzes oder sein Diener?“

Manoah verstand nicht, was sein Freund meinte, und schwieg deshalb. Verständnislos blickte auch er, wie der Mönch, hinaus auf den nächtlichen Himmel.

„Laß den Jungen gehen“, sagte Peniel endlich. „Er gehört seit seiner Geburt dem Herrn, und was immer ihm begegnet, liegt innerhalb der weisen Voraussicht Gottes. Laß Simson in Ruhe, und gib ihn unter die Führung Gottes.“

6. KAPITEL

Der Winter stand vor der Tür. Mehrere Monate waren vergangen, seit Simson die Frau aus Timnah gesehen hatte. Voller Eifer hatte er im Laufe des Sommers neben seinem Vater auf den Feldern gearbeitet und hatte es kaum erwarten können, bis die Ernte vorüber war, durch die der Lebensunterhalt der Familie gesichert wurde. Als einziger Sohn der Familie konnte er nicht nach Philistäa gehen, bevor die Sommer- und Herbstarbeit nicht getan war.

Es war durchaus nicht so, daß sein alter Vater sich nun mit der Idee der gemischten Heirat versöhnt hätte. Vielmehr war es recht schwierig gewesen, mit ihm zu leben, seit er von Peniel zurückgekehrt war. Nur widerwillig hatte er den Rat des Mönchs akzeptiert. Er lehnte die sogenannte *Voraussicht Gottes,* von der Peniel gesprochen hatte, immer noch ab, und machte aus seiner Enttäuschung auch kein Geheimnis.

Endlich waren die letzten Erntearbeiten und die Vorbereitungen für das nächste Jahr vorüber. Wenn das schicksalshafte Unternehmen doch sein mußte und Manoah die Philisterfrau zu betrachten hatte und der Brautpreis zu bezahlen war, dann mußte dies alles noch vor Einbruch des Winters geschehen.

Wenn Juden von Israel nach Philistäa zogen, so war das eigentlich keine Reise von einem Land in ein anderes. Denn Palästina, das Land der Philister, wurde zu jener Zeit fast völlig von den Philistern beherrscht, und diese sahen auch die Gebiete, in denen die Israeliten wohnten, als zu ihrem

Land gehörend an. Der Unterschied zwischen Israel und den Philistern war mehr ein geistig-religiöser, als der eines politischen Staates. Die Israeliten gaben dies zwar nicht zu, denn für sie war Israel eben das Land, das Gott ihrem Vater Abraham versprochen hatte. Die Philister waren für sie Eindringlinge, von denen sie vorübergehend beherrscht wurden.

Tatsächlich waren die Seevölker, unter ihnen die Philister, ungefähr zur gleichen Zeit in Palästina eingewandert wie die Israeliten. Nur die Philister mit Schiffen vom Mittelmeer her, also vom Westen, und die Israeliten nach langer Wüstenwanderung über den Jordan kommend, also vom Osten. Doch vor allem das Grenzgebiet zwischen Israel und den Philistern war von Josuas Zeit an immer umstritten gewesen. Hier wohnten beide Völker eng nebeneinander, manchmal sogar zwischeneinander.

Und zur Zeit waren die Philister die Herren. Das beste, was die Israeliten tun konnten, war, sich von ihnen abgesondert zu halten, so gut es ging. Ihre Dörfer und kleinen Städte in diesem Gebiet waren oft wie Enklaven, umgeben von Philisterherrschaften. Doch die Juden sahen eine Reise in eine Philisterstadt an wie eine Reise *aus Israel hinaus,* und *in das Land der Heiden.*

Einige unternehmungslustige Männer, wie Josef, hatten es gelernt, engere Verbindung zwischen den beiden Kulturen aufzunehmen und ganz selbstverständlich zwischen den Völkern hin und her zu reisen. Doch dabei bestand immer das große Risiko, *verunreinigt* zu werden. Es brauchte viel Klugheit, um ein solches Leben führen zu können. Doch Josef besaß diese Klugheit offensichtlich.

Als Manoah endlich der Reise nach Timnah zustimmte, bestand er darauf, Rena mitzunehmen. Simson hatte Einwände erhoben, weil er besorgt war, die Reise könnte für seine alte Mutter zu beschwerlich sein. Doch das alte Ehepaar war so miteinander verwachsen, daß sie nicht nachgeben wollten. Und so willigte Simson endlich ein.

Obwohl es nur knapp zwölf Kilometer von Zora waren, hatten die drei Timnah bei Einbruch der Dunkelheit noch nicht erreicht. In der Ferne waren zwar schon die Lichter der Philisterstadt zu sehen, doch die beiden Alten würden die Strecke nicht mehr schaffen.

Doch sie waren schon in den Weinbergen, von denen Timnah ähnlich umgeben war wie Zora. Die einzelnen Weinäcker waren von Hecken oder Mauern umgeben, um Tiere und auch Menschen fernzuhalten. Es gab hier und da auch Wachtürme, weil vom Zeitpunkt des Reifens der Trauben an bis zur Ernte die Früchte bewacht wurden. Tag und Nacht saßen auf diesen Türmen dann Wächter. Doch jetzt, kurz vor Winterbeginn, waren die Weinberge völlig menschenleer.

Da er ein Tor offen fand, führte Simson seine Eltern in diesen Weingarten, der von einer hohen Dornenhecke umgeben war. Hier würden sie ein wenig geschützter sein vor der Kühle der Spätherbstnacht. In diesem Garten befand sich auch ein Wachturm. Als Simson ihn näher untersuchte, stellte er zu seiner Überraschung fest, daß auch hier die Tür offen war. Er brachte seine Eltern zu dem Turm und sagte lachend: „Seht, Gott ist mit uns, Er sorgt dafür, daß wir diese Nacht nicht im Freien verbringen müssen.“

Manoah war da anderer Meinung. Knurrend führte er seine Frau in eine dunkle Ecke, wo er seinen Mantel ausbreitete und für sich und Rena ein Lager bereitete, so gut es eben ging. Simson legte sorgfältig seinen schweren Umhang über die beiden und sagte: „Ruht euch aus, ich werde draußen schlafen.“

Wie ein Hirte, der nachts quer vor dem Eingang zu den Schafhürden schläft, so legte sich Simson vor die Tür des Wachturms, bereit, seine Eltern vor jeder Gefahr zu verteidigen. Nicht etwa, daß er Schwierigkeiten erwartete. Er hatte die Tür zum Weingarten wieder verschlossen, und die Dornenhecke war auch sehr dicht. Menschen kamen in dieser Jahreszeit so gut wie nie in die Weinberge, und Tiere würde die Hecke abhalten. Doch er selbst würde kaum ruhig schlafen, weil er nicht wußte, was ihn in Timnah erwartete. Und auch sein Gewissen mahnte ihn immer noch, obwohl er entschlossen war, die Philisterin zur Frau zu nehmen.

Wenn er sich die Wahrheit eingestand, mußte er zugeben, daß er immer etwas unruhig gewesen war. Die Gedanken an Marissa und an seinen heiligen Ruf hatten ihn immer wieder bedrängt. Er mußte an die Nacht denken, als er das erste Mal nach Mahaneh-Dan gekommen war und an all die Stunden, die er seither mit Peniel verbracht hatte. Peniels Worte über ein heiliges Leben kamen ihm in den Sinn; und er fühlte sich irgendwie schuldig, als er jetzt an Jezel dachte.

Dann standen plötzlich wieder die Verse vor ihm, die von den Nasiräern gesungen wurden, als er das erste Mal nach Mahaneh-Dan gekommen war:

Ich singe dem Herrn ein Lied,
denn Er ist hoch und erhaben.
Rosse und Wagen warf Er ins Meer.
Meine Stärke und mein Lied ist der Herr,
Er ist für mich zum Retter geworden.
Er ist mein Gott, Ihn will ich preisen;
den Gott meines Vaters will ich rühmen.
Der Herr ist ein Kriegsmann.

War er nun doch eingeschlafen? Wahrscheinlich, denn er schien wieder ein Junge geworden zu sein. Im Traum durchzog er mit seinem kleinen Freund Josef die Hügel rund um Zora. Und wie immer führten die jungen Soldaten eine mächtige Armee tapferer jüdischer Kämpfer. Auf dem nächsten Hügel erschienen tausend Philister in glänzenden Rüstungen. Doch sie wurden von ihm und seinem Heer besiegt und liefen in wilder Flucht davon.

An diesem Punkt hätte der Traum enden sollen, doch das geschah nicht. Vielmehr kehrten die Philister zurück. Doch diesmal nicht in Gestalt von Männern und Pferden, sondern in der von Löwen – viele hundert von ihnen. Erschreckt riß Simson die Arme hoch, um eine besonders hartnäckige Bestie abzuwehren.

Simson fuhr aus seinem Traum auf, um zu entdecken, daß er Wirklichkeit geworden war. Ein Löwe war, wahrscheinlich hungrig, aus den kahlen Hügeln herabgekommen und hatte wohl den Geruch des Menschen wahrgenommen. Gerade setzte er mit lautem Brüllen über die Dornenhecke, um sich auf Simson zu stürzen, der diesem ersten Angriff durch einen schnellen Seitensprung im letzten Augenblick entgehen konnte.

Die Raubkatze warf sich herum und griff von neuem an. Doch sie wußte nichts von der gewaltigen Kraft dieses Mannes. Simson spürte, wie diese übernatürliche Kraft durch seine Muskeln floß.

Als der Löwe jetzt auf ihn zusprang, packte er ihn mit einer Hand in der Mähne und hielt ihn in der Luft. Mit der anderen Hand packte er den Unterkiefer der Bestie. Und dann riß er mit einer gewaltigen Kraftanstrengung das Raubtier mitten auseinander. Mit einem Seufzer der Erleichterung warf er das Tier beiseite.

Erst jetzt wurde ihm ganz bewußt, daß dies kein Traum mehr war, sondern das wirkliche Leben. Aufmerksam schaute er sich nach allen Seiten um, ob noch weitere Gefahr drohte. Dann stieß er einen lauten Schrei aus. Einen Siegesschrei, einen Warnungsschrei, und einen Schrei des Lobpreises für den Herrn der Heerscharen.

7. KAPITEL

Wieder wurde im großen Patio von Mardoks Haus ein Fest gefeiert. Doch diesmal war es nicht eines der üblichen, sondern ein Hochzeitsfest, das die Bevölkerung von Timnah anlockte.

Es war wieder Frühling geworden in Palästina. Der Besuch Simsons und seiner Eltern hier im Spätherbst hatte das erwartete Ergebnis gebracht. Manoah und Rena waren bekümmert auf seine Wünsche eingegangen und hatten den Brautpreis für die blonde Jezel bezahlt.

Natürlich war allen klar, daß diese armseligen jüdischen Bauern nicht reich waren. Es hatte das, was sie selbst zum Leben bis zur nächsten Ernte brauchten, schon im Übermaß strapaziert, um nur das Minimum des Brautpreises für das Mädchen zu zahlen – zwei Eselinnen und zwölf Säcke Gerste. Mardok hätte wegen dieses armseligen Angebots beleidigt sein können. Doch seine Tochter war so verliebt in den stattlichen jungen Israeliten, und er hatte seine Tochter so gern, daß er ihr keinen Wunsch abschlagen konnte und deshalb Manoahs geringes Angebot akzeptierte.

„Unter einer Bedingung", hatte Mardok erklärt. „Simson darf Jezel nicht von Timnah fortführen. Wenn er ihr Gatte werden will, muß er bei ihr hier in Timnah wohnen."

Als er dies hörte, hatte Manoah tief geseufzt und die Hände vor das Gesicht geschlagen. Rena hatte viel Mühe gehabt, ihre Tränen der Scham zurückzuhalten. Wenn irgend etwas Simson von seinem von Gott bestimmten Weg abbringen konnte, dann diese letzte Schande. Doch sehr zu

Mardoks Überraschung hatte Manoah den Kopf gesenkt, als wolle er beten. Dann hatte er den Philister mit traurigen Augen angeschaut und kopfnickend sein Einverständnis gegeben.

„Wenn es der Wunsch unseres Sohnes ist, wollen wir ihm nicht im Wege stehen“, hatte er erklärt. „Wir haben ihn dem Gott Abrahams übergeben, noch ehe er geboren war. Wir haben kein Recht an ihm.“

So kam es, daß der treue Manoah mit seiner Frau in dem reichgeschmückten Hof des heidnischen Geschäftsmannes im Schatten der Mauer saßen und in stiller Verzweiflung den heidnischen Ausschweifungen zusahen.

Sieben Tage würde dieses sündhafte Fest dauern. Sie, als die Eltern des Bräutigams, mußten dies alles aber nur für einen Tag ertragen. Doch dieser Tag war der schlimmste, denn da würde von einem heidnischen Priester die Hochzeitszeremonie durchgeführt werden. Und diese schreckliche Zeremonie würde damit abschließen, daß Simson mit seiner Braut nach oben verschwand, in seine eigenen Räume.

Die beiden Eltern waren tief beschämt, als sie mit ansehen mußten, wie ihr geliebter Sohn sich vor einem Priester Baals beugte. Wie konnte seine geheiligte Erziehung nur ein solches Ergebnis hervorbringen?

Baal war der Sohn von Dagon und der populärste Gott des philistäischen Bauernlandes. Er war der Gott des Korns und des Gemüses, der Gott des Sturms und der Fruchtbarkeit; und er hatte seine Macht direkt von seinem Vater Dagon, dem Gott des Meeres empfangen.

Rena und Manoah konnten es kaum ertragen, als sie zusehen mußten, wie der Priester Baals, begleitet von einer Reihe tanzender Mädchen, Simson und seine Braut mit Öl und Honig salbte, den Symbolen des Lebens und der Fülle.

Manoah kämpfte um seine Selbstbeherrschung, während er zusah. War Simson nicht schon als Junge gesalbt worden? Hatte er nicht bei seinem *Bar-Mizbah* den Segen des hebräischen Priesters von Zora empfangen? Hatte er nicht die Kennzeichen der Nasiräer erhalten, als er in Mahaneh-Dan war? Warum sollte sich dieser heilige Mann einer verfälschten heidnischen Salbung unterwerfen? Manoah konnte das nicht einsehen und murmelte immer wieder zornig den Namen Peniels vor sich hin.

Rena stieß ihm mit dem Ellbogen in die Seite und mahnte ihn, still zu sein. Sie holte ein Stück gehärteten Honig aus ihrer Tasche. „Hier", sagte sie, um ihn zu trösten, „iß das, es wird ja doch bald vorüber sein."

Manoah steckte das Stück in den Mund und kämpfte mit den Tränen. Warum erinnerte Rena ihn gerade jetzt an dieses kostbare Geschenk, das sie von ihrem Sohn erhalten hatten?

Sie würden nie vergessen, wie sie zu diesem Honig gekommen waren. Während ihrer jetzigen Reise nach Timnah waren sie wieder an dem Weingarten vorübergekommen, in dem sie im Spätherbst übernachtet hatten. Simson hatte ihnen gesagt, sie sollten sich ein wenig ausruhen, er müsse nach etwas schauen. Dann war er schnell in den Weingarten gerannt, hin zu dem Wachturm.

Sie wußten nicht, daß er nach dem zerrissenen Leichnam des Löwen Ausschau hielt. Er hatte ihnen nie erzählt, daß er in jener Nacht mit dem Löwen gekämpft und ihn getötet hatte, denn er hatte sie nicht ängstigen wollen. Außerdem wollte er auch jetzt nicht zugeben, daß er nach etwas Totem suchte, denn damit verunreinigte er sich ja in ihren Augen. Es machte ihm auch nichts aus, daß sie seine philistäische Braut als unrein ansahen.

Als er zurückkehrte, hatte er ihnen lächelnd eine große feste Honigwabe übergeben und sie aufgefordert, davon zu essen, damit sie nicht mehr so trübselig dreinschauten.

„Wo hast du sie her?" hatte Rena erstaunt gefragt. Doch Simson hatte das Geheimnis für sich behalten und nicht erzählt, daß er die große Honigwabe im Leib des getöteten Löwen gefunden hatte.

Als jetzt der heidnische Priester und die tanzenden Mädchen Getreidekörner über das Hochzeitspaar warfen und alle Gäste zum Wohl des Paares Wein tranken, nahm Simson seine Braut bei der Hand und führte sie nach oben in ihre Räume. Manoah stöhnte und schüttelte den Kopf.

Als jetzt laute Musik ertönte und der Patio voll Gelächter war, schob Rena ihm das Honigstück in den Mund und sagte: „Iß, Vater. Simson ist ein guter Junge. Wir dürfen nur die Hoffnung nicht aufgeben.“

Josef, als Brautführer, stand vor der Tür, die zu den Räumen des Brautpaars führten, um seinen Dienst zu tun und die Hochzeitsnacht zu bewachen. Er lauschte aufmerksam und konnte nach einiger Zeit der wartenden Hochzeitsgesellschaft verkündigen, daß der Ehevollzug in vollem Gange war, worauf alle Gäste in lauten Jubel ausbrachen. Nach dieser Meldung, die der damaligen Sitte unter den dortigen Heidenvölkern entsprach, durfte er seinen Platz vor dem Hochzeitszimmer verlassen und sich unter die Feiernden mischen.

Ein großer Schritt zu seinem Ziel war es, so dachte Josef, Marissas Herz von der Liebe zu dem starken Mann loszureißen und sie doch noch für sich zu gewinnen. Daß seine hinterlistigen Pläne ihm bisher so gut gelungen waren, machte ihn besonders froh.

Deshalb wandte er sich, als er sich nun unter die Feiernden mischte, auch sehr großmütig zunächst den alten Eltern Simsons zu, die traurig in der Ecke saßen und für die unter anderen Umständen die Hochzeit ihres Sohnes einer der glücklichsten Tage in ihrem Leben hätte sein sollen. Er legte der weinenden Mutter die Hand auf die Schulter und sagte: „Seid nicht zu bekümmert. Ich weiß ja, daß ihr große Hoffnungen in Simson gesetzt hattet. Doch er war schon immer sehr eigenwillig und dickköpfig. Wir müssen die ganze Sache Gott überlassen.“

Manoah blickte Josef zornig an. „Dickköpfig?“ grollte er, „vielleicht. Doch du hast ja diese Verführung in seinen Weg gestellt. Hast du ihn nicht hier nach Timnah gebracht, weil du wußtest, er würde diesem Mädchen begegnen? Er sagt, du hast sie ein *Hochzeitsgeschenk* genannt."

Josef heuchelte Überraschung und spielte den Beleidigten. „Hat er das wirklich so dargestellt", empörte er sich. „Das erschüttert mich. Gewiß, ich habe ihn nach hier gebracht, damit er sich ein Geschenk aussucht, das ist wahr. Aber ich dachte eher an ein Pferd oder etwas Ähnliches. Ich konnte ja nicht ahnen, daß ihm Jezel begegnen würde."

Aufmerksam studierte Manoah Josefs vorgetäuschte Unschuldsmiene und seufzte dann: „Wie immer es war, wir können nichts mehr daran ändern." Er wandte sich Rena zu und sagte: „Komm, Mutter, wir werden uns auf den Heimweg machen."

„Ich begleite euch noch bis auf die Straße", sagte Josef eifrig. Als er sich draußen von dem alten Ehepaar verabschiedete, fügte er noch hinzu: „Wenn ihr nach Zora zurückkehrt, grüßt bitte Marissa von mir."

8. KAPITEL

Am zweiten Tag der Hochzeitsfeierlichkeiten erreichte das Lachen, Tanzen und Trinken den Höhepunkt, da jetzt auch das Hochzeitspaar sich wieder unter die Gäste mischte. Simsons Kopf war durch den Alkohol und seine Verliebtheit so benebelt, daß er kaum bemerkte, daß seine Eltern nicht mehr unter ihnen weilten. Erkannte er es vorübergehend, so vergaß er es schnell wieder. Jezel jedenfalls war immer neben ihm, saß ihm auf dem Schoß oder hing ihm am Hals, und darauf kam es schließlich an. Und natürlich auch auf die Festgäste, um die er sich kümmern mußte.

Nach der Tradition der Philister wurden dem Bräutigam eine Gruppe von „Gefährten" zugeordnet. Mardok war reich genug, um für diesen Zweck gleich dreißig junge Männer anzuwerben, die den Bräutigam fröhlich und das Fest kurzweilig zu erhalten hatten, denn sieben Tage waren eine lange Zeit, wenn es nicht nach und nach langweilig werden sollte.

Außerdem war Simson ein Israelit. Mardok wußte, sollte die Ehe auf die Dauer Bestand haben, mußte der Bräutigam für die Lebensweise der Philister gewonnen werden. Und das konnte nicht besser geschehen, als ihn mit lustigen und lebensfrohen Kumpanen zu umgeben.

Josef, obwohl selbst Israelit, hatte es leicht, mit den Philistern mitzuhalten, denn er kannte sie durch seinen Handel mit ihnen gut genug. Er hielt sich meist in der Nähe des Brautpaars auf und ermutigte Simson, eifrig an den Gebräuchen der Philister teilzunehmen.

Als die Lustbarkeit wieder einem Höhepunkt zustrebte,

ergriff Josef einen Kelch mit Wein und bat um Ruhe. Er wandte sich mit dem Kelch Simson zu und rief: „Auf den Bräutigam!“ Von allen Seiten wurde dem Trinkspruch zugestimmt.

Nun sprach er Simson direkt an: „Es ist Sitte unter Freunden, daß der Bräutigam seinen Gefährten ein Rätsel aufgibt. Wer die richtige Antwort weiß, erhält vom Bräutigam einen Preis.“

„Bravo! Bravo!“ stimmten die Anwesenden begeistert zu.

„Nun, Simson, sprich, hast du ein Rätsel für uns?“ erkundigte sich Mardok. „Aber es sollte ein schweres sein, denn die Burschen hier sind alle sehr klug.“

Simson löste sich aus Jezels Armen, lehnte sich zurück und dachte eine Weile angestrengt nach.

„Ich werde es sicher erraten, Simson!“ rief jemand.

„Nein, ich“, fiel ein anderer ein. „Mach es nur so schwer wie möglich.“

Während Simson überlegte, studierte er die Gesichter der Feiernden. Das waren wirklich nette Burschen. Warum hatte man ihm stets beigebracht, die Philister seien unrein? Gewiß, ihre Art zu Leben war gegen die Gebote Gottes. Aber konnte man ihnen dafür die Schuld geben, da sie doch in eine Kultur hineingeboren waren, die Gott gegenüber fremd war?

Endlich zog ein breites Lächeln über sein Gesicht. Er richtete sich auf und bat um Ruhe. „Also gut“, nickte er, „hört mein Rätsel an. Doch es ist so schwierig, daß ihr es während der ganzen Woche nicht lösen werdet.“

„Ha! Ha!“ tönte es von allen Seiten. „Du Angeber! Probiere es nur!“

„Ich verspreche folgendes“, prahlte er: „Wenn einer während dieser Tage der Feier die Lösung bringt, werde ich nicht nur ihn belohnen, sondern ich verspreche euch dann dreißig Untergewänder und dreißig Festkleider, also für jeden von euch eines.“

Erstaunt hörten alle dieses großzügige Versprechen. Josef war besorgt über Simsons impulsives Versprechen, schwieg aber. Wenn die Philister glaubten, was Simson anbot, so wollte er keinen Zweifel in ihnen säen.

Die Philister tuschelten kurz miteinander und akzeptierten dann das Angebot. Wieder ließ man den Bräutigam hochleben. Jezel konnte man ansehen, daß sie auf den Mut ihres Gatten stolz war. Sie belohnte ihn dafür mit einem Kuß.

Doch die Feiernden waren nicht vorbereitet auf die andere Hälfte der Wette, die Simson ihnen angeboten hatte. Während sie noch Simsons Großzügigkeit bewunderten, fügte er nun den Haken hinzu: „Wenn ihr mir aber am Ende der Tage des Feierns die Lösung nicht sagen könnt, dann sollt ihr mir dreißig Untergewänder und dreißig Feierkleider geben."

Was irgend jemand, sei er Jude oder Philister, mit soviel Kleidung anstellen wollte, konnten sie sich nicht vorstellen. Nur Könige besaßen wohl so viele Gewänder. Doch in ihrer leichtfertigen Stimmung gingen sie auf die Änderung der traditionellen Regeln ein und stimmten zu.

„Nun sage uns aber auch das Rätsel", riefen sie lachend. „Wir sind bereit, es anzuhören."

Noch als Josef den Vorschlag machte, hatte Simson nicht gewußt, was er den Gästen aufgeben sollte. In seiner Erziehung war kein Platz für Rätsel und ähnliche Späße gewesen. Doch während er die Gesichter der Philister studierte, war ihm klargeworden, daß er hier unter Fremden war. Jene nächtliche Begebenheit mit dem Löwen im Weinberg fiel ihm wieder ein, und wie einsam er sich da gefühlt hatte. Und da war ihm sein Rätsel eingefallen.

Langsam ließ er seinen Blick über alle Anwesenden wandern, die ihn gespannt anblickten. Dann sagte er:

Vom Fresser kommt Speise,
vom Starken kommt Süßes.

Und nun sagt mir die Antwort, wenn ihr sie wißt.

9. KAPITEL

Simson lag schlafend im Hochzeitsbett, das in dem Raum stand, der immer schon von Jezel bewohnt worden war. Doch er träumte nicht von ihr, noch hatte er in den letzten Tagen an ihre Liebkosungen gedacht. Seit er der Hochzeitsgesellschaft sein Rätsel vorgelegt hatte, war er nicht wieder zu ihnen gekommen, sondern hatte sich zurückgezogen. Er weigerte sich, mit ihnen zu trinken und sich mit ihnen zu unterhalten. Und während die Feier für die restlichen Tage weiterging, hatte sich doch eine niedergedrückte Stimmung unter den Anwesenden breitgemacht.

Nach allen Sitten von Juden und Heiden gab es kaum eine größere Beleidigung, als wenn der Bräutigam sich während der sieben Tage der Hochzeitsfeier von seinen Gefährten abwandte. Eher konnte er in dieser Zeit noch seine Braut vernachlässigen, aber nicht die mit ihm feiernden Freunde. Doch genau das hatte Simson getan. Er hatte sich, was niemand der Feiernden verstehen konnte, in einem Anfall von Depression nach oben in das Zimmer zurückgezogen und ließ sich nicht mehr blicken.

Niemand verstand ihn, außer Josef. Er wußte, daß Simson mit sich selbst kämpfte, denn eigentlich gab es für ihn keine Möglichkeit, eine Philisterin zu heiraten und in Gemeinschaft mit den Heiden zu leben. Doch Josef sah sich nun seinem Ziel sehr nahe. Deshalb ließ er Simson mit seinen Seelenkämpfen allein und beteiligte sich weiter eifrig an der Feier.

Was Simson anbetraf, er saß im Hochzeitsbett, und vor seinen inneren Augen spielten sich schreckliche Szenen ab.

Szenen von Streit und Krieg und blutigen Kämpfen. Er liebte Jezel, aber er haßte die Angehörigen ihres Volkes – und ein Stück von ihm haßte auch Jezel, das spürte er.

Und noch mehr haßte er sich selbst und den Dämon, der ihn in diese Sache hineingetrieben hatte. Oder war es gar kein Dämon gewesen? Waren seine Energien und seine Kräfte nicht Gaben Gottes, obwohl sie ihn zu Zeiten so sehr anfällig für Versuchungen machten? Sein Kopf schmerzte, während er sich unruhig auf dem Bett hin und her warf und in seiner Seele mit den Philistern kämpfte. Zwischendurch erschien ihm einige Male Marissa; und dann durchzog sein Herz ein Leid wie noch nie zuvor. Er schlug sich vor Scham mit den Fäusten an die Brust.

Gerade als Marissa ihm wieder im Traum erschien, wurde an die Tür geklopft. Er fuhr aus dem unruhigen Schlummer auf und rief, noch vom Schlaf umfangen: „Marissa, bist du es?"

Knarrend öffnete sich die Tür. Es war Jezel, die eintrat, nicht Marissa. Doch die Braut hatte Simsons Worte nicht verstanden und wußte nicht, daß er gerade von einer Jüdin geträumt hatte.

„Simson!" flehte sie. Obwohl sie leise sprach, erkannte er, daß sie wieder geweint hatte. Schon oft war sie in diesen Tagen zu ihm gekommen und hatte gebettelt, er möge zu dem Fest zurückkehren und dadurch die Schande auswischen, die nun auf ihrer Familie lag.

Bis jetzt war er auf ihre Bitte nicht eingegangen, aber diesmal meinte sie es ernster. Sie kniete neben dem Bett nieder und nahm seine breite Hand in ihre und küßte sie. Dabei spürte er, wie ihre Tränen darauffielen. Endlich blickte sie mit traurigen Augen in sein steinernes Gesicht.

„Ich werde nicht hinunterkommen", beharrte Simson. „Ich bleibe hier, bis das Fest vorüber ist."

„Ich weiß, ich weiß", seufzte Jezel. „Ich werde dich auch nicht wieder darum bitten. Obwohl ich dich nicht verstehe, erwarte ich nicht, daß du wieder am Fest teilnimmst."

„Was willst du dann von mir?“ fragte er barsch. „Ich werde dir zur rechten Zeit ein guter Ehemann sein. Laß mich nur solange zufrieden, bis die anderen das Haus verlassen haben.“

Sie sprang empört auf und rief: „Glaubst du, ich sei gekommen, um mit dir Liebe zu machen? Bilde dir nur nichts ein!“

Simson schaute sie nur zornig an, und schon änderte sie ihr Verhalten. Sie legte sich neben ihn und schmiegte sich eng an. „Ich bin nur besorgt, du könntest mich nicht mehr lieben“, klagte sie. „Wie kannst du in diesem Raum hier mit deinem Geheimnis allein bleiben, ohne es mir zu erzählen?“

„Mein Geheimnis?“

„Du liebst mich nicht mehr, sondern haßt mich“, weinte sie. „Du hast den jungen Männern meines Volkes ein Rätsel aufgegeben und hast mir nicht die Antwort dazu mitgeteilt.“

Nun mußte Simson doch lachen, weil er sich über die Art amüsierte, wie sie ihm sein Geheimnis entlocken wollte. Er zog sie an sich und sagte: „Das macht dir also Kummer. Ich habe noch nicht einmal meinem Vater und meiner Mutter die Antwort mitgeteilt, warum sollte ich es dir sagen?“

Jezel war beleidigt. „Dein Vater und deine Mutter? Was haben die mit der Sache zu tun?“

„Ganz egal“, erwiderte er. „Ich werde das Geheimnis nicht verraten, bis die sieben Tage um sind.“

Doch Jezel wurde durch diese Antwort nur noch hartnäckiger. Sie atmete schwer und weinte: „O Simson, wie kannst du nur so grausam mit mir sein? Siehst du nicht, was für Schande du auf unsere Familie gebracht hast, weil du nicht mehr am Fest teilnimmst?“

Simson wurde durch ihr Weinen von Mitleid erfaßt, zog sie in seine Arme und strich ihr sanft über das Haar. Sie umschlang ihn und küßte ihn. Er war gerade bereit, seine Einsamkeit aufzugeben, als sie wieder bettelte: „Bitte, sage mir die Lösung deines Rätsels. Wenn du mich liebst, sage es mir.“

Fast hätte er es getan. Fast hätte sie ihn dazu gebracht, seinen Haß auf die Philister zu überwinden, denn sie war selbst eine Philisterin, und er liebte sie wirklich sehr. Doch er war auch ein starker Mann, und deshalb blieb er bei seiner Entscheidung. Was er jetzt wollte war, sie zu nehmen, und zwar ganz – Geist, Seele und Leib. Und das tat er.

10. KAPITEL

Es war der achte Tag, der Tag, nachdem das Fest geendet hatte. Simson war zornig, und die Stärke seines Zorns vermischte sich mit der Stärke seines großen Körpers. Er hatte in der Nacht Timnah verlassen. Nicht aus Furcht, sondern um seiner Rache freien Lauf zu lassen, und er rannte immer noch, obwohl es mittlerweile schon Morgen war.

Er lief der Küste zu, in Richtung der philistäischen Pentapolis, wie man die fünf großen Städte der Philister nannte. Sein Ziel war Aschkalon, einer der großen Seehäfen.

Nicht, daß er viel über sein Ziel nachgedacht hätte. Seine einzige Absicht war, Philister in großer Anzahl zu finden und sich an ihnen in einer ihrer bekanntesten Städte öffentlich zu revanchieren und mit dem, was er ihnen rauben wollte, nach Timnah zurückzukehren.

Seine „Gefährten" hatten sein Rätsel erraten. Gerade vor Sonnenuntergang des siebten Tages waren sie in seinen Raum gekommen. Lachend hatten sie an die Tür gepocht und waren dann hereingestürmt. „Du schuldest uns dreißig Untergewänder und dreißig Feierkleider, Simson!" hatten sie gerufen. „Wir haben dein Rätsel gelöst. Was ist süßer als Honig oder stärker als ein Löwe!"

Vom Bett aufspringend, hatte Simson die lachenden jungen Männer mit einer einzigen Armbewegung beiseite gewischt. Unten im Hof stand Jezel. Sie schmiegte sich eng an ihren Vater und fürchtete um ihr Leben.

Tief aus Simsons Innerem war ein dumpfes tierisches Grollen herausgebrochen, als er begriff, daß seine Frau sein

Geheimnis verraten hatte. Nach sieben Tagen des Bittens und Weinens war es ihr gelungen, ihn soweit zu bringen, daß er ihr die Lösung endlich gesagt hatte.

Er wandte sich den jungen Männern zu, die sich wieder um ihn drängten, und schrie sie an: „Hättet ihr nicht mit meiner Kuh gepflügt, dann hättet ihr mein Rätsel nicht erraten.“ Dann blickte er wieder in den Hof hinunter und rief: „Jezel, wie konntest du das tun? Du weißt, daß ich kein reicher Mann bin? Wie konntest du mich, deinen Gatten, an diese Männer verraten?“

Die Frau kam weinend zur Treppe gelaufen, die nach oben führte, und flehte wimmernd: „Vergib mir, mein Gatte. Aber diese Männer haben mich bedroht und gesagt, sie würden mich und das Haus meines Vaters verbrennen, wenn ich ihnen nicht das Geheimnis mitteilen würde. Wie konnte ich mich da weigern?“

Als Simson diese Worte hörte, begann sein Herz vor Zorn wie ein Kohlenfeuer zu brennen. Fast hätte er das Geländer der Treppe abgerissen. Doch dann beherrschte er sich, stürmte die Treppe hinunter und rannte aus dem Hof. Das war gestern abend gewesen. Und mit dem festen Willen, Blut zu vergießen, näherte er sich nun Aschkalon.

Ein feuchter Wind wehte vom Meer her durch sein langes Haar, als er den letzten Hügel hinabrannte. Unter ihm erstreckten sich die Wälle der Stadt wie eine verführerische Schlange am Ufer entlang.

Das also ist eine der berühmten Städte der Pentapolis, dachte er. *Das ist das eiserne Land.*

Lachend wie ein wilder Mann stürmte er den Hang hinab, direkt auf Aschkalons riesiges Tor zu. Diesmal war es kein Spiel, wie damals in seiner Kinderzeit, als Josef und er in ihrer Phantasie mit den Philistern kämpften. Diesmal meinte er blutigen Ernst.

Auf den Mauern rechts und links vom Tor standen Wachen, mit Bogen in den Händen. Doch sie erstarrten vor Schrecken, als der mächtige Israelit die Ketten vor dem Tor zerriß und das Tor einrannte, als wären es nur aufeinandergetürmte Obstkisten.

Simson rannte durch die Straßen. Wo er Männer erblickte, die gute Kleidung trugen, packte er sie am Hals und tötete sie, ehe sie wußten, wie ihnen geschah. Wie ein titanischer Wirbelwind stürmte er durch Läden und Bordelle. Er warf Männer in die Gosse und lachte, wenn er ihr Rückgrat brechen hörte.

Dreißig Männer tötete er, keinen mehr. Er zog ihnen die Kleider aus und ließ sie nackt liegen, wo er sie gefunden hatte. Dann rannte er mit den Gewändern zum Tor zurück. In der Stadt war man so überrascht, daß sich keine Hand gegen ihn erhob und er ungehindert durch das Tor wieder ins freie Land gelangte.

Ganz sicher würde am nächsten Tag in allen Städten und Dörfern der Philister an der Küste der gewaltige Zorn ausbrechen über den riesenstarken und wilden Israeliten, der so in Aschkalon gewütet hatte. Und gewiß würde eine Belohnung auf seinen Kopf ausgesetzt werden, die fast einem königlichen Lösegeld gleichkam.

Doch trotz seiner Rache an den Heiden kehrte Simson unversöhnt nach Timnah zurück. Dort warf er den Männern, die das Rätsel herausgefunden hatten, die versprochenen Untergewänder und Oberkleider vor die Füße. Aber ihre Falschheit vergaß er ihnen nie. Er hatte gerade erst begonnen zu lernen, was wahrer Haß war. Und es war ein gerechter Haß, davon war er überzeugt.

TEIL III

SCHACKALE UND ESELSKNOCHEN

1. KAPITEL

An dem Tag, an dem Simson in Aschkalon wütete, versuchte Josef, eine andere Mauer zu überwinden. Die Tür war viel kleiner als die Tore der Philisterstadt, doch für Josef war sie eine große Herausforderung. Es war die Tür zu Marissas kleinem Haus. Und Josef brauchte soviel Mut, dort anzuklopfen, als würde eine Königin darin leben.

Und irgendwie stimmte es ja auch, denn Marissa war die Königin von Josefs Herz von seiner Kinderzeit an. Er war überzeugt gewesen, daß sie einmal seine Frau würde, bis zu dem Tag, als der Heukarren auf ihn gefallen war und Simson ihn in Marissas Gegenwart beschämt hatte.

Er strich noch einmal seine feine Robe glatt und ordnete seinen kurz gehaltenen Bart. Nun redete der junge Kaufmann sich selbst ein, daß er es wert sei, in Marissa Interesse zu erregen. Er holte noch einmal tief Luft und klopfte dann an die Tür.

Ein Schatten ging im Haus an dem gelben Licht vorüber. Dann wurde die Tür geöffnet, und das Mädchen seiner Träume stand vor ihm. Für Josef war sie immer die schönste Frau auf Erden gewesen. Wenn sich nun ein wenig Traurigkeit über ihre Gesichtszüge gelegt hatte, dann kannte er nur zu gut den Grund dieses Kummers. Sie litt, weil sie Simson verloren hatte. Doch er, Josef, würde sich alle Mühe geben, sie wieder freudiger zu stimmen.

„Guten Abend“, sagte er und verbeugte sich.

Überrascht blickte Marissa ihn an. Sie hatte Josef seit

dem Tag nicht mehr gesehen, an dem er Simson ein „Geschenk“ beschaffen wollte.

„Guten Abend“, antwortete sie.

„Ich bin gerade zurückgekehrt ...“

„Von Timnah, nehme ich an?“

„Ja, ich ...“ Verlegen stand Josef vor ihr. „Würde es dir ein wenig Freude machen, mit mir spazieren zu gehen? Der Abend ist so schön, und die Weiden am Bach duften.“

„Eigentlich nicht“, antwortete sie und trat einen Schritt zurück. „Doch vielen Dank für deine Einladung.“

„Aber, aber, liebes Mädchen“, redete Josef ihr zu, „es wird dir guttun und dich auf andere Gedanken bringen.“

Marissa blickte ihn nachdenklich an. Vielleicht hatte er recht. Sie war schon zu viele Tage nicht mehr aus dem Haus gegangen. Seit Simsons Hochzeit so gut wie nicht mehr. Wenn sie nur an Simsons Untreue dachte, zog sich ihr Herz vor Schmerz zusammen. Sie hatte sich in Josefs Gegenwart immer ein wenig unbehaglich gefühlt, seit sie Simson ihm vorgezogen hatte, doch sie hatte keinen Grund, ihm gegenüber unfreundlich zu sein. Ein Spaziergang am Bach schadete nichts.

Sie nahm ein breites Tuch von einem Haken neben der Tür und trat ins Freie. Sanft legte Josef ihr das Tuch um die Schulter. Wenn seine Hand die ihre berührte, tat sie so, als würde sie es nicht bemerken.

Während sie nebeneinander hergingen, schossen Marissa tausend Fragen durch den Kopf. Sie hätte Josef gern nach dem Mann gefragt, den sie liebte. Sie wollte einiges über die Braut wissen, wie sie aussah und warum es ihr gelungen war, Simsons Herz so leicht von ihr abzuwenden. Doch sie brachte es nicht fertig zu fragen. Sie hatte sich mit dem Verlust Simsons noch nicht abgefunden, und davon zu sprechen, würde sie zu sehr erschüttert haben.

Es war deshalb Josef, der ihre einsilbige Unterhaltung auf dieses Thema brachte. „Das war ein ganz schönes Fest in Timnah“, sagte er.

„Das glaube ich gern“, seufzte sie. Ihre Lippen zitterten in unausgesprochenem Schmerz.

„Es wäre gut, wenn du ihn so schnell wie möglich vergessen würdest, meine Liebe“, redete er ihr zu. „Ich will meinen Freund ja nicht kritisieren, aber er ist sehr unberechenbar und launisch.“

Tief bekümmert kämpfte Marissa mit ihren Tränen. „Wenn du das weißt, warum, oh warum hast du ihn dann zu diesem gottlosen heidnischen Ort geführt?“ hielt sie ihm vor. „Ach Josef, würde ich dich nicht besser kennen, könnte ich glauben, du hättest es absichtlich getan, um ihn zu verführen.“

Als Manoah die gleiche Anschuldigung vorbrachte, hatte Josef es verstanden, sie ihm mit klugen Worten auszureden. Doch daß Marissa ähnlich dachte, beunruhigte ihn sehr. Er spürte, wie sich ein Kloß in seinem Hals bilden wollte, und räusperte sich, ehe er antwortete: „Meine Liebe, du weißt, daß ich Simson liebe. Ich kann sagen, ich liebe ihn fast so sehr wie ich dich liebe.“

Marissa spürte, wie es ihr bei Josefs Worten kalt den Rücken hinunterlief. War es eine innere Ahnung oder ein Hinweis des Geistes, das sie mahnte? Jedenfalls blieb sie stehen und blickte ihren Begleiter mißtrauisch an. „Was hast du eben gesagt?“ flüsterte sie.

„Ich ... ich liebe dich, Marissa.“

Josef hatte den Kopf gesenkt, als er die Worte jetzt wiederholte. Er wußte, wie leer sie klangen, obwohl er nach all den Jahren selbst nicht verstand, warum.

Das Mädchen wich zurück und zog den Schal enger um sich. Der Bach plätscherte wie immer, und der leichte Abendwind war angenehm. Es waren nicht die äußeren Umstande, die sie frösteln ließen.

Und plötzlich stand das Geheimnis dessen, was vorgegangen war, klar vor ihren Augen. Als sie in Josefs schuldbewußtes Gesicht blickte, erkannte sie, daß der Anlaß ihres Kummers eigentlich hinter diesen bittenden schwarzen Augen lag, die sie anblickten. Sie unterdrückte einen Schrei, der nur noch wie ein leises Stöhnen klang, drehte sich um und rannte zu ihrem Haus zurück.

Nie würde sie Josef wieder die Tür öffnen. Lieber wollte sie einmal ohne Gatten und ohne Kinder sterben, als sich in seine Hände begeben.

2. KAPITEL

Im Wohnzimmer von Mardoks Haus saß Josef und spielte nervös mit den Ärmeln seiner Robe. Viele Male hatte er schon hier gesessen, um mit dem reichen Philister verschiedene Dinge zu besprechen, doch noch nie war es um eine Sache gegangen wie heute. In der Vergangenheit waren es Geschäfts- oder Höflichkeitsbesuche gewesen, mit für beide Seiten gewinnträchtigen Ergebnissen. Sie hatten über Handel und Verträge gesprochen und oft lukrative Geschäfte miteinander gemacht.

Doch heute würde er von Mardok nichts Angenehmes zu hören bekommen, und die Aussicht auf weitere Partnerschaft war nicht gerade gut.

Als der dicke Philister das Wohnzimmer betrat, konnte Josef seinem Gesicht ansehen, daß seine Befürchtungen berechtigt waren. Mardoks Gesicht war rot vor Ärger, und obwohl er lange über diese Begegnung nachgedacht hatte, war sein Zorn noch nicht abgekühlt.

„Also“, begann er ohne ein Wort des Grußes, „du mußt mir eine Menge Fragen beantworten. Sage mir, Brautführer, wo ist der Bräutigam?“

Josef wußte, daß Simson nach Timnah zurückgekehrt war und dort die dreißig versprochenen Gewänder abgeliefert hatte. In ganz Palästina war mittlerweile bekannt, wie wütend er in Aschkalon gehaust hatte. Anschließend war er in das Haus seiner Eltern nach Zora zurückgekehrt und hatte sich ruhig verhalten. Er arbeitete mit seinem Vater auf dem Feld. Die Philister hatten eine Belohnung auf Simsons Ergreifung ausgesetzt, hatten aber die Grenze nach Zora noch nicht überschritten, weil Simson ebenfalls nichts unternahm.

„Du weißt sicher, daß er jetzt bei seinen Eltern wohnt", antwortete Josef. „Er hat wahrscheinlich Angst, nach hier zurückzukommen."

„Ha!" grollte Mardok. „Angst? Reden wir eigentlich von demselben Mann? Das Letzte, was ich von ihm hörte, war, daß er in Aschkalon dreißig Männer mit den bloßen Händen getötet hat. Warum also sollte er Angst haben?"

Das Argument war kaum zu widerlegen. Nervös strich Josef über seinen Bart und räusperte sich.

„Warum hast du meine Tochter mit diesem verrückten Burschen zusammengebracht?" zürnte Mardok. „Du hast unserer Familie viel Gutes gebracht. Aber was hast du dir bei dieser Sache gedacht?"

Als Josef immer noch keine Antwort gab, wurde Mardok noch zorniger. „Du bist verantwortlich für diese Schande!" schrie er. „Als Simsons Brautführer ist es deine Pflicht, darauf zu achten, daß er seine Versprechen einhält. Wird er nun der Gatte meiner Tochter sein oder nicht?"

Obwohl Josef seit der Hochzeit nicht mehr mit Simson gesprochen hatte, war doch nach den damaligen Sitten seine Rolle als Brautführer mit einer großen Verantwortung verbunden. Doch er bezweifelte, daß Simson von ihm noch irgendeinen Rat annehmen würde; auch hatte er kein Wort über seine Absichten zu ihm gesagt.

„Ich bin sicher, es geht ihm um ein gutes Verhältnis mit Jezel", versuchte er abzuwiegeln. „Im Herzen ist Simson ein guter Mann. Laß ihm Zeit, dann wird er zurückkehren."

„Zeit?" bellte Mardok. „Das ist genau der Punkt! Meine Tochter hat kaum noch Zeit!"

Verdutzt schüttelte Josef den Kopf. „Komm, Mardok, übertreib nicht. Simson wird sein Eheversprechen halten. Doch selbst wenn er es nicht tut, so ist Jezel doch noch eine junge Frau und hat ihr ganzes Leben vor sich. Sie würde sicher einen anderen finden."

Bei diesen Worten trat Mardok ganz nahe an Josef heran, ballte seine Fäuste und hielt sie ihm vor das Gesicht. „Du begreifst überhaupt nichts", zürnte er. „Jezel ist schwanger. Sie trägt Simsons Kind. Deshalb ist die Zeit sehr wichtig. Du tätest gut daran, deine Pflicht ernst zu nehmen."

Verblüfft zog Josef vor der Faust des Philisters den Kopf ein. Eine falsche Bewegung, und der große Mann würde seine Enttäuschung an dem kleinen Israeliten auslassen.

„Ich verstehe jetzt", antwortete Josef betreten. „Wir haben wirklich ein Problem." Mardoks Faust war nur wenige Zentimeter von seiner Nase entfernt. Josef fuhr fort: „Du sagst selbst, daß ich für deine Familie bisher nur Gutes gebracht habe. Das soll auch jetzt nicht anders sein. Es ist meine Pflicht, Simson zur Vernunft zu bringen, und das werde ich tun."

Einige weitere Augenblicke voller Spannung vergingen. Dann endlich seufzte der Philister tief und senkte seine Faust. Wieder einmal hatte Josef sich in kluger Weise aus der schwierigen Lage befreit. Sein überzeugender Ton und der aufrichtige Gesichtsausdruck, den er aufsetzte, hatten den Philister überzeugt.

„Also gut", beruhigte sich Mardok. „Du bist ein guter Mann, Josef. Jezel wäre vernünftiger gewesen, einen Mann wie dich zu heiraten."

Es war ein ehrliches Kompliment, war aber nicht wörtlich gemeint. Mardok erkannte nicht, daß er damit Josef eine Idee in den Kopf setzte, die sein böses, immer noch rachedürstendes Herz erfreute. Wenn er Jezel heiratete, würden alle Probleme gelöst. Er wäre Jezels Gatte, und ihr Kind hätte einen Namen und vor den anderen einen legitimen Vater. Und außerdem hätte er dann die Verantwortung für Simsons Kind. Das wäre eine große Befriedigung für ihn. Dagegen zählte die Abfuhr, die er bei Marissa erfahren hatte, nichts. Er hatte Simsons Frau für sich gewonnen und hatte sein erstgeborenes Kind.

So schnell waren ihm diese Gedanken durch den Kopf

geschossen, daß er sie selbst noch nicht ganz verarbeitet hatte, als er, ohne die Konsequenz bedacht zu haben, fragte: „Meinst du das ernst?"

„Was?" wollte Mardok wissen.

„Daß ich ein guter Ehemann für Jezel sein würde?"

Verständnislos starrte Mardok ihn an. Als er sah, daß der kleine Mann es ernst meinte, lachte er nervös. „Nun ja – sicher, du bist ein guter Mann, Josef. Aber ich meinte nur ..."

„Aber die Sache ist es wert, daß wir sie besprechen", argumentierte Josef. „Wenn deiner Tochter damit geholfen wäre, würde ich ernstlich darüber nachdenken."

Verblüfft sank Mardok auf einen Stuhl „Und was ist mit Simson?" stammelte er. „Eben hast du noch gesagt, du würdest ihn zurückbringen."

„Das stimmt", nickte Josef. „Das habe ich gesagt. Aber dein Vorschlag ist vielleicht die bessere Lösung."

Hatte er das wirklich vorgeschlagen? überlegte Mardok. Er war kaum mehr in der Lage, die Einzelheiten des Gesprächs auseinanderzuhalten.

„Simson ist ein feiner Bursche", fuhr Josef fort, um dem anderen keine Zeit zum Überlegen zu lassen. „Aber er ist unberechenbar. Wie sehr, das habe auch ich erst in dieser schlimmen Situation richtig gemerkt. Ich versichere dir, ich bin bereit, alles zu tun, was ich kann, um diese verfahrene Sache in Ordnung zu bringen. Wenn sich durch meine Ehe mit deiner Tochter die Sache lösen läßt, würde ich alle persönlichen Bedenken beiseite setzen und mich bereit erklären."

Mardok schüttelte immer noch verwundert den Kopf. Doch er faßte sich wieder und blickte Josef fest in die Augen. „Du bist ein komischer kleiner Mann", lachte er dann. „Wie kannst du so mit mir spielen. Meine Tochter ist verheiratet. Willst du aus ihr eine Bigamistin machen?"

Nun kicherte auch Josef, als er antwortete: „Simson hat alle Rechte an ihr verloren. Wenn du nach einem Ausweg suchst, den gibt es."

„Einen Ausweg?“

„Überlege doch“, erinnerte Josef ihn. „Als du Simson deine Tochter gabst, hast du doch eine Bedingung für die Ehe gestellt.“

Mardok dachte nach. Als es ihm einfiel, schlug er überrascht die Hände zusammen und rief: „Das stimmt! Ich sagte Manoah, daß sein Sohn hier in Timnah leben müsse.“

„Da hast du es“, bestätigte Josef.

„Du bist ein schlauer Bursche“, lobte der Philister.

„Macht mich das gut genug für Jezel“, neckte der kleine Israelit ihn.

„Gut genug?“ rief der Philister. „Mehr als gut genug!“

3. KAPITEL

Sieben lange Monate blieb Simson bei seinen Eltern und arbeitete mit seinem Vater auf den Feldern. Es war wieder Erntezeit, und wenn Hilfe für die Familie nötig war, dann gerade jetzt.

Doch in den Wochen, die seinen wütenden Taten in Aschkalon folgten, war sein Zorn einer tiefen Depression gewichen. Er konnte einfach nicht verstehen, daß Jezel ihn mit der Lösung des Rätsels den Philistern gegenüber so verraten hatte. Wäre sie nur gekommen und hätte ihm aufrichtig gesagt, daß sie und ihre Familie bedroht wurden, hätte er ihr gern die Lösung mitgeteilt. Doch so hatte sie ihn zu sehr beschämt.

Doch am meisten Schande hatte er selbst über sich gebracht. Bis heute konnte er selbst kaum glauben, daß all das, was man von seinen Taten in Aschkalon erzählte, der Wahrheit entsprach. Obwohl er mit seinen eigenen Händen dort so gewütet hatte, schien alles nur ein schrecklicher Traum zu sein.

Simson war in all diesen Monaten daheim geblieben. Er hatte Peniel nicht besucht und hatte auch eine Begegnung mit Marissa vermieden. Er war ein Mann, auf dessen Kopf eine Belohnung ausgesetzt war, und deshalb durfte er sich so wenig wie möglich in der Öffentlichkeit zeigen. Doch das war nicht der eigentliche Grund seiner Zurückhaltung, sondern er schämte sich für alles, was er getan hatte.

Ironischerweise hatte sein Wüten in Aschkalon, das für ihn zu einem schrecklichen Alptraum geworden war, ihn mehr als je zuvor zu einem lokalen Helden gemacht. Die Geschichte, wie er an den Philistern Rache genommen hatte, brachte Leute aus allen Teilen Israels in den kleinen Ort, in der Hoffnung, den *Mann aus Eisen* einmal zu sehen.

Das war der Name, den seine Landsleute ihm jetzt gaben. Die Israeliten hatten nie das Geheimnis des schwarzen Metalls entdeckt, das die Philister verwendeten. Ohne dieses Metall, das Eisen, würden sie immer die Unterlegenen bleiben, was militärische Dinge anging. Doch jetzt besaßen sie eine eigene machtvolle Waffe – die wunderbare Stärke Simsons. Und sie hofften, daß solche Kraft, wie die Simsons, sie eines Tages von ihren Unterdrückern befreien würde. Ja, sie hatten sogar begonnen, ihn einen *Richter* zu nennen, und stellten ihn damit neben die anderen großen Männer und Frauen der letzten Jahrhunderte, die Israel geistlich und politisch zu Höhepunkten gebracht hatten.

Doch für jetzt war er ein sehr verborgener *Richter.* Er selbst nahm diesen Titel nicht an, denn er hielt sich für alles andere als für geistlich. Zwar trug er sein Haar immer noch in der Form der Nasiräerlocken, doch er hatte seine Gelübde immer wieder gebrochen und fühlte sich selbst wie ein Heuchler.

Für Simsons Überlegungen war er so weit von dem Gott seiner Jugend entfernt, daß Errettung und Neubeginn aus seinem Versagen heraus für ihn nicht mehr zu erreichen war. Zwar war er kein Eremit wie die Nasiräer in Mahaneh-Dan, doch er zog sich jeden Tag mehr von seinen Eltern und den anderen Menschen in die innere Einsamkeit zurück. Wenn er auf den Feldern arbeitete, hielt er seine Augen stets fest an den Boden geheftet und blickte kaum je einmal auf. Und wenn er abends zu Bett ging, hatte er den ganzen Tag kaum einige Worte gesprochen.

Es war Rena, die endlich etwas unternahm. Sie hatte sich gefreut, als ihr Sohn von der nach ihrer Meinung sündhaften Verbindung in Timnah zurückkehrte. Doch mehr und mehr erkannte sie, daß ihr Traum, Simson würde sich wieder in die israelitische Gemeinschaft einfügen, hoffnungslos zu sein schien. Als immer mehr Zeit verging, wurde ihr klar, daß etwas – irgend etwas – geschehen mußte, um Simson aus seinem Zustand der Verzweiflung wieder herauszureißen.

Niemand war mehr gegen Simsons Heirat gewesen als seine alte Mutter. Doch wenn seine Rückkehr zu Jezel ihm neuen Lebensmut geben würde, wollte sie sogar dem zustimmen. Deshalb ging sie eines Tages zu ihm. Simson hatte sich zum Mittagessen unter die Feigenbäume seines Vaters zurückgezogen. Es war Mittag, die heißeste Stunde des Tages, und er ruhte von der langen Morgenarbeit in der Weizenernte aus.

Zur Erntezeit waren die Israeliten mit allen ihren Söhnen auf den Feldern und halfen sich auch gegenseitig. Auch Simson hatte den ganzen Vormittag mit den Söhnen anderer Bauern gearbeitet. Doch während der Mittagspause ging der Nasiräer, der früher so gern mit den anderen Bewohnern Zoras Gemeinschaft gepflegt hatte, ihnen aus dem Weg und suchte sich stets einen einsamen Platz.

Als Rena jetzt zu ihm kam, versuchte sie zu verbergen, wie sehr sie sich um ihren Sohn Sorgen machte. Hinter sich auf einem schmalen Karren hatte sie eine junge Ziege, ein Nachkomme ihres besonders ausgezeichneten Zuchtziegenbocks, festgebunden. „Wenn du zu deiner Frau zurückkehrst“, sagte sie zu ihrem Sohn, „dann bringe ihr diese Ziege als Geschenk von mir.“

„Ein Geschenk?“ staunte Simson. „Aber Mutter, warum sollte ich Jezel ein Geschenk bringen?“

Rena band die Ziege an einem Feigenbaum fest und setzte sich neben Simson. „Dein Vater und ich haben deiner Braut nur ein sehr geringes Hochzeitsgeschenk geben können. Vielleicht können wir ihre Gunst auf diese Weise gewinnen.“

Verwundert lachte Simson: „Warum möchtest du denn ihre Gunst gewinnen? Es hat gewiß nie eine schlimmere

Schwiegertochter gegeben als sie. Außerdem habe ich nicht die Absicht, nach Timnah zurückzukehren."

Rena betrachtete seine traurigen Augen mit mütterlichem Mitleid. Sie wußte, es war riskant für ihn, wieder auf Philistergebiet zu gehen, aber sie glaubte auch, er sei der einsamste aller Menschen, und nur die Liebe seiner Frau könne ihm zurechthelfen. Obwohl es ihr viel lieber gewesen wäre, er hätte Marissa geheiratet, oder eine andere Jüdin, hatte er nun eben Jezel erwählt. Sie konnte sehr leicht das Verlangen ihres Sohnes verstehen.

„Du bist Jezels Gatte", argumentierte sie. „Kannst du sie in der Blüte ihrer Jugend wie eine Witwe zurücklassen?"

Wenn er die Dinge von dieser Seite betrachtete, konnte Simson sein Gesicht wahren und sagen, er sei aus Mitleid zu seiner Frau zurückgekommen. Doch auch er hatte seinen Stolz. „Sie hat ihren Vater, und außerdem ist sie sehr schön", sagte er spöttisch. „Sie wird sicher bald jemand anders finden."

Rena seufzte kopfschüttelnd. Dann setzte sie ihrem Sohn den Finger auf die Brust, als müsse sie sein dickköpfiges Herz durchbohren. „Tue es um deinetwillen", redete sie ihm zu. „Du liebst sie, Simson, und du gehst zugrunde ohne sie."

Mardok stand auf dem Dach seines großen Hauses und starrte mit staunenden Augen auf die Straße hinunter. Er konnte kaum glauben, was er sah. Der davongelaufene Gatte seiner Tochter kam quer über den mit Menschen gefüllten Marktplatz direkt auf sein Haus zu. Ja, Simson kam, und auf seinem Gesicht war ein Ausdruck von Bescheidenheit und Güte, wie Mardok ihn noch nie gesehen hatte. Als er dann auch noch die kleine Ziege in Simsons Armen bemerkte, klopfte sein Herz vor Sorge viel heftiger. Er wandte sich um, rannte die Stufen vom Dach hinunter und geradewegs zu Jezels Raum.

Wo war Josef jetzt, da Mardok ihn so dringend brauchte? Der Zorahiter war von Timnah aus wieder auf eine Geschäftsreise gegangen und hatte die nun im siebten Monat schwangere Jezel allein gelassen, nachdem er sie geheiratet hatte. Nun mußte sich Mardok dem Zorn Simsons ohne die Hilfe von Jezels neuem Ehemann stellen.

Heftig schnaufend lief er über den Flur und rief nach seinen beiden Töchtern. „Jezel! Zerah! Schnell! Kommt her!"

Die beiden jungen Frauen kamen aus ihren Zimmern. Zerah hielt noch den Kamm in der Hand, mit dem sie gerade ihre goldenen Locken geordnet hatte. „Was gibt es, Vater?" fragte sie. „Du siehst aus, als hättest du gerade einen Geist gesehen."

„Schlimmer als das!" rief Mardok und deutete mit dem Finger nach der Straße. „Es ist Simson. Simson kommt!"

Als sie das hörte, legte Jezel die Hand auf ihren angeschwollenen Leib. Allein schon wenn sie den Namen hörte, begann ihr Herz heftiger zu klopfen. Sie liebte Simson. Doch sie wußte, daß er sie so nicht sehen durfte.

„Komm, Zerah", forderte Mardok und packte seine jüngere Tochter beim Arm, „du mußt mit mir zusammen Simson begrüßen. Jezel, du gehst in dein Zimmer und darfst dich unter keinen Umständen sehen lassen."

Einige Augenblicke später klopfte Simson an das Tor, und ein Diener ließ ihn in den Hof eintreten.

Aufgeregt wie ein fetter Kater lief Mardok die Treppe hinunter. Auf seinem Gesicht lag ein nichtssagendes Lächeln. Hinter ihm kam die erschrockene Zerah, die versuchte, sich hinter dem breiten Rücken ihres Vaters zu verstecken.

„Nanu, Simson", begrüßte Mardok ihn, „du lebst ja doch noch."

„Ja, ich lebe noch, aber mit einer Belohnung auf meinem Kopf für meine Gefangennahme", antwortete Simson. „Ich sollte nicht in eine Philisterstadt kommen, Mardok, aber ich muß Jezel sehen."

Der Israelit setzte die Ziege ab, die sofort im Hof herumsprang. „Das ist ein Friedensopfer", sagte er, „und zwar von meinen Eltern und von mir. Nun möchte ich meine Frau sehen.“

Mardok kicherte nervös. „Wir haben so lange nichts von dir gehört, Simson“, sagte er. „Deshalb wußten wir nicht, was wir denken sollten.“

„Aber ich bin jetzt hier“, erwiderte Simson. „Ich komme zwar mit deinen Leuten und auch mit euren Philistergewohnheiten nicht zurecht, doch es genügt mir schon, wenn ich zu meiner Frau kann.“

Der Philister stand vor der Treppe, die nach oben führte, als müsse er den Aufgang beschützen. Simson blickte hinauf und fragte: „Ist Jezel in ihrem Zimmer?“

„Du kannst jetzt nicht zu ihr“, erklärte sein Schwiegervater und schob schnell Zerah nach vorn. „Nimm Simson mit in das Wohnzimmer“, befahl er. „Und dann hole einen Krug vom besten Wein.“

Simson wurde mißtrauisch und schüttelte den Kopf. „Ich will keinen Wein“, lehnte er ab. „Ich will zu meiner Frau und gehe jetzt zu ihrem Zimmer.“

Mardok legte eine Hand auf Simsons Brust und schob ihn zurück. „Das wäre nicht sehr klug“, warnte er. Verlegen fügte er hinzu: „Ich dachte eigentlich, du würdest sie über alle Maßen hassen“, log er. „Und da wir nichts von dir hörten, habe ich sie deinem Brautführer zur Frau gegeben.“

Der Philister sagte das so ruhig, als habe er über den Verkauf einer Herde von Rindern gesprochen. Doch Simson war es, als würde sein Herz mit einem Messer durchbohrt. „Was hast du getan?“ schrie er.

„Nun, nun“, sagte Mardok in süßlichem Ton, klopfte Simson auf die Schulter und zog ihn zum Wohnzimmer. „Nimm die Dinge nicht so schwer. Dir liegt vielleicht gar nicht so viel an Jezel, als du jetzt denkst. Sieh einmal“, flüsterte er und deutete auf Zerah, „ist ihre jüngere Schwester nicht noch viel schöner als sie. Nimm sie an Jezels Stelle zur Frau.“

Zerah, die schon ins Wohnzimmer vorangegangen war,

fuhr bei den Worten ihres Vaters zusammen. Doch dann blickte sie Simson an, und ihr Herz schmolz dahin. Dieser große stattliche Mann hatte ihr vom ersten Augenblick an gefallen. Sie hatte ihre Schwester von Anfang an beneidet und hatte sich viel Mühe gegeben, nicht auf Jezel eifersüchtig zu werden. Es war zwar eine Demütigung, daß ihr Vater sie nun dem Israeliten anstelle von Jezel anbot, aber das konnte sie ertragen, wenn sie Simson für sich gewann.

Sie ergriff den Weinkrug und füllte einen Becher. Dann ging sie lächelnd auf Simson zu, um ihm den Becher zu reichen.

Als Simson sie beobachtete, wurde er von Zorn ergriffen. Er stieß Zerahs Hand beiseite, so daß der Wein sich über ihr Kleid ergoß, dann drehte er sich um und lief zur Treppe. „Jezel! Jezel!" rief er laut, während er die Stufen hinaufstürmte.

Doch am oberen Ende der Treppe stellten sich ihm ein halbes Dutzend von Mardoks Dienern in den Weg und versuchten, ihn wieder hinabzuschieben. Da er keinen der zu Mardoks Haushalt gehörenden Männer verletzen wollte, wich er eine Stufe nach der anderen zurück und rief dabei immer wieder Jezels Namen.

Als die Männer ihn fast aus der Eingangshalle hinaus auf den Hof gezerrt hatten, öffnete sich die Tür von Jezels Zimmer. Den Rat ihres Vaters mißachtend, trat die schwangere Frau heraus und an das Geländer. „Simson", rief sie und streckte ihre Arme aus, „Simson, ich liebe dich!"

Alle standen plötzlich still. Die Diener starrten zu ihr hinauf. Sie hielten Simson zwar immer noch fest, wußten aber nicht, wie sie weiter vorgehen sollten. Simson betrachtete seine Frau, und beim Anblick ihres dicken Leibes weiteten sich seine Augen vor Erstaunen.

Die schwangere junge Frau lief auf die Treppe zu und hatte diese fast erreicht, als Mardok mit harter Stimme seinen Dienern befahl: „Schafft ihn hinaus!"

Doch Simson gab nicht nach. Er schob die Männer

zurück und starrte wütend auf seine Frau. „Wessen Kind trägst du?“ schrie er. „Ist es Josefs oder meines?“

„Schafft ihn hinaus!“ befahl Mardok nochmals. „Geh, Simson!“ forderte er. „Geh, oder ich rufe die Polizei!“

„Wessen Kind ist es?“ grollte Simson und blickte seinen Schwiegervater wütend an. „Du bist mir eine Antwort schuldig.“

„Ich schulde dir überhaupt nichts!“ schrie Mardok. „Du hast dein Recht auf Jezel und auf alles, was ihr gehört, verspielt, als du Timnah verlassen hast.“

Mit vereinten Kräften schoben die Männer den *Eisenmann* zum Hoftor hinaus und schlossen es hinter ihm. Zornig pochte er von draußen mit der Faust an das Tor, während ihm Tränen der Wut und Enttäuschung über das Gesicht liefen.

Dann reckte er die Faust empor und schrie mit einer Stimme wie mit einer Trompete, so daß es fast auf dem ganzen Marktplatz zu hören war: „Diesmal kann niemand mir Vorwürfe machen!“

Als die erschrockenen Stadtbewohner sich vor dem Hoftor Mardoks versammelten, rief Simson nochmals: „Niemand soll sich beklagen, wenn ich mich nun an den Philistern räche!“

4. KAPITEL

Simson hockte in einer Höhle über dem Weinberg, in dem er den Löwen erschlagen hatte. Er war niedergeschlagen nach hier gekommen, da er nicht bereit war, nach Hause zurückzukehren, aber auch nicht wußte, wie er sich an seinen Feinden rächen sollte. Den ganzen Abend saß er am Eingang der Höhle und lauschte auf die Lieder der Philister, die unter ihm im Tal die Ernte einholten. Dabei knirschte er vor Zorn mit den Zähnen.

Was hätte er nicht alles getan, um sie zum Verstummen zu bringen. Viel hätte er gegeben, um ihr ganzes Land zu unterdrücken, damit er niemals mehr einen Heiden lachen hören müßte und kein Philister ihm mehr spöttisch ins Gesicht schauen konnte.

Wie die heidnischen Gesänge durch die Abendluft schwebten, so auch der Rauch aus vielen Lagerfeuern, wo die Leute, die in der Ernte halfen, nach getaner Tagesarbeit jetzt feierten. Wie Millionen von Feuerfliegen stoben die Funken in die Dunkelheit und untermalten das Lachen der Erntearbeiter.

Auf jüdischen Feldern würden in der Nacht keine Frauen mit an den Lagerfeuern sitzen oder auf der Tenne beim Dreschen helfen. Diese Arbeit wurde von den Männern getan, die anschließend auch feierten und fröhlich waren. Es schickte sich für Frauen nicht, bei diesen abendlichen Feiern am Lagerfeuer dabeizusein.

Doch die Philisterfrauen arbeiteten Seite an Seite mit ihren Männern und nahmen dann auch an allen Lustbarkeiten in gleicher Weise teil. Heidnische Erntefelder oder Tennen waren an den Abenden Plätze ausschweifender Lustbarkeiten, die jedem anständigen Juden oder jeder Jüdin die Schamröte ins Gesicht getrieben hätten.

Von seinem hochgelegenen Versteck aus konnte Simson nicht viel davon sehen, was unter ihm geschah. Doch der Lärm und die Lieder, die bis zu ihm hinaufdrangen, machten ihm alles deutlich genug. Als er sich vorstellte, was diese Leute taten, ballte er seine Hände zu Fäusten, und der Teil in ihm, der immer noch nach Gott verlangte, weckte seinen Wunsch nach heiliger Vergeltung.

Die niedrigen Flammen seines eigenen kleinen Feuers spiegelten sich in seinen zornigen Augen wider. An einem Stock hatte er ein Kaninchen aufgepießt, das er gefangen hatte und nun über dem Feuer schmoren ließ. Dabei stellte er sich vor, das arme Tier sei ein Philister. Danach wurde aus dem Philister Josef, und Simsons Hand zitterte vor Ärger, als er das Kaninchen über dem Feuer drehte. „Du bist es, den ich hassen sollte“, sagte er laut, „du kleiner verräterischer Fuchs. Du bist verachtenswerter als alle Philister.“

Endlich war das Tier gut durchgebraten. Simson zog es von dem Stock und begann, mit den Zähnen das Fleisch von den Knochen zu nagen und seinen Hunger zu stillen. „Genau betrachtet“, murmelte er, „hasse ich euch alle – Josef, Jezel, Mardok, alle miteinander.“

Doch während er das sagte, spürte er, wie sein Herz sich wehrte. Denn er wußte, daß er Jezel nicht so hassen konnte wie die anderen beiden. Sie zu hassen bedeutete, auch das Kind zu hassen, das sie unter dem Herzen trug. Und wie er auch darüber nachdachte, höchstwahrscheinlich war es sein Kind.

Mit dem Stock schürte er das Feuer ein wenig und warf dann die abgenagten Kaninchenknochen in die Büsche. Er mußte einen klaren Kopf haben, sagte er sich. Haß würde ihn nur ins Verderben führen, weil er sich dann nicht unter Kontrolle halten konnte.

Er wickelte sich in seine Robe ein und versuchte zu schlafen. Auch der Lärm der Feiernden unter ihm wurde immer leiser. Viele hatten wohl zu viel getrunken und waren in Schlaf gesunken. Wenn der Morgen dämmerte, würden sie wieder mit ihrer Arbeit beginnen, aber nun war Mitternacht schon vorüber, und auch die Wildesten brauchten etwas Ruhe.

Simson konnte nicht schlafen. Immer wieder mußte er an Josef und die anderen denken. Und vor allem Jezel selbst und die Fragen, wessen Kind Jezel trug, ließen ihm keine Ruhe.

Doch dann hörte er plötzlich in den Büschen vor der Höhle ein leises Geräusch wie das Rascheln von Blättern und das Schnüffeln eines Tieres. Leise wickelte er sich aus der Robe, richtete sich auf und lauschte mit schiefgehaltenem Kopf. Ja, da war es wieder, das leise Schnüffeln eines Tieres, das durch die Büsche kroch.

Ein Löwe konnte es nicht sein, der hätte sich anders bemerkbar gemacht. Aber was war es dann?

Leise erhob sich Simson und ging vorsichtig und geräuschlos zu den Büschen, aus denen die Geräusche kamen. Nun wurde auch noch leises Knurren hörbar.

Was Simson nun im Mondlicht erkannte, waren zwei Schakale, die sich um die Knochen des Kaninchens zankten. Sie waren so mit sich und den Knochen beschäftigt, daß sie den Mann erst wahrnahmen, als er sich mit einem Satz auf sie stürzte.

„So, so!“ rief er, als er die beiden überraschten Tiere bei den Schwänzen gepackt hatte und in die Höhle zog. „Ihr interessiert euch also für Kaninchenknochen.“

Und dann kam ihm eine Idee. Er band die beiden Schakale bei den Schwänzen zusammen und fügte noch reichlich dürres Geäst hinzu. Dann zündete er das dürre Geäst an den Schwänzen mit der Glut von seinem Feuer an und ließ die Schakale laufen. Wie ein immer größer werdender Feuerball stürzten sich die beiden Tiere in das Tal hinunter.

„Lauft!“ schrie er ihnen nach. „Lauft durch die Felder der Philister und zündet sie an. Es gibt ja genug davon!“

Schakale sind bekannt für ihr gräßliches durchdringendes Geheul. Oft erschreckten sie damit Menschen, die in der Wildnis übernachten mußten. Doch für die nächsten Tage wurde ihr Geheul noch fürchterlicher, denn Simson war auf dem Kriegspfad.

Er durchstreifte die Täler und Hügel der näheren und weiteren Umgebung und suchte nach Höhlen dieser wilden Hunde und fing sie. Dann band er jeweils zwei der fauchenden und knurrenden Kreaturen an den Schwänzen aneinander und Stroh oder dürre Äste dazwischen. Danach zündete er ihre Schwänze an und ließ die Tiere in der Nähe von noch nicht abgeernteten Getreidefeldern der Philister los.

Die Schakale stürzten sich laut heulend vor Schmerz in die Getreidefelder, um sich dort zu verstecken, und zündeten diese dadurch an. Nacht für Nacht sah man in der nächsten Zeit rund um Timnah die Flammen von brennenden Getreidefeldern zum Himmel lodern.

Auch Jezel beobachtete jede Nacht vom Dach des Hauses aus den immer wieder rot werdenden Himmel, der von dem Kreuzzug ihres früheren Gatten zeugte. „Sieh doch, wie er mich liebt“, flüsterte sie oft ihrer Schwester zu. „Er würde die ganze Welt in Brand setzen, um mich wieder zu bekommen.“

„Glaubst du wirklich, Simson würde wieder zu dir zurückkehren?“ fragte Zerah.

„Natürlich“, beharrte Jezel. „Warum würde er sonst diese Dinge tun? Wenn er all seine Feinde besiegt hat, wird er über Philistäa herrschen. Er und sein Sohn“, fügte sie noch hinzu und strich sich über den Leib.

5. KAPITEL

Eine Woche hielt Simsons feuriger Rachefeldzug nun schon an. Da wurden die Einwohner Timnahs eines Morgens durch das Getrappel von Pferdehufen und das Klirren von Waffen geweckt. Soldaten und Polizei aus der *Pentapolis* drangen in der Morgendämmerung in die Stadt ein und durchsuchten jedes Haus. Jeder Raum wurde gründlich untersucht. Die Soldaten und Polizisten wollten den finden, der, so hatten die Zeugen gesagt, für das Unheil auf den Feldern der Philister verantwortlich war.

Doch Simson war nicht in der Stadt, und die Einwohner sagten zu den Soldaten: „Mardok ist an allem schuld. Er hat Simsons Frau mit dessen Brautführer verheiratet, und deshalb bringt Simson nun all dieses Übel über uns."

Soldaten und Polizei nahmen Mardoks Haus buchstäblich auseinander. Doch von dem Nasiräer wurde keine Spur gefunden. Als Mardok ihnen auch nicht sagen konnte, wo der Übeltäter zu finden sei, setzten sie sein Haus in Brand, so wie Simson es mit den Feldern rundum getan hatte. Als sie auf diese Weise ihrer Meinung nach an der Familie des Israeliten die Strafe vollzogen hatten, die sie nicht über ihn bringen konnten, zogen die Soldaten wieder ab. Sie hofften, Simson würde sich das zur Warnung dienen lassen.

Gegen Abend, als in den Ruinen von Mardoks Anwesen hier und da immer noch kleine Flammen und Glut zu sehen waren, lagen die Straßen von Timnah völlig leer, und alle Häuser waren dunkel wie Gräber. Die entsetzten Einwohner waren in die Hügel geflohen. Und wenn sich in einzelnen

Häusern noch Menschen aufhielten, hatten sie sich versteckt, um zu warten, bis wirklich alle Soldaten abgezogen waren.

Doch nach Einbruch der Dunkelheit wagte es ein tapferer Mann, sich durch das offenstehende Stadttor in den Ort zu schleichen. Aber vielleicht war er gar nicht so tapfer, sondern wußte nur nicht, was im Laufe des Tages geschehen war.

Doch bald entdeckte er das zerstörte Anwesen Mardoks und auch, daß seine Frau und sein Schwiegervater tot in den Trümmern der Gebäude lagen. Josef war auf Geschäftsreise gewesen, als das Schreckliche geschah. Deshalb war er völlig unvorbereitet für das, was er vorfand, als er an diesem Abend in Timnah einritt. Die Stadt war totenstill, und der Geruch von Feuer und Rauch hing in der Luft.

Zu Tode erschrocken, stand er vor den Ruinen von Mardoks Anwesen. Er stieg vom Pferd und drang vorsichtig in den Hof ein. Überall mußte er Trümmer beiseite räumen, um sich einen Weg zu bahnen. Überall in den Ruinen suchte er nach einem Zeichen von Leben. „Jezel!“ rief er. „Mardok! Wo seid ihr?“ Doch nichts rührte sich.

„Herr! Gott!“ stöhnte er und hoffte dabei, die Familie könnte entkommen sein.

Sicherlich hatte Simson hier gewütet. Josef hatte die Feuer in den Feldern gesehen, während er von der Küste zurückkehrte. Und überall hatte er Gerüchte davon gehört, wie dieser wilde Mann rund um Timnah seinen Zorn ausließ. Simson hatte wohl von Mardoks Verrat gehört und war gekommen, sich zu nehmen, was ihm gehörte.

Ja, das mußte es sein, überlegte Josef, während er in den Trümmern stand und sich kopfschüttelnd umsah. Simson hatte Jezel wahrscheinlich mit nach Zora genommen, und Mardok und die anderen hatte er laufen lassen. Nur das Haus war zerstört.

Josef lief es kalt den Rücken hinunter, als er sich jetzt wieder der Straße zuwandte. Er wollte sich auf sein Pferd setzen und davonreiten. Dies war für ihn kein sicherer Ort mehr. Sicherlich würde Simson auch nach ihm suchen. Und er wußte, daß der starke Mann mit ihm weniger Erbarmen haben würde als mit seiner Familie.

Doch als er durch die Trümmer, die im Hof lagen, zurückging, hielt ihn ein seltsamer Laut auf. Es klang fast wie das Wimmern einer kleinen Katze und kam von dort, wo die nach oben führende Treppe zusammengebrochen war. War es der Ruf einer hilflosen Kreatur, die unter den Trümmern gefangen lag?

Josef wollte sich schon abwenden, weil es sich wahrscheinlich doch nur um das Stöhnen eines sterbendes Tieres handelte. Doch da hörte er den Schrei wieder, diesmal etwas lauter. Anschließend ging er in ein Wimmern über, das sich sehr menschlich anhörte.

Seine Furcht unterdrückend, kehrte Josef um und folgte den Geräuschen, die ihn zu einem Haufen herabgestürzter Dachtrümmer führten. Er begann vorsichtig, die Trümmerteile beiseite zu räumen, bis er zu seinem Entsetzen auf einen menschlichen Arm stieß. Schnell erkannte er das silberne schlangengleiche Armband am Handgelenk. „Jezel!" stöhnte er.

„O Gott, mein Gott!" begann er zu weinen, während er weiter Stück um Stück die Trümmer beseitigte. Ja, es war seine Frau. Seine und die Simsons. Und neben ihr in den Trümmern lagen ihr Vater und ihre Schwester.

„Simson, du Elender", entfuhr es ihm, als er die drei teilweise verbrannten Leiber sah. „Was hast du getan?"

Heiße Tränen liefen ihm über das Gesicht und mischten sich mit dem Ruß auf seinen Händen und Armen, während er die Leichen der Familie barg. Ja, sie waren tot, alle drei. Erdrückt durch das Dach, als es brennend herabstürzte. Doch das hilflose Wimmern hörte Josef immer noch.

Vorsichtig räumte er die letzten Trümmer von Jezels Beinen. Und da sah er, daß diese voller Blut waren. Als er sie jetzt vorsichtig umdrehte, stieß er einen entsetzten Schrei aus. Dort, in einer kleinen Vertiefung, lag eine kleine mit Blut und Asche bedeckte Kreatur, die zappelte und wimmerte. Das kleine Baby war noch immer durch die Nabelschnur mit seiner toten Mutter verbunden.

Erschüttert starrte Josef auf das strampelnde Baby, das schreiend Hilfe forderte. Er konnte nicht begreifen, wie das Kind überlebt hatte. Obwohl Jezels Körper es vor den herabfallenden Trümmern beschützt hatte, war es doch ein Wunder, daß es noch am Leben war.

Josef berührte das Baby leicht mit der Hand. Das Kleine öffnete die Augen und hörte für einen Augenblick auf zu weinen. Doch bald begann das Wimmern aufs neue.

„O Herr", stöhnte Josef. „O Herr, hilf mir!"

Er zog ein Messer aus seinem Gürtel und zerschnitt die Nabelschnur, die das Baby noch immer mit seiner toten Mutter verband.

Josef erkannte nun, daß es nicht Simson gewesen sein konnte, der das Haus zerstört und die Familie getötet hatte. Nie hätte der Nasiräer die Mutter eines Kindes umgebracht, von dem er nicht wußte, ob es vielleicht sein eigenes war.

Obwohl ihm dabei fast übel wurde, hob Josef nun das mit Blut und Schmutz bedeckte Baby auf und erkannte, daß es ein Junge war. Er fand eine herumliegende Decke, in die er den Kleinen einwickelte. *So,* dachte er, als er das Gesicht des Säuglings betrachtete, *das ist also der Sohn des Helden von Israel.*

„Was soll ich nur mit dir anfangen?" flüsterte er verzweifelt.

Sein erster Gedanke war, Simson zu suchen, und das Kind dem Vater zu übergeben, zu dem es gehörte. Doch dieser Gedanke kam aus einem Teil seiner Seele, die des starken Mannes Freund gewesen war. Als sein Blick jetzt von dem Baby zu der toten Mutter und dann zu Mardoks Leiche wanderte, dachte er: *Ich bin nun der einzige, der die Wahrheit kennt, der einzige, der ganz gewiß weiß, wessen Kind das ist.*

Er drückte das Baby enger an sich, als er sich jetzt der Straße und seinem Pferd zuwandte. Jezel war tot, und Marissa hatte ihn abgewiesen. Doch er hatte das Kind des Nasiräers. Und solange er das besaß, hatte er auch Macht, seinen Rivalen in die Knie zu zwingen.

6. KAPITEL

Simson erhob sich von einem unruhigen Schlaf und blickte hinauf zur strahlenden Herbstsonne. Quer über die goldene Scheibe huschten dunkelgeflügelte Schatten. Er bedeckte sein Gesicht, als ob sie sich auf ihn stürzen wollten. Vor Furcht schreiend, duckte er sich auf den Boden, ehe er die Schlaftrunkenheit ganz abgeschüttelt hatte.

Als er klarer denken und deutlicher sehen konnte, hörte er die Schreie von Falken hoch über sich. Da wußte er, daß die Schatten keine Speere der Philister waren.

Er erhob sich und betrachtete die Felsen um sich herum. Er war den ganzen gestrigen Tag gerannt, bis er das Gebiet der Philister hinter sich gelassen hatte und israelitisches Territorium erreichte. In der Abenddämmerung hatte er sich an diesem Platz versteckt und hoffte, diese Einsamkeit würde ihm auch genug Sicherheit bieten.

Es gab keine Höhlen hier, so daß er gezwungen gewesen war, im Freien zu schlafen. Er hatte auch keinen weichen Boden gefunden, nur diesen glatten, aber harten Felsen, der sich über die Hügel der Schafherden erhob. Doch das hatte ihm nichts ausgemacht, denn er hätte auch im besten Bett eines Palastes keine Ruhe gefunden.

Gedanken an seine tote Frau und ihre Folterer hatten ihm allen Frieden geraubt. Auch jetzt wieder erfüllte ihn die Erinnerung an Jezel und der Gedanke, welche Qual sie wohl erlitten hatte, mit Seelenpein.

Ja, er wußte, wie es ihr und ihrer Familie ergangen war. Die Nachricht hatte ihn schon am nächsten Tag in den Hügeln erreicht, in denen er sich aufhielt, obwohl weder die Philister noch die Israeliten wußten, wo er sich befand.

Doch er hatte einige Lagerfeuer der philistäischen Erntearbeiter belauscht. Dort hatte man sich laut und voller Freude über das Schicksal Mardoks und seiner Familie unterhalten. Die Tötung Jezels und ihrer Familie war die richtige Strafe für den starken Mann, der ihre Felder verbrannte, hatten alle gemeint.

Simson war, als er das hörte, wie ein Raubvogel über die Erntearbeiter hergefallen und hatte an den verschiedenen Lagerfeuern viele von ihnen getötet. Dann war er davongerannt.

Nun war er eine gute Tagesreise von Zora entfernt. Weit genug, so hoffte er, daß durch seine Rückkehr auf israelitisches Gebiet seine Eltern nicht in Gefahr gerieten.

Als er jetzt von dem steinigen Hochplateau aus das Land überblickte, erkannte er, daß es nach allen Seiten steil und felsig abfiel. Es war trocken und öde. Irgendwo im Osten war das Große Salzmeer, das tote Ende des Jordanflusses. Die Hügel, in denen die Schafherden weideten, waren lieblich und rund. Doch dieses steinige Felsmeer, das sich über ihnen erhob, war hartes, trockenes und einsames Land. Es war Etam, das bekannte Falkengebiet von Juda. Eine Gegend so hart und abweisend wie sein Gegenstück, das Große Salzmeer.

Als er sich umschaute, sah er überall an den Felsen die Ursache für den Namen dieses Gebiets. An steilen und unzugänglichen Ecken hingen riesige Falkennester. Wäre Simson nach hier gekommen, um zu sterben, so wäre sein Leichnam bald von den Vögeln gefressen worden.

Doch Simson wollte nicht sterben. Er glaubte vielmehr, es sei eine gute Taktik gewesen, nach hier in das Falkengebiet zu gehen. Die Hirten vermieden diese Gegend. Und zwar nicht nur, weil es kaum Futter und Wasser für sie gab, sondern auch, weil ihre Lämmer für die Raubvögel eine leichte Beute gewesen wären. Deshalb vermieden sie auch, wenn es ihnen irgend möglich war, das Grasland am Fuß des Falkengebiets. Es bestand also die Wahrscheinlichkeit, daß er hier nicht so bald entdeckt würde. Hier konnte er sich ausruhen, innerlich wieder sammeln und über den nächsten Schlag gegen seine Feinde nachdenken.

Er legte sich lang auf den Rücken und ließ die warme Luft, die vom Salzmeer herkam, über sich hinwegstreichen. Ihm war, als würden die Strahlen der Sonne einen Teil seiner inneren Not hinwegnehmen. Fast wäre er eingeschlafen. Doch er wußte, daß die Sonne bald zu heiß werden und ihn auf dem nackten Fels verbrennen würde. Deshalb hielt er nach einem Platz mit Schatten Ausschau. In einer entfernteren Felswand sah er einen Spalt. Mühsam begab er sich nach dort. Seine Zunge brannte ihm vor Durst.

In dem engen Felsspalt war es kühl und schattig. Doch Wasser gab es auch da nicht. Simson hatte um seine Hüfte einen Weinschlauch gewickelt, den er unterwegs an einem Bach mit Wasser gefüllt hatte. Er nahm einen langen Schluck daraus und fühlte sich gleich viel wohler.

Das erste Mal seit vielen Tagen mußte er keine Feinde bekämpfen, gab es keine Philister, an denen er Rache nehmen mußte. Obwohl es noch früher Vormittag war, ließ ihn der kühle Schatten in dem Felsspalt wieder in einen sanften Schlummer fallen.

Wie lange er gelegen hatte, wußte er nicht. Die Sonne war schon mehr als einmal über die Erde gezogen und sah wohl auch den schlafenden Simson schon zum zweiten Mal, als das Geräusch von vielen tausend marschierenden Füßen ihn weckte.

„Simson!“ ertönte nun ein Donnerruf. „Simson, wir wissen, daß du hier bist! Komm heraus!“

Noch schlaftrunken, öffnete Simson die Augen und blickte in die Richtung, von der das Licht in den engen Felsenspalt fiel. Hatte er geträumt, oder war er wirklich von tausend Stimmen gerufen worden?

Es war kein Traum, denn da erscholl der Ruf wieder, der sein Erscheinen forderte.

Langsam ging er zum Rand der Felsspalte und blinzelte hinaus, um seine Augen an das helle Licht zu gewöhnen. Sein Gesicht nahm einen erstaunten Ausdruck an, als er draußen dreitausend Männer auf dem felsigen Hang stehen sah. Obwohl sie sich in Schlachtordnung aufgestellt hatten, war es keine Philisterarmee. Die Männer, die ihn konfrontierten, waren von seinem eigenen Volk. Jeder war so bewaffnet und gekleidet, wie es ihm möglich war. Viele trugen Turbane statt eines Helms und Stöcke statt Speere. Sie machten sehr den Eindruck von Bauern, die sie ja auch waren.

Er studierte die Gesichter, die zu ihm heraufblickten, und erkannte manche aus der näheren Umgebung. Hier und da sah er auch Händler und Kaufleute, mit denen er und sein Vater schon Geschäfte getätigt hatten.

Er trat nach draußen, hob zögernd eine Hand zum Gruß und rief: „Brüder, was bringt euch hierher?"

Der Sprecher der Schar trat vor und schrie: „Weißt du denn nicht, daß die Philister in Juda eingefallen sind? Sie haben sich über das ganze Land ausgebreitet."

„Und was kann ich tun, um euch zu helfen?" fragte Simson.

„Helfen?" lachte der Anführer ärgerlich. „Du bist die Ursache für unseren Kummer, Simson, nicht unser Retter."

Alle brüllten Zustimmung, schüttelten ihre Waffen und drängten vorwärts, um ihn zu ergreifen. Doch ihr Führer befahl ihnen, stehenzubleiben. Dann wandte er sich wieder grollend Simson zu: „Du weißt also nicht, daß die Philister über uns herrschen? Was hast du dir bei dem, was du getan hast, gedacht? Du hast dafür gesorgt, daß sie nun auf deine Landsleute zornig sind."

Obwohl er spürte, daß sie mit ihren Vorhaltungen recht hatten, versuchte Simson, unerschüttert zu erscheinen. Er hob die Faust in die Höhe und rief: „So wie sie mich behandelt haben, so habe ich es ihnen wieder heimgezahlt!"

Wieder schrie die Menge zornig ihren Protest hinaus, sie waren von ihrem Anführer kaum noch zu beruhigen.

„Und wie du ihnen getan hast“, gab er Simson zurück, „so werden sie mit uns verfahren. Es sei denn ...“ Hier machte er einen Augenblick Pause, ehe er den Satz zu Ende brachte. Dann fuhr er fort: „Es sei denn, du begibst dich freiwillig in ihre Gefangenschaft.“

Das Herz des Nasiräers pochte heftig. Er wußte, daß er keine Wahl hatte, als das zu tun, was die Leute seines Volkes von ihm forderten. „Meine Brüder“, sagte er mit belegter Stimme, „warum sollte ich das tun? Hätte nicht jeder von euch ebenso Rache genommen? Meine Frau und ihre Familie wurden ja von unseren Feinden getötet.“

Doch niemand schien von Simsons Kummer irgendwie bewegt zu sein.

„Man hat dich einen *Richter* in Israel genannt“, erwiderte der Anführer. „Doch du hast Unheil und Verderben über unser Volk gebracht. Wir sind gekommen, um dich zu fesseln und in die Hände der Philister zu geben. Wirst du uns Widerstand leisten?“

Simson blickte mit hängenden Schultern vor sich auf den Boden. Endlich seufzte er tief und sagte bittend: „Schwört mir, daß ihr mich nicht töten werdet.“

Nun rückte die ganze Schar auf ihn zu. Dreitausend Männer, die einen einzigen gefangennehmen wollten.

Als sie Simson die Hände auf den Rücken gebunden hatten, sagte der Anführer: „Wir werden dich nun gebunden den Philistern übergeben.“ Dann fügte er so laut hinzu, daß es alle hören konnten: „*Wir* werden dich nicht töten.“

Die Männer lachten erleichtert, als sie nun ihren Gefangenen ins Tal hinunterführten. Sie hatten es ja gar nicht nötig, Simson das Leben zu nehmen. Wenn sie ihn den Philistern übergaben, war sein Schicksal besiegelt, ohne daß sie einen Tropfen seines Blutes vergießen mußten.

7. KAPITEL

Siegerparaden waren gewöhnlich etwas Großartiges und Spektakuläres, wodurch der Sieger und sein Land verherrlicht wurden. Man marschierte mit Musik auf und führte im Siegeszug die Gefangenen und die Beute mit.

Doch der Marsch der Israeliten von Etam nach Lehi, wo die Philister auf sie warteten, war eher bedrückend. Obwohl die Soldaten aus Juda ihre Aufgabe ausgeführt hatten, brachten sie doch keine Beute mit, und auch nur einen einzigen Gefangenen. Sie führten den Gefangenen auch nicht umher als Beweis der Macht ihres Volkes, sondern er war eher ein Beweis dafür, wie sehr sie von den Philistern unterdrückt wurden.

Die Philister hatten von ihnen gefordert, sie sollten Simson fangen und ihn den Gerichten der Philister übergeben, und sie hatten gehorcht.

Simson war bisher ihr Held gewesen, nun war er ihre Geißel. In allen ihren Häusern und an ihren Lagerfeuern hatten sie die Geschichten seiner großen Taten erzählt, und nun wurde er so erniedrigt. Obwohl er ganz allein in Aschkalon gewütet und die Felder der Philister rund um Timnah verbrannt hatte, war er nun das Symbol der Schwäche seiner Landsleute.

Während er in der Mitte seiner Häscher dahintrottete, schwieg Simson die ganze Zeit. Er hatte sich müde und durstig mit ihnen auf den Weg gemacht, doch es war noch etliche Kilometer bis zum nächsten Stützpunkt der Philister. Niemand bot ihm einen Schluck Wasser an, und man ließ ihn auch nicht ausruhen. Als die Dreitausend eine Pause machten, zwangen sie Simson, stehen zu bleiben, und gaben ihm auch nichts zu essen noch zu trinken.

Seine Landsleute waren nicht damit zufrieden, daß sie Simson nun als Opfer zu den Philistern brachten, sie versuchten auch noch, ihn auf alle mögliche Weise zu demütigen. Sie verspotteten ihn und beschuldigten ihn der Heuchelei. Wie kannst du dich einen Nasiräer nennen? fragten sie. Seit wann mischen sich Nasiräer unter die Heiden, trinken mit ihnen Wein und heiraten heidnische Frauen?

Nasiräer hatten sich aller alkoholischen Getränke zu enthalten und durften mit nichts in Berührung kommen, was tot war. Doch Simson hatte sich all dieser Übertretungen der nasiräischen Gebote schuldig gemacht. Er hatte an ausschweifenden Festen teilgenommen und war ein Gefährte der Philister geworden. Und nun hatte er auch noch Hunderte von Männern erschlagen, hatte Schakale und Füchse angezündet und war oft mit Blut befleckt gewesen.

Während Simson von seinen Häschern weitergeführt wurde, hielt er den Kopf gesenkt und sagte kein Wort zu seiner Verteidigung. Er wußte, daß er jedes Gelübde gebrochen hatte, das von einem Nasiräer gefordert wurde. Er hätte nicht den Forderungen der Philister nachgeben sollen und hätte sich nicht von Jezels Schönheit verführen lassen dürfen. Er hätte auf die Ratschläge und Bitten seiner Eltern hören und beständig die Vorschriften der Nasiräer von Mahaneh-Dan beachten sollen.

Doch die Widersprüchlichkeit seines Charakters, die ihn immer wieder zu solchen falschen Handlungen trieb, ließ es nun auch nicht zu, daß er die Fehler dafür allein bei sich suchte. Die Zwiespältigkeit seiner Natur brachte es mit sich, daß er nicht richtig böse, aber auch nicht richtig gut war. Diese Widersprüche in seinem Leben hätten einen schwächeren Mann vielleicht schon längst zum Zusammenbruch getrieben. Und Simson fragte sich heute nicht zum ersten Mal, warum gerade er eine so unausgeglichene Natur hatte.

Wäre er ein Heide gewesen, hätte er diesen zwiespältigen Charakter seinem Schicksal zugeschrieben oder der Laune irgendeines Gottes. Doch er war kein Heide, sondern glaubte an den Gott Israels. Und dieser Glaube war es, der ihn noch aufrecht hielt. Irgendwie glaubte er, daß Gott ihn trotz allen Versagens berufen hatte, noch eine Aufgabe auszuführen; und daran hielt er fest.

Während er sich die staubige Straße entlangschleppte und von seinen Häschern immer wieder verspottet wurde, gingen ihm diese und noch viele andere Gedanken durch den Kopf. Doch als er daran dachte, Gott könne ihn noch mit einer Aufgabe betrauen, mußte er doch über sich selbst lachen. *Du Narr,* sagte er im Inneren zu sich selbst, *die Sonne hat dir wohl deinen Verstand geraubt. Nur ein Verrückter kann in einer solchen Lage noch so hoch von sich denken. Du bist ein Sünder, und dazu noch ein ziemlich schlimmer. Gott läßt sich von solchen großartigen Gedanken nicht hinters Licht führen.*

Doch als sie jetzt durch Weinberge zogen, mußte er an den großen Löwen denken, den er außerhalb Timnahs mit seinen bloßen Händen getötet und sich dabei mit dem Blut des Raubtiers befleckt hatte. Seine Fäuste ballten sich, als er an diese übernatürliche Kraft dachte. Ja, er hatte seine Nasiräergelübde gebrochen, als er sich mit dem Blut der getöteten Bestie befleckte. Doch hatte nicht Gott den Löwen gesandt, und hatte Er ihm nicht auch die Kraft gegeben, ihn zu töten?

Ja, es war falsch gewesen, nicht auf den Rat seiner Eltern zu hören, sein geheiligtes Leben in den Wind zu schlagen und eine heidnische Frau zu heiraten. Doch aus der Hochzeitsfeier und dem Rätsel mit dem Honig in dem getöteten Löwen hatte sich der Zwischenfall in Aschkalon und der sonstige Schaden ergeben, den er den Philistern zugefügt hatte. Es war nicht Simsons eigene Kraft gewesen, durch die er Zerstörung und Tod über die Philister gebracht hatte, sondern die Hand Gottes. Und er, Simson, war es nur gewesen, den Gott als Hand gebrauchte.

Als sich das weite Tal Judas vor der marschierenden Armee öffnete, hob Simson ein wenig den Kopf, da er die erfrischende Brise spürte, die von den grünen Hügeln herüberwehte. Doch das weite Tal, das sonst einen lieblichen Anblick bot, war heute furchterregend. Denn über die abgeernteten Felder breiteten sich zahllose Zelte und Kriegsmaschinen der Philister aus. Es war unglaublich, aber die ganze Armee der *Pentapolis,* der fünf großen Städte der Philister, schien hier gegen einen einzelnen Mann aufmarschiert zu sein. Eine ganze Armee von Zehntausenden, gekleidet in glänzende Rüstungen und mit eisernen Waffen, stellte sich beim Herannahen der jüdischen Schar in Schlachtordnung auf.

Nicht nur die Kriegsmaschinen der Philister und ihre Waffen waren hervorragend, sondern auch die Soldaten selbst waren im Durchschnitt um einen Kopf größer als die Israeliten. Es war unter den Israeliten üblich, ihre Feinde, die Philister, als Riesen zu bezeichnen, so viel größer kamen sie ihnen vor. Und tatsächlich war es nicht unüblich, daß ab und zu wahre Riesen unter den Philistern geboren wurden, denn ihre Vorfahren hatten sich noch mit der legendären Anakimrasse vermischt.

Als Simson jetzt seine Feinde betrachtete, war es nicht nur Furcht, die ihn beherrschte. So widersprüchlich wie seine Natur waren auch seine Gefühle. Und mit der Furcht zog gleichzeitig ein Gefühl der Verachtung und der überwältigende Wunsch der Rache durch seine Brust.

In einer Art grausamen Humors begrüßten ihn die Krieger der Philister nun mit lauten Zurufen. Spottend und lachend riefen sie: „Held von Israel, wo ist nun deine Kraft! Sei willkommen, du Schrecken von Timnah und Eiferer von Zora!"

Wie ein Mann rückte die Armee der Philister nun vorwärts. Sie hatten den Israeliten versprochen, sie würden Simson auf friedliche Weise in ihre Gefangenschaft führen. Deshalb blieben alle Schwerter in ihren Scheiden, und alle

Speere gesenkt. Doch sie fuhren fort zu schreien und zu spotten, bis Simsons Ohren ihm brannten und das Blut heiß durch seine Adern rauschte.

Die Juden hatten Simson sehr fest mit zwei neuen Seilen gebunden, als sie ihn in Etam gefangennahmen. Rund um seine Handgelenke und um die Arme hatten sie diese neuen Seile gewunden, da sie seine übernatürliche Kraft kannten. Sie waren sich ihrer Fesseln sicher, als sie ihren Gefangenen nun an die Philister übergeben wollten.

In dem Augenblick aber, als ihm das Geschrei der Philister unerträglich wurde, fühlte der starke Mann, wie eine große Hitze durch seine Arme schoß. Von seinem Rücken her, wo die Arme zusammengebunden waren, roch es nach Rauch. Er fuhr herum und fühlte, wie Flammen scheinbar seine Fesseln hinter ihm zerfraßen. In einer Sekunde waren die Seile verzehrt und fielen als ein Häufchen Asche von seinen Armen.

Seine Häscher schrien laut und wichen von ihm zurück, als sie dieses Wunder sahen. Simson, der seine Arme wieder gebrauchen konnte, starrte auf den Rest seiner Fesseln. „Mein Gott“, schrie er, „Du bist mit mir!“

Als er sich nach einer Waffe umschaute, zog das Lied der Nasiräer durch seine Seele: „Der Herr ist ein Kriegsmann! Jahwe ist sein Name!“

Die Waffe, die er fand, paßte eigentlich nicht zu seiner nasiräischen Berufung. Es war der Überrest eines toten Lebewesens. Der Kinnbacken eines Esels, der auf dem Feld lag. Doch der Knochen war passend für seinen Zweck – lang, gezackt und scharf.

Simson rannte dahin, wo der Knochen lag, hob ihn auf und schwang ihn über seinem Kopf. Dann stürmte er geradewegs auf die Reihen der spottenden Philister zu.

Ein Schrei der Rache und überirdischer Kraft erfüllte die Luft, als Simson nun auf die überraschten Soldaten einschlug. Rüstungen und Eisen hielten der von Gott bestimmten Waffe aus Knochen nicht stand. Und schon lagen Soldaten in ihren scheinbar undurchdringlichen Rüstungen als Tote zuhauf vor den von Schrecken ergriffenen Philistern. Mann um Mann fiel unter den Hieben des starken Mannes tödlich getroffen zu Boden, doch Simson, von Rache getrieben, wollte nicht innehalten.

Die Philister waren vor Angst völlig kopflos, ergriffen die Flucht und rannten, von Simson verfolgt, um ihr Leben. Doch es waren wohl an die tausend Soldaten, die tot zurückblieben, während die Juden nur staunend zusahen und wieder einmal erkennen mußten, welch ein Held Simson war. Es war um die Mittagszeit, als Simson, unter der heißen Sonne stehend, das Tal überblickte, das voll von erschlagenen Feinden war. Er selbst war über und über mit ihrem Blut bedeckt.

Während die letzten flüchtenden Philister über den westlichen Hügeln verschwanden, erhob er nochmals seine primitive Waffe, füllte seine Lungen und ließ einen Siegesschrei ertönen, der wie Trompetenschmettern erklang. Er rief:

Mit dem Kinnbacken eines Esels
habe ich sie gründlich geschlagen.
Mit einem Eselskinnbacken
habe ich tausend Männer erschlagen.

Dann drehte er sich um und blickte die wie erstarrt dastehenden Juden an. Jene, die ihn schon einmal ihren *Richter* genannt hatten und ihn nun hatten an die Philister ausliefern wollen.

Als er dann davonging, stieß er mit den Füßen immer wieder Waffen beiseite. „Zu Haufen liegen sie herum", lachte er. „Haufen über Haufen!"

TEIL IV

DAS GESTOHLENE STADTTOR

1. KAPITEL

Als Simson das Feld der Vernichtung verließ, wo er tausend Philister getötet hatte, machte er sich fast unbewußt auf den Weg nach Zora. Er war der Bewußtlosigkeit so nahe, daß er kaum noch wußte, wohin seine Füße ihn trugen.

Seit er Etam als Gefangener der jüdischen Armee verließ, hatte er kein Wasser mehr zu trinken bekommen. In seiner fast völligen geistigen Abwesenheit nahm er nicht mehr wahr, das er unterwegs an etlichen Bächen und Brunnen vorüberkam, wo er hätte trinken können. Da er auch die Richtung nicht mehr einhalten konnte, ging er in einem großen Kreis und kam endlich wieder zurück nach Lehi. Es war aber schon zwei Tage später, als er wieder auf der Ebene ankam, wo er seine Feinde besiegt hatte. Hier brach er bewußtlos zusammen, weil er vor Durst und Erschöpfung dem Tode nahe war.

Als er am dritten Tag erwachte, brannten seine angeschwollene Zunge und seine aufgesprungenen Lippen so sehr, daß er trotz des Deliriums, in dem er sich befand, das Verlangen nach Wasser wie einen feurigen Brand empfand. Er hob seine Augen zum Himmel auf, von dem die Sonne erbarmungslos herabbrannte, und brachte es fertig zu beten, obwohl seine Worte eher ein erbärmliches Krächzen waren als die Töne eines siegreichen Kriegers.

„O Herr“, rief er, *„Du hast Deinem Knecht diesen großen Sieg verliehen; jetzt aber soll ich vor Durst sterben und den Unbeschnittenen in die Hände fallen.“*

Überall auf dem Feld lagen noch die blutigen Leichen seiner getöteten Feinde. So schrecklich war die Rache Simsons gewesen, daß die Philister es aus Angst nicht wagten, ihre Toten zu holen und zu beerdigen.

Doch wäre jetzt jemand vorübergekommen, er hätte kaum einen Unterschied zwischen Simson und den Getöteten gesehen. Doch als er jetzt spürte, wie die Erde ein wenig zitterte und ein Grollen vernehmbar wurde, fuhr er auf und schaute sich nach der Ursache des Grollens um.

Das Geräusch und das Beben schien von einer kleinen Höhle auszugehen, die in einem der Hügel nun zu sehen war. Neugierig und gleichzeitig verzweifelt schleppte sich Simson dahin, um zu sehen, was geschehen war.

Als er die kleine Höhle erreichte, sah er, daß durch das Erdbeben ein Spalt entstanden war, aus dem klares und frisches Wasser floß. Er warf sich nieder und begann zu trinken, und es schien, daß er damit nie wieder aufhören wollte.

Endlich, als sein Durst gestillt war, ließ er das Wasser in seine hohlen Hände rinnen und benetzte damit sein Gesicht und ließ es erfrischend den Rücken hinunterlaufen. Während er dies tat, mischten sich Tränen in das Wasser, und er begann den Herrn zu preisen.

„O Herr, Du bist ganz gewiß mit mir!“ rief er. „Du hast mich nie verlassen. Ich habe Dich angerufen, und Du hast mir geantwortet. Deshalb soll dieser Ort *Ein-Hakkore,* die *Quelle des Rufers* heißen, der Brunnen dessen, der betete.“

Sieben volle Tage blieb Simson in *Ein-Hakkore.* Seit seinen Besuchen in Mahaneh-Dan hatte er sich Gott noch nie wieder so nahe gefühlt wie in dieser Zeit.

Während dieser ganzen Woche wurde Simson die Gnade der Einsamkeit geschenkt. Keine Erntearbeiter kamen, um auf den blutgetränkten Feldern zu arbeiten. Auch Krieger der Philister ließen sich nicht sehen, um etwa Rache zu nehmen, ihre Toten zu bergen oder die zurückgebliebenen Waffen wieder einzusammeln.

Als wäre er wieder ein Jugendlicher, erinnerte Simson sich an die Lieder, die er bei den nasiräischen Mönchen gelernt hatte, und in den dunklen Nachtstunden sang er sie voller Freude. Nachdem er in der aus dem Felsen entsprungenen Quelle gründlich gebadet hatte, ließ er sein langes Haar in der Sonne trocknen. Anschließend kämmte er es aus und band es wieder in die sieben Locken der nasiräischen Haartracht.

Irgendwie traten Jezel und alle Schrecken, die aus seiner Verbindung mit ihr entstanden waren, in diesen Tagen immer mehr in den Hintergrund. Je mehr Zeit er im Gebet verbrachte, um so weniger konnten diese niederdrückenden Erinnerungen ihn noch im Griff halten, und am Ende dieser Woche mußte er sich direkt Mühe geben, wenn er noch an sie denken wollte.

Am siebenten Tag wurde Simson weder von Durst noch von erotischer Lust geplagt, sondern in ihm brannte ein Verlangen so stark, wie er es bisher noch nie erlebt hatte – es war das Verlangen, die Herrlichkeit des allmächtigen Gottes mehr und größer zu erleben als je zuvor.

Den ganzen Tag hindurch war Simson nicht aus der Höhle, die durch das Erdbeben entstanden war, herausgekommen, sondern hatte gebetet. Als der Abend nahte, wurde er von einer großen Erwartung ergriffen.

Vielleicht hatte er auch die Schritte schon gehört, ehe diese Erwartung sein Herz erfüllte. Ob dieses Geräusch seine Hoffnung weckte, oder die Hoffnung durch eine höhere Kraft entzündet worden war, konnte er nicht sagen. Jedenfalls blickte er aus der Höhle hinaus zur Straße hin. Tatsächlich, jemand näherte sich seinem Unterschlupf.

Ihm war zuerst nicht klar, ob die Schatten der Abendsonne ihn irreführten, doch es schien nun so zu sein, als stünde jemand ganz nahe vor seiner Höhle. Er erinnerte sich an die Geschichten der alten Patriarchen, wie ihnen Gott selbst oder Gottes Engel begegnet waren, sie gegrüßt und mit ihnen gesprochen hatten. Er wußte, *Adonai* hatte früher bei solchen Erscheinungen schon manchmal die Form eines Menschen angenommen.

Obwohl die Silhouette vor der Abendsonne kleiner und schmächtiger war, als er erwartet hätte, beugte er doch seinen Kopf zur Erde nieder, und ein Schrei des Lobes, der aus dem Herzen kam, entrang sich seinem Mund. „Herr“, stöhnte er, „habe Erbarmen mit Deinem Diener!“

Doch die Stimme, die seinen Gruß beantwortete, war ganz gewiß nicht die des allmächtigen Gottes. Sie war hoch und näselnd, und man konnte ihr die Erregung anhören.

„Simson“, kam die Antwort zu ihm, „man sagte mir, ich könnte dich wahrscheinlich hier finden.“

Wieder blickte der Nasiräer gegen die tiefstehende Sonne und erkannte jetzt den draußen Stehenden. Zorn packte ihn. „Josef!“ schrie er. „Du Verräter! Wieso kannst du es wagen, hierherzukommen?“

Der starke Mann sprang auf seine Füße und war gerade dabei, den kleinen Schurken am Hals zu packen, als Josef ängstlich rief: „Höre mich doch erst einmal an, Simson! Ich bringe eine Nachricht von der *Pentapolis.*“

„Aha, deine Busenfreunde wollen also durch dich mit mir reden“, knurrte Simson spöttisch und gab Josef einen Stoß, daß dieser einige Schritte zurücktaumelte. „Ich würde dich lieber totschlagen, als dir zuzuhören.“

„Ich verstehe dich und deinen Zorn ja“, jammerte Josef. „Und ich glaube, niemand würde dir Vorwürfe machen, wenn du mich jetzt umbringst. Doch gib mir wenigstens Gelegenheit, alles zu erklären.“

Grollend trat der Nasiräer noch einige Schritte auf ihn zu und betrachtete den kleinen Kerl, der vor Angst zitterte. „Du warst einmal mein bester Freund“, rief der große Mann. „Doch jetzt bist du mein schlimmster Feind geworden. Du bist viel schlimmer als die übelsten Philister.“

Er wandte sich ab und ostwärts der Straße zu, um nach Zora zurückzukehren. Doch Josef lief ihm nach und rief: „Simson, was ich getan habe, tat ich für dich, als meinen

Freund. Mardok wollte Jezel an jemand anderes verheiraten, doch ich habe sie für dich davor bewahrt, indem ich sie heiratete." Er fügte hinzu: „Verstehst du nicht? Auf diese Weise konntest du sie zurückerhalten, wann immer du zurückgekehrt wärest."

Überrascht blieb Simson stehen. Im Innersten seines Herzens sagte ihm eine Stimme, Josef erzähle ihm lauter Lügen. Doch andererseits konnte das, was er jetzt hörte, auch die Wahrheit sein. Welche Macht hatte dieser Unhold nur über ihn, daß es ihm immer wieder gelang, sein Herz zu erreichen? Simson konnte es nicht verstehen.

Er fuhr herum und stand nun seinem früheren Freund, der ihm immer noch folgte, Auge in Auge gegenüber. Tief durchatmend, sagte er grollend: „Josef?"

„Aber es ist wirklich wahr. So glaube mir doch!" flehte der Betrüger in überredendem Ton. „Habe ich dich nicht mit Jezel bekanntgemacht? Warum hätte ich das tun sollen, wenn ich sie für mich selbst haben wollte? Daran solltest du erkennen, daß ich es aufrichtig meine." Einen Augenblick schwieg er, als Simsons Gesicht einen nachdenklichen Ausdruck annahm. Dann fügte er hinzu. „Doch ich glaube, wir haben diese Sache nun ausreichend besprochen. Wir müssen uns beeilen."

„Beeilen?" flüsterte Simson erstaunt, und schon lag wieder Mißtrauen in seiner Stimme.

„Ja, wir müssen uns beeilen, um nach Gaza zu kommen", drängte Josef. „Die Herren der Pentapolis möchten dich dort treffen, um mit dir über einen Friedensvertrag zu reden. Sie garantieren dir durch mich deine Sicherheit."

2. KAPITEL

Simson lag auf dem Rücken und starrte auf die heidnischen Embleme, mit denen die Wände geschmückt waren. Das Mondlicht, das auf die See vor Gazas Stadtmauern fiel, erleuchtete auch den Raum so weit, daß er die Gesichter der langhaarigen Sirenen und Wassergöttinnen erkennen konnte, die ihn von den Wänden mit sinnlichem Lächeln anblickten.

Das Rauschen der Brandung brach sich an den Felsen der Küste, und der sanfte Herbstwind blähte die Gardinen vor den Fenstern auf.

Er hob den Kopf etwas und zog die Decke wieder hoch, da es in den Herbsttagen frühmorgens vor Sonnenaufgang doch schon recht kühl war, zumal hier an der Meeresküste. Er drehte den Kopf und betrachtete die Frau, die neben ihm schlief. Er wußte noch nicht einmal ihren Namen. Josef hatte sie mit ihm bekanntgemacht, als er ihn in die Herberge hier an der Stadtmauer von Gaza brachte. Doch ihr Name war wohl auch das am wenigsten wichtige.

Simson hatte die großzügige Bewirtung, die er hier erfuhr, nicht erwartet, hatte sie aber doch anerkennend angenommen. Er hatte nicht bemerkt, wieviel Geld Josef der Frau in die Hand gedrückt hatte, als er das Zimmer für Simson bezahlte, so war er gepackt gewesen von der rothaarigen Schönen.

Während der ganzen Reise nach Gaza hatte Josef ihm das Leben dort mit großartigen Worten beschrieben. Und obwohl Simson entschlossen war, allen Versuchungen zu widerstehen, konnte er doch die Bemühungen um ihn nicht alle zurückweisen. Vielleicht hatte es Josef doch nur gut mit ihm gemeint. Jezel war sehr schön, und da hätte sich bald ein anderer Mann gefunden, der sie zur Frau begehrte.

Und was das Kind anging, mit dem sie schwanger gewesen war, so war es offensichtlich das von Josef. Der an niemand gebundene Jude hätte sicher keine Frau geheiratet, die das Kind eines anderen Mannes trug. Deshalb konnte Simson sich auch nicht vorstellen, daß das Baby sein eigenes gewesen sein könnte.

Josefs Geschichte hatte sehr vernünftig geklungen. Er hatte die Tochter Mardoks geheiratet, um sie für Simson zu reservieren. Und da er dann nur seine Pflichten als Ehemann erfüllte, konnte man ihm nicht vorwerfen, daß Jezel schwanger wurde. Wenn Jezel tatsächlich Josefs Kind getragen hatte und das Baby war mit ihr gestorben, dann hatte sich diese Sache sogar zu einer Tragödie ausgewachsen, und dann sollte er nicht zu nachdrücklich danach fragen, um Josef nicht unnütz Kummer zu machen.

Als sie dann Gaza erreichten, hatte Simson keine Zweifel mehr, sondern bedauerte Josef sogar. Das alte Band der Freundschaft schien wieder hergestellt zu sein.

Es war auch nicht Josefs Schuld, daß Simson den Reizen der rothaarigen Frau verfallen war, die nun neben ihm schlief. Sein kleiner Freund hatte die Kraft gehabt, ihrer Schönheit zu widerstehen, und schlief jetzt wahrscheinlich mit einem reinen Gewissen allein in seinem Zimmer, während er, Simson, sich mit der Frau eingelassen hatte. Daran war zu sehen, daß Josef der bessere Mann war.

Die Höhle mit der Wunderquelle, in der er sieben Tage vor dem Angesicht Gottes verbracht hatte, war weit entfernt und vergessen, statt dessen betrachtete er die schlafende Frau neben sich, die jetzt unter seinen Blicken erwachte und ihn lächelnd an sich zog.

3. KAPITEL

In der großen Beratungshalle des Dagontempels redeten viele Stimmen durcheinander. Das Feuer, das in der Mitte der Halle brannte, ließ die Schatten der mächtigsten Männer der Philister hinter ihnen an der steinernen Mauer erscheinen. Das Licht des Feuers erhellte ihre harten Gesichter und wilden Gesten.

Josef schlief durchaus nicht in seinem Zimmer in der Herberge, sondern er stand vor dieser Versammlung und wartete darauf, daß ihr Leiter sie zur Ordnung rief.

„Dieser Bursche war der Brautführer bei Simsons Hochzeit", rief einer. „Wie können wir ihm da vertrauen?"

„Er ist ein Israelit", warfen andere ein. „Ein Bewohner von Simsons Heimatstadt. Warum sollte er sich auf unsere Seite stellen?"

Josef blieb ganz ruhig vor der Bank stehen, auf der die fünf Fürsten der Philister saßen, die *Seranim.* Obwohl sein Gesicht blaß geworden war, ließ er sich nichts anmerken, sondern blieb ganz ruhig. Er wußte, daß sein Leben an einem seidenen Faden hing. Doch ihm war auch klar, daß die Belohnung, die er erhalten würde, wenn die Sache erfolgreich verlief, das Risiko wert war.

Bariath, der führende der Fürsten, forderte Ruhe. Er erhob sich und blickte Josef an. Da er fast zwei Köpfe größer war als der kleine Israelit, machte er den Eindruck eines Riesen. Wir haben all unsere Führer jetzt mitten in der Nacht zusammengerufen, um dir zuzuhören", begann er. „Du kennst die Strafe, wenn du uns nur unnützes Zeug zu erzählen hast."

Josef wußte nicht, welche Strafe dafür vorgesehen war, konnte es sich aber recht gut vorstellen. „Ja“, nickte er und bemühte sich, auch unter dieser Drohung ruhig zu bleiben. „Ich sage nichts als die Wahrheit. Großer Fürst, meine Herren, ich habe Simson nach Gaza gebracht.“

Bariath, der durchaus den Eindruck machte, seine Vorfahren seien Riesen gewesen, wie man von den Philistern erzählte, betrachtete erstaunt den kleinen, aber mutigen Mann. Obwohl Bariath nur der Fürst von Ekron, der zweiten Philisterstadt war, die im Tal Sorek nahe der danitischen Grenze lag, war er der anerkannte Sprecher aller Führer der Philister. Er hatte sich in den Kämpfen stets besonders ausgezeichnet und war bekannt dafür, die Gesetze Kanaans besonders hart und rücksichtslos auszulegen und war bei Freund und Feind gleichermaßen gefürchtet. Seine Gefährten auf der Bank, die Fürsten von Gaza, Aschdod, Aschkalon und Gath wagten es selten, eine andere Meinung zu haben als er, und deshalb herrschte er eigentlich in der Praxis über ganz Philistäa.

Doch selbst Bariath war von Josefs Worten überrascht und schwieg einen Augenblick, dann holte er tief Luft und wandte sich an die Versammlung.

„Meine Fürsten der *Pentapolis“,* begrüßte er die anderen Führer der Städte, „und ihr Führer der Philister, die ihr hier zusammengekommen seid, wir wissen, daß Simson seit fast einem Jahr unserem Land großen Schaden zufügt. Ob dieser Jude nun die Wahrheit sagt oder nicht, spielt keine Rolle, wir sollten seine Geschichte in jedem Fall prüfen. Wenn Simson wirklich nach Gaza gekommen ist, dann ist er ohne unser Wissen in die heilige Stadt unseres Gottes Dagon eingedrungen. Deshalb müssen wir ihn zu unserem Gefangenen machen und in den Kerker werfen.“

Hier und da war ein freudiger Ruf zu hören, doch der große Arier war enttäuscht von dem Mangel an Begeisterung.

„Sind wir Männer oder Mäuse, die sich in ihr Loch verkriechen?“ rief er. „Sollen wir uns verstecken, während Simson vielleicht unseren heiligen Tempel angreift?“

Natürlich waren die Erinnerungen an die schlimmen Taten des starken Israeliten noch frisch. Vor allem der Tod der tausend Kämpfer in Juda ließ alle Anwesenden besorgt sein. Als die versammelten Räte lange zögerten, wagte es ein Mann, aufzustehen.

Siloam von Gerar war keiner der fünf Fürsten. Seine kleine Stadt gehörte nicht zum Bündnis der *Pentapolis.* Doch er genoß unter den Philistern hohes Ansehen, weil sich in seiner Stadt die beste Eisenschmelzerei und Schwertschmiede befand, worauf die militärische Überlegenheit der Philister bestand.

„Bariath von Ekron“, forderte er den Fürst heraus, „du sprichst sehr leichtfertig von Simson. Aber wenn er nun wieder in unser Land eingedrungen ist und noch von diesem schlauen Juden begleitet wird, müssen wir da nicht fürchten, daß er noch andere Anhänger in unserer Mitte hat? Wäre es nicht möglich, daß dieser Josef hier ein Spion ist und daß noch andere folgen, bis die Juden das *Geheimnis unserer Stärke* herausgefunden haben?“

Alle Anwesenden wußten genau, was Siloam mit dem *Geheimnis unserer Stärke* meinte. Seit Generationen hielten die Philister das Verfahren, wie man Eisen schmelzen konnte, geheim. Sie ihrerseits hatten früher einmal die inzwischen untergegangenen Hittiter gezwungen, es ihnen zu verraten. Sollten andere Völker dieses Geheimnis auch herausfinden, dann war es durchaus möglich, daß dann auch die Philister untergehen würden.

Ein besorgtes Murmeln erhob sich unter den Versammelten, die bedächtig mit den Köpfen nickten und untereinander leise über diese Möglichkeit sprachen. Die fünf Fürsten ihrerseits betrachteten Josef nach diesen Worten mit großem Mißtrauen.

„Hört! Hört!“ rief der Fürst von Aschdod und erhob sich. „Siloam ist ein weiser Mann. Woher sollen wir wissen, daß Josef von Zora kein Spion ist?“

Bariath, der sich von der allgemeinen Besorgnis nicht anstecken ließ, dachte über alles Gesagte nach. Er trat wieder vor Josef hin und sagte drohend: „Du hörst die Anschuldigungen selbst. Sage uns nun, warum bist du nach Gaza gekommen? Und warum willst du Simson an uns verraten? Ist er nicht der Held Israels?“ Dann spuckte er auf den Fußboden und rief: „Niemand wird mehr verachtet als ein Verräter. Bist du ein Verräter deines Volkes, Josef?“

Der kleine Jude fuhr entsetzt zurück, schluckte schwer, weil sich in seinem Hals ein Kloß bildete, und versuchte dann zu antworten. Obwohl seine Erwiderung gut durchdacht war, konnte sie fast nicht verstanden werden, so leise sprach er zunächst.

Er setzte sein ehrlichstes Gesicht auf und gab sich sehr demütig, als er nun begann: „Ihr guten Herren, ich bin kein Verräter. Ich liebe mein Volk mehr, als die meisten Israeliten es tun. Und gerade aus diesem Grunde möchte ich, daß Simson in eure Hände fällt.“

Schweigen herrschte nun unter den Philistern. Man sah ihren Gesichtern an, daß sie angestrengt nachdachten.

Endlich forderte Bariath: „Erkläre das genauer. Wieso bist du kein Verräter?“

„Ich bin wirklich keiner, Herr“, versicherte Josef. „Es ist wahr, daß bis vor einiger Zeit noch Simson der Held Israels war. Doch jetzt schimpfen die Leute über ihn, weil sein Blutdurst Schande über unser ganzes Land bringt. Ich werde in dieser Sache von den führenden Männern unseres Volkes unterstützt“, log er. „Ihr würdet uns einen großen Gefallen tun, meine Herren, wenn ihr uns und euch von diesem Wüterich befreit.“

Langes Nachdenken folgte diesen Argumenten, während die Männer die Worte Josefs verdauten. Das Feuer in der Mitte des Raumes knisterte höllisch und warf dämonische Schatten gegen die Mauern, als Bariath nochmals nach der Meinung der Räte fragte.

Dann wandte er sich wieder an Josef und fragte ein wenig ironisch: „Ich denke, du möchtest für deinen Dienst von uns keine Belohnung, Josef, da du es ja für dein Volk tust, wie du uns soeben erklärt hast. Du bist bereit, uns zu verraten, wo Simson sich jetzt aufhält, ohne daß du von uns etwas dafür bekommst."

Verdutzt spürte Josef, wie ihm das Blut aus dem Gesicht wich. Ganz gleich, was er antwortete, er würde sich damit in jedem Fall zum Narren machen. Deshalb sagte er gar nichts, sondern zuckte nur unbehaglich mit den Achseln, während er von vielen Augen aufmerksam beobachtet wurde.

„Bezahle ihn", befahl Bariath, während er sich verächtlich abwandte und nochmals auf den Boden spuckte.

Der Schatzmeister der Versammlung erhob sich und brachte Josef einen kleinen Beutel mit Gold. Als Josef nicht die Hand danach ausstreckte, schob der Mann ihm den Beutel mit Gewalt zwischen die Finger.

Josef erschien der kleine Beutel ungewöhnlich schwer für seine Größe.

4. KAPITEL

Bariath war in sein eigenes Haus zurückgekehrt, das er in Gaza besaß und in dem er wohnte, wenn er in der Stadt war. Es war mit genauso viel Luxus ausgestattet wie sein eigener Palast daheim in Ekron. Er war froh, daß er jetzt ausruhen konnte, denn die Versammlung um Simsons willen hatte dazu geführt, daß er jetzt heftige Kopfschmerzen hatte.

Es war zumindest ein Trost für ihn, daß er seine Geliebte aus dem Sorektal mitgebracht hatte. Als die ersten Nachrichten von des starken Israeliten letzten Unternehmungen zu ihm gekommen waren, hatte er baldigst sein Pferd bestiegen und war durch die Abenddämmerung in die Seestadt geritten. Seine schöne Geliebte war ihm in ihrer eigenen Kutsche gefolgt. Und als die Ratsversammlung beendet war, freute er sich, daß sie in seinem Haus auf ihn wartete.

Gerade jetzt strich ihm die Frau über die verspannten Muskeln seiner Schultern und massierte sie mit ihren langen, feinfühligen Fingern. Delilah war in vielen Dingen gut, aber als Masseuse war sie eine ausgesprochene Expertin.

Fast so gut wie das wohltuende Bearbeiten seiner Muskeln war ihre melodische Stimme, mit der sie es immer verstand, Bariath in die für seinen jeweiligen Zustand gerade richtige Unterhaltung hineinzuziehen.

„Entspanne dich, Bariath“, gurrte sie. „Noch nie habe ich solche Knoten in deinem Nacken gespürt. Du bist ein zu guter Mann, mein Lieber, um all die vielen Lasten zu tragen.“ Dabei wurden ihre Worte durch die gleichmäßigen Bewegungen ihrer warmen, weichen Hände begleitet.

Doch Bariath wünschte sich gerade für diesmal keine Unterhaltung. Er wollte einfach abschalten. Vor allem wollte er jetzt nicht wieder auf die Probleme eingehen, die in der abendlichen Versammlung diskutiert wurden.

Gewöhnlich war er dankbar, wenn er seine Gedanken und Überlegungen vor Delilah ausbreiten konnte und sie ihm zuhörte. Sie war sein bester Freund und auch seine persönliche Geliebte, obwohl sie durchaus unter den politisch einflußreichen und unter reichen Männern noch andere ähnliche Beziehungen hatte. Am meisten war sie jedoch mit Bariath zusammen, und wann immer er es wünschte, unterhielt sie ihn, sogar dann, wenn sie dafür andere Verabredungen absagen mußte.

Über das Verhältnis zwischen Bariath und Delilah wurde von den anderen Männern, die sich auch ab und zu um etwas Zeit von ihr bemühten, nicht gesprochen, und es wurde von ihnen auch nicht in Frage gestellt. Bariath selbst dachte nicht gern daran, daß seine Geliebte auch noch mit anderen Männern zusammenkam, doch er akzeptierte es. Es machte sie noch attraktiver für ihn, daß andere Männer nach ihr verlangten, und andererseits befreite es ihn von irgendwelchen engeren Verpflichtungen ihr gegenüber.

All das in Betracht gezogen, war diese Frau tatsächlich sein bester Freund, und er schätzte die Stunden, die er mit ihr verbrachte, wegen der Möglichkeit, mit ihr über die täglichen Herausforderungen zu sprechen und auch wegen des physischen Gewinns, den er dabei hatte.

Aber an diesem Abend war er nicht in der Stimmung, ein Gespräch zu führen. Denn die Diskussionen in der Versammlung und all die Rätsel um Simsons seltsames Verhalten hatten ihn ziemlich mitgenommen.

Nachdem Delilah den Rücken und das Genick von Bariath massiert hatte, goß sie vorsichtig ein wenig feines Öl auf seinen Kopf und rieb es sanft in seine Schläfen und die Stirn ein. „So“, begann sie endlich die Unterhaltung, „es ist also wahr, daß der verrückte Israelit nach Gaza gekommen ist?“

Die sanfte Frage drang kaum in Bariaths Bewußtsein, da sie ihn schon so nahe ans Einschlafen gebracht hatte. Doch er nahm ihre Stimme im Halbschlaf noch wahr und antwortete mit einem zustimmenden Grunzen.

„Tatsächlich?" wunderte sich Delilah. „Simson ist also in Gaza!"

Wäre Bariath wacher gewesen, hätte er vielleicht den verräterischen Unterton in ihrer Stimme wahrgenommen, der merken ließ, daß ihr Interesse größer war, als man hätte annehmen können. Doch da er auch die Augen geschlossen hatte, sah er nicht, wie ihr Gesicht aufleuchtete, als sie an die Nähe des starken Mannes dachte.

Eine Weile sagte sie nichts mehr, sondern hing ihren privaten Phantasien nach, was für ein Held der starke Mann Israels wohl sein mußte. Delilah fühlte keinerlei Schuld oder Skrupel bei diesen Gedanken. Von ihrem Standpunkt aus war das Verhältnis zwischen ihr und Bariath durchaus oberflächlich. Natürlich war sie zu klug, um ihrem Geliebten ihre Gedanken mitzuteilen. Denn Männer, das wußte sie recht gut, hatten durchaus einen Besitzerinstinkt, wenn es um Frauen ging. Und deshalb war sie sehr zurückhaltend, als sie nun noch Näheres zu erfahren suchte.

Schlau verbarg Delilah ihr Interesse hinter einer Frage, die scheinbar Simsons Verräter betraf. „Der Bursche, der Simsons Anwesenheit in Gaza dem Rat mitteilte", bohrte sie, „ist er ein israelitischer Spion?"

„Hmm", murmelte Bariath, „er ist eine Ratte."

Während Delilah ihrem Geliebten weiter die Schläfen massierte, fragte sie: „Hat er den Aufenthaltsort Simsons verraten?"

Nun öffnete Bariath doch die Augen und richtete sich in dem Sessel auf. Delilah spürte, daß er ein wenig gereizt war, und begann schnell, sich wieder mit seinen Rückenmuskeln zu beschäftigen. Als er sich wieder entspannte, fuhr sie noch vorsichtiger als bisher fort: „Diese Juden müssen töricht sein, wenn sie sich mit dem klugen und mächtigen Bariath anlegen wollen."

Da Delilah so von seinen Fähigkeiten überzeugt zu sein schien, störte ihn auch ihr Interesse an dem Israeliten nicht mehr, das spürte die Frau. Deshalb wagte sie eine weitere Frage: „Unsere Leute lauern also auf ihn. Wo ist er denn?"

Zu ihrer Freude antwortete der Mann, ohne Zurückhaltung zu zeigen. Doch als sie die Wahrheit hörte, entfachte sie bei ihr gemischte Gefühle.

„Sie lauern auf ihn am Stadttor", sagte er wie selbstverständlich. „Neben der Herberge an der Mauer."

Da er schon fast wieder am Einschlafen war, bemerkte er nicht mehr, daß Delilah bei dieser Antwort aufgehört hatte, ihn zu massieren. Von dem Gedanken gepackt, der ihr sofort kam, lagen ihre Hände nun lustlos auf seinen Schultern. „Marijah", zischte sie so leise durch die Zähne, daß Bariath es nicht hörte.

So war das also! Simson wohnte im Haus ihrer größten Rivalin. Wahrscheinlich schlief er gerade jetzt auch in den Armen Marijahs, der überall bekannten rothaarigen Besitzerin der Herberge an der Mauer.

Brennende Eifersucht schoß durch Delilahs Herz. Allein schon der Gedanke an Marijah erregte stets den Neid in der Verführerin. Seit Jahren schon waren sie und die rothaarige Herbergenbesitzerin denselben Männern zu Diensten gewesen. Und obwohl die Männer Delilah stets versicherten, sie sei viel schöner und klüger, war die Rivalität zwischen den beiden Frauen doch sehr groß und überall bekannt.

Delilah wußte, daß bei manchen Gelegenheiten Marijah ihr vorgezogen worden war. Und obwohl das nur sehr selten geschah, hatte es doch genügt, um den Neid zwischen beiden immer mehr anzuschüren.

Als sie daran dachte, preßte Delilah vor Zorn unbedacht ihre Fingernägel in Bariaths Schultern, daß dieser vor Schmerz aus seinem Schlummer auffuhr und stöhnte.

„Oh, oh, Bariath, mein Lieber", rief sie, „du hast wohl

einen schlimmen Traum gehabt, daß du so stöhnend aufschreckst. Komm, es ist besser, du legst dich zu Bett."

Bariath wunderte sich zwar, daß ein Traum so realistisch sein konnte, daß seine Schultern jetzt noch davon schmerzten, doch in seinem schläfrigen Zustand wurde es ihm nicht weiter bewußt, und er vergaß diesen Gedanken wieder. Willig ließ er sich von Delilah ins Bett führen.

Als sie beide nebeneinander im Bett lagen, war Bariath in wenigen Augenblicken fest eingeschlafen. Doch Delilah fand keinen Schlaf. Sie lag wach und dachte nach.

Sie hatte Simson nie gesehen, doch sie hatte sich ihn gewünscht von der Zeit an, als er unter den Philistern zu wüten begann und sein Ruf sich überall ausbreitete. Sie fragte sich immer, was dieser Israelit wohl für ein mächtiger Mann sein mußte. Nun, da er sich in Marijahs Haus befand, war ihr Verlangen noch größer geworden. Es war das Feuer der Herausforderung, das nun in ihr brannte – einer Herausforderung, die sie gern annehmen wollte.

5. KAPITEL

Simson erhob sich leise aus dem Bett, um die schlafende Marijah nicht zu wecken, und ging zum Fenster, von dem aus er einen Blick die gerade Straße hinunter bis zum Hauptplatz der Stadt hatte. Auf der anderen Seite des Platzes, eine ganze Strecke entfernt, erhoben sich die Balkone und Dächer von Dagons Tempel über den anderen Gebäuden. Als er den Tempel erkannte, wurde er blaß, und sein Herz wurde von Scham erfüllt.

„Oh, Herr, mein Gott", stöhnte er leise und hielt sich dabei am Fenster fest. „Was habe ich getan?"

Er drehte sich um und betrachtete die schlafende Marijah, über deren Gesicht gerade ein träumerisches Lächeln zog. Mit ihr, dieser Heidin, hatte er, der Held Israels, diese Nacht verbracht. Neue Schuldgefühle erfüllten nun seine Seele.

War es nicht erst gestern noch gewesen, daß eine ganz andere Freude als die sinnliche Lust für mehrere Tage seine Seele durchdrungen hatte? Er hatte sich die ganze letzte Woche so wohl gefühlt, eingehüllt zu sein in die Liebe Gottes, und er hatte jeden Tag aufs neue geschworen, daß er *Adonai* nun in aller Treue für immer dienen würde.

Und nun? Nun war ganz deutlich und klar wieder zu erkennen, wie unwürdig er doch war. Er hatte wieder seiner größten Schwäche nachgegeben und hatte sich von der Schönheit einer Heidin verführen lassen.

„Herr! Gott!" flüsterte er wieder. Doch sein Herz und sein Geist fanden keine weiteren Worte, um sein Elend auszudrücken. Er war ein Nasiräer von Geburt an, dem Dienst für Gott geweiht. Doch er schien nicht fähig zu sein, seine Schwachheiten zu überwinden.

Ja, er hatte immer wieder die Regeln der Nasiräer von Mahaneh-Dan gebrochen. Er hatte starke Getränke zu sich genommen. Er hatte Hunderte und Tausende von Männern totgeschlagen und sich mit dem Blut der toten Tiere und Menschen befleckt. Und er hatte mit den Heiden gegessen und gefeiert.

Doch all diese Übertretungen wurden noch übertroffen durch seine Beziehung zu der heidnischen Frau. Obwohl er niemand anders die Schuld geben konnte als nur sich selbst, hätte er doch keine alkoholischen Getränke zu sich genommen, wären sie ihm nicht von verführerischer Hand angeboten worden. Er hätte in Aschkalon nicht gewütet, hätte nicht seine listige Frau ihn belogen. Und er wäre auch nicht über die Philister hergefallen, hätte er nicht Jezels Tod rächen wollen.

Und jetzt, da er am Fenster von Marijahs Zimmer stand, war das einzige, das ihn noch als Nasiräer auszeichnete, seine Haartracht. Sein Gesicht brannte, als er mit den Fingern über die sieben Locken fuhr, zu denen sein Haar zusammengebunden war.

„Hätte ich eine Schere, ich würde sie abschneiden und von mir werfen“, stöhnte er. „Denn ich bin nicht würdig, dieses Zeichen zu tragen.“

Er hatte zu laut gesprochen. Die Frau im Bett bewegte sich, und Simson erstarrte. Das Letzte, was er sich jetzt wünschte, war, sie würde erwachen und ihn wieder zu sich rufen. Er hatte kein Verlangen, noch weiter mit ihr zusammenzusein. Wie er sich doch wünschte, wie Josef zu sein, der offensichtlich nicht von solchen Versuchungen geplagt wurde.

Doch als er jetzt an seinen kleinen Gefährten dachte, ärgerte er sich wieder. Warum, so fragte er sich, hatte Josef ihn in dieses Haus gebracht, da er doch seine Schwäche genau kannte. Je länger er über diese Frage nachdachte, um so deutlicher traten die Einzelheiten des vergangenen Abends vor seine Augen.

Er erinnerte sich, daß Josef die Prostituierte mit ihrem Namen angesprochen hatte. Als sie in der Herberge eintrafen, hatte er sogar direkt nach ihr gefragt. „Marijah", murmelte Simson, so hatte Josef sie angesprochen. Er kannte sie und hatte sie ihm absichtlich in den Weg gestellt.

Irgendwie hatte die Frau ihren Namen mitbekommen, als Simson ihn etwas zu laut geflüstert hatte. Sie öffnete die Augen und sah Simson lächelnd an. „Komm wieder zu mir", sagte sie und streckte ihre Hand aus. Doch das wollte Simson keinesfalls. Lieber wäre er aus dem Fenster auf die Straße gesprungen, wären sie nicht in der dritten Etage des Hauses gewesen.

Wenn er fort wollte, mußte er an ihr vorbei durch die Tür und dann den Weg hinunter zum Haupteingang finden. Marijah war aufgestanden und wollte ihn festhalten. Er schämte sich, sie wieder anzurühren, und ging zum Fenster zurück. Doch als er diesmal auf die Straße blickte, bemerkte er etwas, was er vorher nicht gesehen hatte.

Im Schatten der Stadtmauer, zu beiden Seiten des Stadttors, und auch am Eingang der Herberge standen Gruppen von bewaffneten Soldaten. Auf den Türmen neben dem Tor befanden sich ebenfalls viel mehr Soldaten als üblich. Und alle beobachteten aufmerksam die Herberge.

Im gleichen Augenblick wurde ihm der Grund dieses Aufmarsches klar. Daß sie ihn nicht gesehen hatten, als er am Fenster stand, schien ihm wie ein Wink des Schicksals zu sein. Doch er durfte dieses Risiko nicht noch einmal eingehen, es sei denn, er wollte mit ihnen kämpfen.

„Josef, du Ratte!" knurrte er wütend. Er drehte sich um, schob die überraschte Marijah beiseite und ging zum anderen Fenster des Zimmers. Als er da hinausblickte, sah er, daß es hier zum Hof der Herberge hinabging. Und hier schienen keine Soldaten zu stehen. Es war zwar noch genauso hoch, aber unten stand ein mit Heu für die Tiere beladener Wagen. Wenn es ihm gelang, da hineinzuspringen, konnte er ohne großen Schaden hinunterkommen.

Da seine Feinde erwarteten, er würde zum Vordereingang oder zu einem der Fenster der Frontseite herauskommen, war die Überraschung auf seiner Seite, wenn er vom Hof gerannt kam. Er mußte schnell versuchen, das Tor zu erreichen und hinauszukommen. Wenn dies nicht gelang, würde er wohl hier an der Stadtmauer von Gaza sterben müssen. Doch dann wollte er noch so viele Philister wie möglich mit in den Tod nehmen.

Er ging nochmals zum anderen Fenster zurück, von dem aus man das Stadttor sehen konnte, und betrachtete es aufmerksam. In den riesigen Stadttoren waren niedrigere Tore eingebaut, durch die gerade noch ein Kamel hindurchgehen konnte. Jeden Abend, wenn die größeren Tore geschlossen wurden, blieben diese kleineren noch eine Zeitlang offen, damit verspätete Händler und Reisende noch in die Stadt gelangen konnten, bis Sperrstunde war. Dieses kleinere Tor im großen, das jetzt, mitten in der Nacht, auch mit Riegeln und Schlössern verschlossen war, konnte vielleicht seine Chance sein.

Er ging zum Hoffenster zurück, schwang sich, ohne noch einmal auf Marijah zu achten, auf das Fensterbrett, nahm genau Maß und sprang dann hinunter. Glücklich landete er in dem Heuwagen. Er schlug zwar mit dem Kopf auf den Wagenrand auf, so daß er zu bluten begann, aber das machte ihm nichts weiter aus.

Vorsichtig schlich er zum Hoftor und öffnete es so leise wie möglich. Dann hob er den Kopf zum Himmel empor und bat Gott, ihm zu helfen, obwohl er nicht recht glaubte, daß der Herr sein Gebet erhören würde, nachdem er in dieser Nacht wieder versagt hatte und in Sünde gefallen war.

Noch einmal holte er tief Luft und stürzte dann mit einem lauten Schrei hinaus, mitten in seine Feinde, die völlig überrascht waren und die er, wie ein Schnitter das Gras, nach beiden Seiten auseinanderfegte.

Schon hatte er das Stadttor erreicht, streckte seine Arme aus und packte das kleinere in der Mitte, das ihn trotzdem noch um etwa eineinhalb Meter überragte. Mit einem gewaltigen Stöhnen stemmte er sich dagegen. Die eisernen Scharniere begannen sich zu verbiegen, und das Holz knackte, als die Riegel aus der Verankerung gerissen wurden. Einen Moment hielt er inne und holte wieder tief Luft, dann setzte er aufs neue an, drückte und riß, und dann brach das innere Tor aus dem größeren heraus.

Die Philister waren von dem, was sie sahen, so betroffen, daß keiner daran dachte, sich Simson noch in den Weg zu stellen. Sie begannen laut zu schreien, als er das Tor jetzt aus der Verankerung riß und sich auf den Rücken lud. Er schob es sich noch zurecht und ging dann auf der Straße nach Osten hin davon.

Endlich faßten sich Simsons Feinde wieder, griffen nach ihren Speeren und nach Bogen und Pfeilen und warfen und schossen hinter ihm her. Doch da er das dicke Stadttor auf dem Rücken trug, prallten alle Pfeile und Speere wirkungslos daran ab.

Ihn zu verfolgen und zum Kampf zu stellen, wagten sie nicht. Denn wie sollte ein Mann besiegt werden, der ein Stadttor aus seiner Verankerung reißen und davontragen konnte. Erstaunt blieben sie vor dem zerstörten Stadttor stehen und sahen dem starken Mann nach, bis er nach Osten in der Dunkelheit verschwand.

TEIL V

MARISSAS TRAUM

1. KAPITEL

Es war für eine Frau unerhört, das Nasiräer-Lager in Mahaneh-Dan zu besuchen. Es gab zwar keine Vorschrift, die das den Frauen verbot, doch jeder Jude und jede Jüdin wußte, daß so etwas nicht zu sein hatte.

Daß Marissa es trotzdem wagte, die ungeschriebenen Regeln ihres Volkes zu übertreten, ließ erkennen, wie verzweifelt sie war, denn sie hatte einen Traum gehabt.

Obwohl sie Simson seit acht Jahren nicht gesehen hatte, dachte sie täglich an ihn, und es war durchaus nicht ungewöhnlich, daß er in ihren Träumen erschien. Gewöhnlich waren diese Träume traurig und trübe, manchmal auch bittersüß. Sie spiegelten die Gefühle wider, die sie durchzogen, wenn sie an ihn dachte. Doch der Traum der letzten Nacht war etwas Schreckliches gewesen.

Im Schlaf hatte sie Simson gesehen, von Schrecken ergriffen, weil er in eine furchtbare Falle gegangen war, die ihm gestellt wurde. Simson war sicher schon oft in Gefahr gewesen, seit er sie verlassen hatte, doch sie war noch nie von einem so schlimmen Alptraum gequält worden wie von diesem.

Schon seit längerer Zeit hatte Simson einen Ehrenplatz in der Mitte seines Volkes. Von seinem Gang nach Gaza war er mit dem gestohlenen Stadttor unter großem Jubel nach Israel zurückgekehrt. Bald darauf hatten die Ältesten der Stämme ihn offiziell zum Richter seines Volkes ernannt, denn er wurde vom ganzen Volk schon seit mehreren Jahren als solcher gesehen. Er hatte als seine Residenz Hebron gewählt, die Stadt des Patriarchen Abraham, und war jetzt mehr geschützt als in der früheren Zeit.

Nachdem er Gazas Stadttor zerstörte, hatte er es etwa siebzig Kilometer auf dem Rücken getragen und richtete es dann auf einem Hügel auf, von dem aus man die Weiden übersehen konnte, auf denen vor langer Zeit Abraham seine Herden hütete. Seit jenem Tag hatten alle in Simson Gottes auserwähltes Werkzeug gesehen, der vom Herrn dazu bestimmt war, Israel in dieser Generation zu führen. Nachdem Israel für etwa ein halbes Jahrhundert eine Herde ohne Hirte gewesen war, hatten sie jetzt einen neuen Helden, einen Sprecher, der ihnen den Willen Gottes verkündigte.

Er hatte das Volk inspiriert, wieder neues Vertrauen in Gott zu fassen. Auch ein Heer hatte er aufgebaut, das den Philistern wiederholt heftige Niederlagen beigebracht hatte. So war Israel zum ersten Mal seit Jahrhunderten zur militärischen und wirtschaftlichen Vormachtstellung in der ganzen Region geworden. Simsons Ruhm wurde fern und nah verkündigt, so daß er internationales Ansehen genoß.

Doch Marissa, die von ihm selbst nichts mehr gehört hatte seit seiner Heirat mit Jezel, verstand ihn immer noch besser als jeder andere. Und sie hatte nun diesen schrecklichen Traum gehabt.

Es war wieder Frühling geworden in den Hügeln von Zora. Geradeso wie damals Manoah und Simson, der vor seinem dreizehnten Geburtstag stand, so ging jetzt Marissa den Weg an den durch das Hochwasser angeschwollenen Bächen entlang, die das Hügelland durchzogen. Doch anders als Vater und Sohn damals hatte sie niemand, mit dem sie sich unterhalten konnte. Sie wurde vielmehr begleitet von den bedrückenden Gedanken des schrecklichen Traumes.

Was sollte sie machen, wenn die alten Mönche sich weigerten, sie in das Lager zu lassen oder sie anzuhören, überlegte sie. Oder was würde sein, wenn sie von ihnen, nachdem sie ihr zugehört hatten, als törichte Frau betrachtet wurde, die sich von Träumen erschrecken ließ?

Sie wäre ja zum Priester ihrer Heimatstadt gegangen, hätte sie gehofft, dort Rat zu erhalten. Doch in des Priesters Augen konnte Simson keinerlei Gefahr drohen. Er war ihr großer und gesegneter Volksführer, den der Herr segnete und bewahrte.

Auch Rena und Manoah hatte sie mit ihrer Sorge nicht aufgesucht. Sie achtete zwar die Weisheit der beiden alten Leute, doch sie wollte ihnen keine Sorgen bereiten. Manoahs Gesundheit war in letzter Zeit sehr angegriffen, und jede Aufregung konnte seinen Zustand verschlimmern.

Die einzigen anderen Menschen, die Simsons Wesen wirklich gut kannten, waren die Eremiten von Mahaneh-Dan.

Die Sonne ging langsam unter, als Marissa den letzten Hügel zum Lager hinunterschritt. Als sie die idyllische Lage des Lagers sah, verstand sie, warum Simson so gern hier gewesen war. Über den Hütten lag der Abendfriede, und sie leuchteten rötlich in der untergehenden Sonne. Hier und da stieg von den Feuern Rauch auf, und der Duft einer einfachen Abendmahlzeit lag in der Luft. Von Simson wußte sie, daß die Mönche bald zur Abendandacht gerufen wurden. Sie erschienen dann in ihren weißen Gewändern aus ihren Hütten wie Geister.

Sie wußte auch, daß Simsons alter Lehrer, der geliebte Peniel, in einer Höhle wohnte, die sich am jenseitigen Hang befand. Das hieß, wenn er noch am Leben war. Er war schon ein sehr alter Mann gewesen, als Simson zum ersten Mal nach hier kam, und er hatte den heranwachsenden Israeliten bis zu dessen zwanzigsten Lebensjahr unterrichtet. Vielleicht war er seitdem doch schon gestorben.

Marissas Hoffnung, im Lager angehört zu werden, beruhte darauf, daß Peniel noch lebte und sich an ihren Namen erinnerte. Vor vielen Jahren hatte Simson mit ihm über seine Absicht gesprochen, sie zu heiraten. Und auch Manoah war in seinem Kummer zu dem alten Mönch gekommen, als Simson, statt Marissa zu heiraten, die Philisterin zur Frau nahm.

Wenn sich der alte Mann noch an diese Gespräche erinnerte, würde ihm gewiß auch noch Marissas Name einfallen.

Als Marissa den Hang hinunterging, beobachtete sie aufmerksam die Hütten und Höhlen. Würde Peniel der erste sein, der zur Abendandacht erschien? Bald sah sie, daß es nicht so war. Irgendwo in der kleinen Ansiedlung erklang jetzt eine Glocke, die zur Andacht rief. Aus den Hütten kamen die jüngeren Nasiräer, die noch nicht mit den Ältesten in den Höhlen wohnten.

Konnte sie es wagen, einen anzusprechen? Wenn sie erst nach Beginn der Andacht entdeckt wurde, würde das vielleicht noch zu einem Mißverständnis führen. Ja, sie mußte ihre weiblichen Bedenken schnell beiseite legen und sich bemerkbar machen. Simsons Sicherheit stand auf dem Spiel.

„Herr!" rief sie leise, als einer der Weißgekleideten in ihrer Nähe vorüberging. „Herr, ich möchte gern mit Meister Peniel sprechen."

Verwirrt blieb der Eremit, offenbar ein junger Anfänger, stehen und starrte sie an. „Frau, was willst du hier?" stammelte er. „Wer bist du?"

Sie trat näher, so daß etwas Licht vom nächsten Feuer auf ihr Gesicht fiel. Er schien zu zittern. Vielleicht hatte er keine Frau mehr gesehen, seit er an diesen Ort gekommen war.

„Ich muß mit Peniel sprechen", drängte Marissa. „Ich hörte, er sei ein Prophet. Vielleicht kann er auch Träume deuten. Ich habe einen schrecklichen Traum gehabt, und nur Peniel kann mir helfen."

Peniel war immer noch der Senior-Älteste des Nasiräerlagers. Doch seit mehreren Tagen hatte er an den gemeinsamen Andachten nicht mehr teilgenommen. Seit einer Woche vor Marissas Besuch im Lager hatte er die Höhle wegen seiner Schwachheit, bedingt durch sein hohes Alter, nicht mehr verlassen können.

Sein Rücken und seine Hüften hatten ihm immer größere Schmerzen bereitet, und dadurch waren auch in seinem schon immer verkrüppelten Fuß die Schmerzen noch größer geworden. Für einige Zeit waren jüngere Nasiräer gekommen und hatten ihn jeden Abend auf einer Bahre zur Andacht getragen. Doch jetzt ertrug er auch das nicht mehr.

Obwohl er so schwach war, benahm er sich doch der Frau gegenüber als freundlicher Gastgeber. Während der junge Nasiräer, den Marissa zuerst ansprach, vielleicht seit einigen Monaten oder Jahren keine Frau mehr gesehen hatte, war es bei Peniel schon ein halbes Menschenalter so.

„So", sagte er und lächelte ihr über das Feuer in seiner Höhle hinweg zu, „du bist also die schöne Marissa." Er reichte ihr eine Tontasse mit gewürztem Tee, und sie lächelte dankbar zurück.

„Ich bin froh, daß Simson mich erwähnt hat", sagte sie. „Doch das ist nun schon lange her."

Diese traurigen Worte trafen Peniels Herz. Offensichtlich hatte Marissa den Verlust Simsons nie ganz verwunden.

In einer Ecke der Höhle stand der junge Nasiräer, der Marissa zu Peniel gebracht hatte. Er zögerte, sich zu entfernen, und hoffte, es würde Peniel recht sein, wenn noch eine dritte Person bei diesem Gespräch anwesend wäre.

„Was meinst du", kicherte Peniel und bedeutete dem Novizen mit einer Handbewegung, daß er sich entfernen sollte, „kann ein so alter und verkrüppelter Bursche wie ich noch kompromittiert werden durch die Anwesenheit einer schönen Frau?"

Der Novize wurde rot, verbeugte sich und ging zur Abendandacht, so daß der Alte mit seiner Besucherin allein war.

„Mache dir nichts daraus, meine Liebe", ermutigte Peniel seinen Gast. „Sprich ganz offen zu mir. Warum bist du gekommen? Hat es mit Simson zu tun?"

Als sie diesen Namen hörte, begann Marissa zu weinen. „Du wirst ganz sicher denken, ich sei eine Närrin", klagte sie. „Doch ich bete immer noch täglich für ihn."

Peniel lehnte sich vor und betrachtete sie aufmerksam. „Eine Närrin?“ fragte er freundlich. „Wenn du für den Richter unseres Volkes betest?“

Marissa seufzte tief und starrte in das Feuer.

„Oder ist mehr als Patriotismus in deiner Sorge für Simson zu sehen?“ überlegte er.

Als Marissa sich auf die Lippen biß und mit einem neuen Tränenstrom kämpfte, nickte der alte Mann verständnisvoll. „Du hast nie aufgehört, Simson zu lieben, nicht wahr, mein Kind?“

„Sie sagen, du seist ein Prophet“, seufzte sie. „Und ich sehe, daß du in den Tiefen meines Herzens lesen kannst. Doch ich bin nicht gekommen, um mit dir über meine Liebe zu reden. Ich bin gekommen, weil ...“

Sie zögerte, ob sie ihre Befürchtungen preisgeben sollte, und schwieg still.

„Du hattest einen Traum“, stellte der alte Mönch fest.

Marissa sah ihn erstaunt an. „Woher weißt du das?“ weinte sie. „Der Novize kann dir nichts davon erzählt haben, denn er weiß nicht, was mich zu dir getrieben hat.“

Als Peniel sich bedächtig durch den Bart strich, war er wirklich das Abbild eines alten weisen Mannes. Marissa seufzte: „Ich nehme an, du kennst auch meinen Traum, ohne daß ich ihn dir erzählen muß.“

„So ist es“, nickte Peniel. „Aber nicht, weil ich ein großer Wahrsager wäre, sondern weil auch ich in der letzten Nacht einen Traum hatte. Und ich wäre nicht überrascht, wenn wir beide durch das gleiche schlimme Traumgesicht beunruhigt worden sind.“

„Dann hast du die Gefahr auch gesehen, die auf Simson lauert?“ wunderte sich Marissa.

„Die Gefahr durch die Hand einer Frau“, stimmte er zu.

Plötzlich stand der üble Alptraum wieder ganz lebendig vor ihr. Ja, es war die Hand einer Frau gewesen, die Simson in ihrem eisernen Griff hielt und ihn fesselte und zu ersticken drohte. Sich zurückerinnernd, weinte Marissa: „Ja, ja, so ist es. Dann bin ich doch keine eifersüchtige Frau, sondern Simson ist wirklich in Gefahr durch –"

„Durch sein eigenes fleischliches Verlangen", fiel Peniel ein.

Die Wahrheit so offen zu hören, war wie ein Schock. Marissa blickte verlegen zu Boden. Da er fürchtete, er habe sie beleidigt, kroch der alte Mann näher und legte ihr die Hand auf die Schulter.

„Es tut mir leid", flüsterte er. „Simson hat vor langer Zeit dein Herz gebrochen. Und ich befürchte, er könnte es wieder tun." Er schwieg dann eine ganze Zeit und schloß die Augen, als würde er nach einer Anweisung suchen. Als er sie wieder öffnete, blickte er sie fest an. „Aber, meine Liebe, du mußt wissen, daß er dich immer geliebt hat und noch liebt", erklärte er.

Tief erschüttert fuhr Marissa zurück. „Quäle mich nicht", bat sie. „Wenn ich das glauben soll, werde ich für immer seine Gefangene sein."

„Und du warst bis jetzt durch deine Liebe nicht gefangen?" forderte der alte Mönch sie offen heraus.

Marissa war nicht gekommen, um sich solche Dinge anzuhören. Wäre dieser Mann vor ihr nicht so ehrwürdig, hätte sie ihm eine Ohrfeige gegeben. Statt dessen schwieg sie, und Peniel fuhr fort: „In einer Ecke des Traumes war noch ein anderes Wesen. Eine Schlange – kannst du dich daran erinnern?"

Aufgerüttelt durch diese Erinnerung, die ihr ein wenig entschwunden war, stöhnte sie: „O ja, ich erinnere mich jetzt wieder. Wie konnte ich das nur vergessen? Und die Augen der Schlange – es waren die Augen von jemand, den ich gut kenne."

Sie mußte ernstlich nachdenken, um darauf zu kommen, wessen Augen die Schlange hatte, und dadurch zu erkennen, wer diese Schlange sein sollte. Doch endlich fiel ihr der Name ein: Es war Josef! Er war Simsons Spuren seit Jahren gefolgt. Er hatte es so eingerichtet, daß er Jezel kennenlernte. Er hatte ihn nach Gaza gebracht. All das wußte Marissa von Berichten, die sie über Simsons Tun und Lassen erfahren hatte.

Peniel fragte sie nicht nach dem Namen der Schlange. Ob er ihn schon wußte oder nicht, darauf kam es jetzt nicht an. Sein Interesse richtete sich auf die Frau in seiner Höhle.

„Es war der Herr, der dieses Traumgesicht gegeben hat", beharrte er bei dem Thema. „Und Er hat dich auch nach hier gebracht, damit du es von mir bestätigt erhältst. Wenn ihr beide, du und Simson, zusammengebunden seid, – und ich glaube, daß es so ist –, dann mußt du zu ihm gehen, Marissa, und ihn warnen vor der großen Gefahr, die vor ihm liegt."

Verwundert und erschrocken schnaufte die Frau: „Ich? Aber warum ..."

„Wer sonst?" erwiderte er. „Hätte der Allmächtige gemeint, ich solle gehen, dann hätte Er mir auch die Kraft gegeben, das zu tun."

Da lag nun die Aufgabe vor ihr – die Last der einsamen Reise, die Freude und Furcht zugleich, Simson zu sehen, die Möglichkeit, daß sie wieder enttäuscht wurde –, doch sie konnte nur eine Frage stellen: „Wird es etwas nützen, wenn ich gehe und ihn warne? Wird es ihm Kraft geben, der Versuchung zu widerstehen?"

Auf diese Frage hin zuckte Peniel nur mit den Achseln. „Auch ein Prophet hat seine Grenzen", sagte er. „Simson war auf manchen Gebieten immer ein Rätsel. Doch du bist wie ein offenes Buch. Die Liebe ist es, die dich treibt; und wenn du nicht lernst, sie zu beherrschen, dann wirst du für immer eine unglückliche Frau bleiben."

2. KAPITEL

Als Marissa sich aufmachte, um in Simsons Residenzstadt Hebron zu gehen, brachte die Reise sie mit vielen Menschen zusammen, die auf der großen Nord-Süd-Straße unterwegs waren, die sich über Israels Hügel hinzog. Die Tatsache, daß die Straße so belebt war, beruhigte Marissa ein wenig, denn sie hatte noch nie eine so weite Reise gemacht. Und da sie allein ging, ängstigte sie sich doch sehr.

Hebron war keinesfalls zu weit von ihrer Heimatstadt entfernt – etwa eine Tagereise durch leicht hügeliges Land. Doch für eine Frau war es immer riskant, ohne Begleitung zu reisen. Wenn sie also in der Nähe von Karawanen blieb oder von anderen Reisegruppen, die den gleichen Weg hatten, war sie sicherer vor Räubern und Banditen, die immer auf leichte Beute lauerten.

Sie hatte ihr Gesicht verschleiert und ihren Kopf mit einem großen Tuch bedeckt. Je weniger Leute sie sahen, um so besser war es. Deshalb hatte sie auch ein einfaches unauffälliges Gewand angezogen, obwohl sie Simson lieber in einem ihrer schönsten Kleider, die sie sich im Laufe der Jahre angefertigt hatte, gegenübergetreten wäre. Doch sie mußte unterwegs nicht mehr Aufmerksamkeit erregen, als unbedingt notwendig.

Als Schneiderin hatte Marissa feine Umhänge und Gewänder in ihrem Schrank, die sie zum Verkauf anbot. Die meisten israelitischen Handwerker und Händler hatten in den Jahren von Simsons Herrschaft gute Geschäfte gemacht.

Das traf auch für Marissa zu. Gute Stoffe von vielen Ländern waren nun preiswert in Israel zu kaufen. Und da Marissa geschickt und fleißig war, fehlte es ihr nicht an einem bescheidenen Wohlstand.

In den Jahren, seit sie Simson nicht mehr gesehen hatte, war sie zu einer sehr tüchtigen Schneiderin geworden, die es verstand, sehr elegante Kleidung anzufertigen, die auch von der Qualität her sehr gut waren. Deshalb fehlte es ihr nie an Arbeit; und sie war mit ihrer eifrigen Beschäftigung im allgemeinen auch recht glücklich. Obwohl sie nicht verheiratet war, liebten die Kinder von Zora sie ganz besonders, weil sie stets ein offenes Herz und Zeit für sie hatte. Im Ort war sie geschätzt und angesehen.

Wenn auch die Erinnerungen an Simson manchmal recht lebendig wurden und ihr Herz dann mit Trauer erfüllten, vor allem dann, wenn Nachrichten über neue Heldentaten kamen, die er vollbracht hatte, war ihr doch nie der Gedanke gekommen, von ihr aus zu ihm zu gehen, um ihn wiederzusehen. Doch nun war sie durch Peniel ermutigt worden, und ihre Angst um Simson trieb sie an, schnell zu gehen, einer Begegnung entgegen, von der sie nicht wußte, wie sie ausgehen würde.

Während sie schnellen Schrittes die Straße entlangging, sprach sie mit niemand. Und ganz gewiß hätte sie keinem Menschen etwas von dem Zweck ihrer Reise gesagt, selbst wenn man sie angesprochen hätte. Viele verschiedene Menschen waren auf der Straße unterwegs. Arme Leute, die nach Hebron gingen, um finanzielle Unterstützung zu finden; reiche Kaufleute mit Eseln oder Kamelen, die mit Waren vollbeladen waren; vornehme Philister, die sich im stillen immer noch als Herren über Israel ansahen, und viele andere Reisende.

Hätte sie gewußt, daß nicht weit hinter ihr eine andere Frau unterwegs war, die davon träumte, nun dem starken Mann in Hebron zu begegnen, dann hätte wohl die Angst sie in noch stärkerem Maße ergriffen, und sie wäre noch schneller gegangen. Doch obwohl sie davon nichts ahnte, stellte sie doch fest, daß sie wie automatisch immer schneller ging, als gelte es, einen Wettlauf um Simsons Herz und Seele siegreich zu beenden.

Die Goldverzierungen an Bariaths, mit einem eisernen Rahmen versehenen Kutsche strahlten in der Sonne, als die Pferde das Gefährt in flottem Trab die Straße entlangzogen. Kein Fußgänger konnte da mithalten. Auch Marissa wurde überholt und weit hinter der Kutsche gelassen.

Viele schöne oder auch einfachere Wagen waren auf ihrem Weg nach Hebron an Marissa vorbeigerollt. Die meisten nahmen auf die Fußgänger wenig Rücksicht, sondern erwarteten von ihnen, daß sie Platz machten und sich an den Straßenrand drängten. Deshalb verringerten sie ihre Geschwindigkeit so gut wie nie.

So war es auch mit der Kutsche Bariaths. Und obwohl Marissa erkannte, daß es sich um ein Philistergefährt handelte, hätte sie doch nie geahnt, daß der Mann und die Frau, die hinter Vorhängen verborgen in der Kutsche saßen, der oberste Fürst der philistäischen *Pentapolis* und seine schöne Geliebte waren. Hätte sie es gewußt, ihre Angst um Simson wäre noch größer geworden, da sie dem Philisterfürsten nichts Gutes zutraute.

Was die Frau an seiner Seite betraf, da hätte sich Marissa weniger Sorgen gemacht. Sie war zwar außerordentlich schön, doch sie war Bariaths Geliebte. Die Jüdin wäre nie auf den Gedanken gekommen, daß diese Frau sich aus Stolz und erotischer Lust wünschte, den starken Helden Israels verführen zu können. Auch Bariath ahnte nichts von den Plänen, die Delilah in ihrem Herzen schmiedete.

Von Anfang an, als Delilah Berichte von diesem starken Mann gehört hatte, war es ihr Wunsch gewesen, ihn kennenzulernen und auszuprobieren, wie leicht er zu verführen war. Und seit sie wußte, daß Marijah, die Wirtin der Herberge an der Mauer in Gaza, mit ihm zusammengewesen war, kannte ihr Neid keine Grenzen mehr.

Als Bariath sie einlud, an seiner Reise teilzunehmen, weil er im Namen der Philister Friedensverhandlungen mit Simson führen sollte, hatte sie Mühe gehabt, Bariath nicht merken zu lassen, wie sehr ihr an einer Begegnung mit Simson gelegen war. Doch die Einladung war, so glaubte sie, ein Gunstbeweis ihrer Götter.

Sie wählte unter ihren vielen Kleidern die verführerischsten Gewänder aus und brauchte fast einen ganzen Tag, um sich zu schminken und schön zu machen. Unter den Philistern gab es keinen, der ihrer Schönheit nicht erlegen wäre, wenn sie es darauf abgesehen hatte. Deshalb war sie überzeugt, sie könne auch Simson verführen. Er war zwar ein starker Mann, hatte aber offensichtlich eine Schwäche für weibliche Schönheit. Würde es ihr nur möglich sein, Simsons Aufmerksamkeit auf sich zu ziehen, dann würde sie ihn schon für sich gewinnen. Und darauf freute sie sich.

Ganz andere Gedanken und Gefühle waren es, mit denen Bariath beschäftigt war, denn um seinen Auftrag war er nicht zu beneiden. Die Philister hatten viele militärische Niederlagen durch Simson und die von ihm aufgebaute israelitische Armee einstecken müssen. Das hatte auch wirtschaftliche Folgen gehabt, denn die Israeliten hinderten nun eine ganze Reihe anderer Völker daran, mit den Philistern Handel zu treiben, was diese in große wirtschaftliche Schwierigkeiten brachte.

Bariath mußte nun versuchen, mit Simson einen Vertrag auszuhandeln, der den Philistern ihre wirtschaftlichen Möglichkeiten zurückgab. Das würde nicht einfach sein, und Bariath ahnte, daß dafür ein hoher Preis bezahlt werden mußte.

Deshalb war er während der ganzen Fahrt ungewöhnlich schweigsam und hing seinen Gedanken nach. Delilah wußte, daß er es in solchen Situationen gern hatte, wenn sie sich besonders um ihn bemühte, ihn lobte und sein Selbstbewußtsein auf alle mögliche Weise stärkte. Sie hätte ihm eigentlich sagen sollen, daß er der beste und mächtigste aller Männer war, obwohl er es jetzt nötig hatte, sich vor seinem Feind zu demütigen und als Bittender zu kommen.

Doch im Augenblick interessierten sie Bariaths Probleme recht wenig, denn sie war mit ihren eigenen Wünschen beschäftigt. Sie zog den Vorhang der Kutsche beiseite und blickte hinaus. Die Stadt, die in der Ferne auftauchte, mußte Hebron sein.

Sie beschäftigte sich nochmals mit ihrer eigenen Erscheinung und überlegte, ob sie auch nichts übersehen hatte, um vor dem mächtigen israelitischen Richter als makellose Schönheit dazustehen. Sie wollte den mächtigsten und stärksten Mann ihrer Zeit verführen – und danach sah sie auch aus.

3. KAPITEL

Während alle Richter Israels der gleichen Aufgabe gedient hatten – ihr Volk nach Zeiten geistlicher Verarmung wieder zu Gott zurückzuführen –, war die Art, wie sie lebten, doch so verschieden wie ihr Charakter und die Lebensweise der jeweiligen Zeit, in der sie ihr Richteramt ausübten. Einige von ihnen zogen von einem Ort zum anderen und wohnten jeweils eine Zeitlang dort, wo sie gerade benötigt wurden. Einige wohnten in Höhlen, und die Leute kamen zu ihnen, wenn sie Rat und einen Richterspruch suchten. Manche waren hauptsächlich militärische Helden, andere ähnelten eher Philosophen, die in der Einsamkeit lebten.

Simsons Berufung führte ihn von der Einsamkeit des Nasiräerlagers in Mahaneh-Dan zurück in die Stadt und von dort auf das Schlachtfeld. Er hatte in Höhlen und einfachen Häusern gewohnt. Nun lebte er in einem schloßähnlichen Gebäude auf einem Hügel über der sauberen weißen Stadt Hebron.

Auf einem Hügelrücken, von dem aus man auf Hebron hinabschauen konnte, hatten die Israeliten ein feines neues Gebäude für ihren Richter gebaut. Stattlich und repräsentativ, diente es einem zweifachen Zweck. Hier wurde Gericht gehalten in den komplizierteren und schwereren Streitfällen, die von den Ältesten und Priestern der einzelnen Städte und Dörfer nicht geschlichtet werden konnten. Und außerdem gab es in dem Gebäude einen großen Saal, in dem die Führer des Volkes mit Simson zu Beratungen zusammenkamen und wo er auch ausländische Gesandtschaften empfing. Darüber hinaus wohnte Simson in einem für ihn reservierten Teil des ansehnlichen Gebäudes.

An diesem Tag hatte er es mit drei Fällen zu tun gehabt, die vor ihn gebracht worden waren. Es war nicht einfach gewesen, die rechten Urteile zu finden, und die auftauchenden Fragen hatten Zeit gekostet. Deshalb war der Nachmittag auch schon vorangeschritten. Und da der nächste Tag ein Sabbath war, der mit dem heutigen Sonnenuntergang begann, wurde kein weiterer Fall zur Verhandlung mehr aufgenommen. Die Arbeit würde weitergehen, wenn der Sabbath vorüber war.

Simson ging mit langen Schritten in dem offenen Hof vor seinen Privaträumen hin und her und dachte noch über die Ereignisse des Tages nach. Von der Seite, wo die Küche lag, zog der Duft des Abendessens und der Mahlzeiten für den Sabbath, die schon vorbereitet wurden, durch das Haus. Für den Richter waren diese Minuten vor dem Abendbrot immer eine Zeit des ruhigen Nachdenkens.

Wie so oft, wenn er allein war, wanderten seine Gedanken zu den zurückliegenden Ereignissen seines Lebens. Dabei ergriff ihn manchmal ein Schamgefühl, wenn er an einige dieser Erlebnisse dachte, in denen er schwächer gewesen war als die Versuchung. Natürlich war er auch dankbar und stolz für jene Begebenheiten, in denen der Allmächtige ihn als Sein Werkzeug gebraucht hatte. Doch die Frauen in seinem Leben, die so viel Unheil angerichtet hatten, tauchten immer wieder vor seinem Gewissen auf. In letzter Zeit dachte er auch häufiger an Marissa. Bitterkeit und Traurigkeit ergriffen ihn dann, wenn er sich erinnerte, wie er sich von der Gefährtin seiner Jugend abgewandt hatte.

In all den Jahren und den wechselnden Abschnitten seines Weges hatte Marissa irgendwo in seinem Herzen einen festen Platz behalten. Gewiß, sie war nur eine von vielen Schönheiten, die ihm den Kopf verdreht hatten, doch seine Liebe zu ihr ging tiefer als die zu den anderen Frauen, bei denen es bei der Anziehungskraft ihrer erotischen Reize geblieben war. Ihr Lächeln, das er nie vergessen hatte, spiegelte das tiefste Innere seiner Seele wider, denn darin lag ein Stück der Liebe Gottes.

Tatsächlich waren in seiner Seele Marissa und der Herr zu einem fast untrennbaren Ganzen verschmolzen. Wenn er zu *Adonai* betete, mußte er auch oft an das jüdische Mädchen aus Zora denken. Und während die Erinnerungen an andere Frauen ein unreines Gefühl in seiner Seele hinterließen, waren die Gedanken an Marissa einerseits zwar mit Reue verbunden, andererseits trugen sie aber dazu bei, seine Seele zu erheben.

Er war nun schon viele Jahre Richter in Hebron. Während dieser ganzen Zeit war er *Adonai* treu gewesen und hatte sich unerschütterlich an die Nasiräergelübde seiner Jugend gehalten. Der zwiespältige Ruf, den er früher in Israel gehabt hatte, war ersetzt worden in den Herzen seines Volkes durch seine Treue zu Gott, seine fähige Regierungsarbeit und seine großen Heldentaten. Simsons Vertrauen in Gott war in den Jahren immer mehr gewachsen, und damit auch seine Weisheit. Wenn man seine natürliche Kühnheit noch hinzufügte, machte dies alles zusammen aus ihm einen fähigen Führer seines Volkes.

Doch seine aus dem Volk herausgehobene Position machte ihn auch zu einem einsamen Mann. Zwar trug er keine Krone, denn es gab keinen König in Israel und auch keine königliche Familie. Doch er trug auch die einfachen Kleider eines Mönchs oder eines Bauernjungen nicht mehr. Er hatte sich daran gewöhnt, feine, aus kostbaren Stoffen gearbeitete Gewänder zu tragen, die mit wertvollen Stickereien verziert waren und die zeigten, daß er der Richter-Prophet seines Volkes war.

Aber oft fand er in dem Luxus, den sein Leben als Richter mitbrachte, nur wenig Trost, wenn er die Einsamkeit besonders spürte. Vor allem dann fiel ihm Marissa ein, die ganz bestimmt die von Gott gewollte Gefährtin seines Lebens gewesen wäre und mit der er eine Familie hätte gründen können, so daß auch die Zeit seines Lebens, die er nicht in der Öffentlichkeit verbrachte, nicht einsam gewesen wäre. Wieviel erfüllter wäre sein Leben noch, wenn er Gottes Plan gefolgt wäre und nicht seiner eigenen Lust.

Er atmete tief die kühle Abendluft ein, die von der See herüberzog. Als er weiter nachdachte, schüttelte er den Kopf über manche Dinge seines Lebens, die er bis heute nicht recht verstand, weil ihm die Führungen Gottes doch etwas rätselhaft erschienen. Wäre er nicht von Josef nach Timnah gebracht worden, wo er Jezel kennenlernte, hätte sich sein Zorn vielleicht nie gegen die Philister gewandt. Hätte er Rachegelüste gegen sie empfunden und sie immer wieder mit Krieg überzogen, wäre er von seinen Feinden nicht immer wieder in so verräterische Weise betrogen und verraten worden?

Nicht das erste Mal füllten sich seine Augen mit Tränen der Frustration, wenn er über Gottes Wege nachdachte, von denen manche ihm rätselhaft erschienen, und auch über seine eigenen Wege, die ihn immer wieder in Sünde fallen ließen. Es war wohl die uralte Schicksalsfrage, wie der Wille Gottes und die Freiheit des Menschen in Übereinstimmung gebracht werden konnten. Er wagte nicht, den Herrn für die Versuchungen zur Sünde verantwortlich zu machen. Simson wußte, daß er für seine eigene Sünde und Schuld verantwortlich war. Doch er wußte auch, daß die Hand des Allmächtigen vom Mutterleib an auf seinem Leben gelegen hatte.

Wäre Peniel jetzt hier, würde Simson ihm mit all diesen Fragen in den Ohren liegen. Und wäre Marissa hier, würde er sein Herz vor ihr ausgeschüttet haben. Doch als Führer Israels konnte er seine Gedanken nicht einfach anderen anvertrauen, und so bewahrte er sie Tag für Tag in der Einsamkeit seines Herzens.

Als er sich jetzt gedankenvoll über das Haar strich, wurde er wieder einmal daran erinnert, daß er seine Nasiräerlocken immer noch trug. Er erinnerte sich daran, wie sehr sich Marissa über diese Frisur amüsiert hatte, als er nach seinem *Bar-Mizbah* mit seinem Vater von Mahaneh-Dan zurückkehrte. An jenem Abend hatte er sie in die Arme genommen und ihr versprochen, er würde sie später einmal heiraten, obwohl er als Nasiräer dem Herrn dienen mußte.

Er schloß die Augen und lehnte sich an eine Säule. „Oh Marissa", seufzte er, „gäbe es doch noch eine Chance, die Dinge in Ordnung zu bringen. Ich würde mein Versprechen von damals heute mit freudigem Herzen einlösen." Doch wie stets, war die Antwort auch jetzt die gleiche – ein leeres Schweigen, das andeutete, er habe Marissa für immer verloren. Nie hatte er gewagt, dies in Frage zu stellen oder Marissa zu sich rufen zu lassen. Wahrscheinlich gehörte sie längst einem anderen Mann. Und wenn nicht, so würde sie ihn doch nicht wiedersehen wollen, weil er sie so tief verletzt hatte.

In gedrückter Stimmung verließ er den Hof. Man würde ihm bald das Abendessen servieren, wie immer ohne Wein und ohne Fleisch, streng nach den Regeln der Nasiräer. Doch gerade als er seine eigenen Räume betreten wollte, wurde er aufmerksam auf eine Unruhe, die im Durchgang zum Korridor, der zu seinen Räumen führte, im Gange war. Offensichtlich verlangte dort jemand Zutritt zu ihm, und die Wachen wollten das nicht zulassen.

Er sah, wie eine der Wachen den Kopf schüttelte und den Speer querstellte.

Gerade in diesem Augenblick kam ein Diener mit seinem Abendessen von der anderen Seite des Ganges. Als er es abstellte, bat Simson ihn, nachzusehen, wer so kurz vor Beginn des Sabbaths bei ihm noch Einlaß begehrte. „Ja, Herr, ich werde mich erkundigen, vielleicht ist es ein Bettler, der Hilfe haben möchte", sagte der Diener und lief zum Eingang, wo die Wachen standen.

Doch als er jetzt hinter dem Diener herblickte, blieb er überrascht stehen. Es war durchaus kein Bettler, der dort die

Wachen überreden wollte, sondern es war eine Frau. Sie war groß und schlank, und in ihrem Eifer, mit dem sie auf die Wachen einredete, war ihr der Schleier vom Gesicht und das Tuch vom Kopf gerutscht.

Es kann nicht sein, dachte Simson. Doch wenn seine Augen ihn nicht betrogen, dann stand dort vorn die Frau, an die er in so vielen einsamen Stunden und auch jetzt gerade wieder gedacht hatte – Marissa!

Er rief hinter dem Diener her, der sich umdrehte und ihn fragend anblickte. „Gehe zum Eingang", befahl er, „und bringe die Person, die zu mir will, unter allen Umständen zu mir!"

4. KAPITEL

Simson betrat seinen Wohnraum und ging unruhig hin und her. Das Abendessen würdigte er keines Blickes. Wenn er richtig gesehen hatte, dann würde Marissa, die Liebe seines Lebens, in wenigen Augenblicken vor ihm stehen.

Nervös spielte er mit den Ärmeln seiner Robe. Marissa hatte ihn nie in diesen Prunkkleidern gesehen. Würden sie ihr gefallen? Sie hatte als Mädchen immer das Einfache geliebt. Simson war nun ein Fürst unter seinem Volk, und dementsprechend war auch seine Kleidung. Vielleicht würde Marissa dadurch schüchtern sein oder gar abgestoßen werden?

Schnell hing er die prunkvolle Robe, die er über der etwas schlichteren Tunika trug, in den Schrank und setzte sich an den Tisch. Wenn die Frau ihm gemeldet wurde, sollte sie ihn in aller Ruhe beim Abendessen finden.

Kaum hatte er sich gesetzt und einiges aus den Schüsseln auf den Teller gefüllt und eine Weintraube in die Hand genommen, als es an die Tür klopfte.

„Herein!“ rief er und bemühte sich, seine Stimme befehlsmäßig klingen zu lassen.

Der Diener öffnete die Tür sehr zögernd, wie Simson es erwartet hatte, denn es war durchaus nicht üblich, daß eine unbekannte Frau allein zu dem Richter Israels kam. „Herr“, stammelte er, „es ist eine sehr ungewöhnliche Sache. Diese Frau – es handelt sich um eine Frau, Herr – behauptet, mit euch befreundet zu sein. Die Wachen haben es nicht fertiggebracht, sie wieder wegzuschicken. Sie bittet darum – nein, sondern sie *fordert,* daß sie zu dir gelassen wird und du sie anhörst."

Als Simson aufblickte und ein Gesicht machte, als hätte er keine Zeit für solche Torheiten, bemerkte er, daß die Besucherin den Schleier wieder über ihr Gesicht gelegt hatte. Nur ihre dunklen Augen waren über dem Schleier zu sehen, und die hatte die Frau zu Boden geschlagen, so daß sie dem Blick des Richters nicht begegnen mußte.

„Eine Frau?" bellte Simson. „Ich kenne keine Frau!"

Mit diesen Worten wollte er Marissa nicht verwunden, sondern ihr und dem Diener klarmachen, daß er einen guten Lebenswandel führte. Als sie jetzt kurz aufblickte, erkannte er, daß sie ihn verstanden hatte. Und außerdem sah er in den Augenwinkeln eine Träne glitzern.

Sieh mich nochmals an, hätte er gern gerufen. *Ach, Marissa, ich weiß, wer du bist, und ich liebe dich!* Doch seine ablehnende Haltung veränderte er nicht, obwohl es ihm danach verlangte, sie in die Arme zu schließen.

„Sehr wohl, Herr", antwortete der Diener. „Ich werde sie also wegschicken."

Simson räusperte sich und legte die Weintraube beiseite. „Natürlich sollst du das tun", sagte er. „Doch da sie nun einmal bis hierher gekommen ist, wollen wir doch wenigstens anhören, was sie zu sagen hat."

Der Diener zog die Frau also am Ärmel in den Raum und befahl: „Sprich, wie der Richter es verlangt hat. Sage, wer du bist und was du von ihm willst!"

Marissa, die den ganzen Tag auf der heißen, staubigen Straße gewesen war, die sich nicht gescheut hatte, den schwierigen Weg nach Mahaneh-Dan zu gehen, deren Herz des schrecklichen Traums wegen voller Kummer war und die trotz großer Bedenken nach hier gekommen war, war einer Ohnmacht nahe. Vor Simson zu stehen, dem Traum ihres Lebens, und ihn nicht als den Jungen ihrer Jugend zu sehen, sondern als den Helden ihres Volkes, in nahezu königlicher Stellung und Glanz, ließen ihren Kopf schwindelig werden.

Sie legte eine zitternde Hand auf ihren Mund und versuchte, bei Bewußtsein zu bleiben. Doch der Raum verschwamm vor ihren Augen, und ihre Knie begannen zu zittern. Und plötzlich verließ sie der letzte Rest ihrer Kraft. Der Raum verschwamm vor ihren Augen, und sie fiel zu Boden.

Mit einem Schnaufer sprang Simson vom Stuhl auf und versuchte, ihr Fallen noch zu verhindern. Doch das gelang ihm nicht mehr. Er hatte durchaus nicht rücksichtslos mit ihr sein wollen. War er zu hart gewesen?

„Laufe! Schnell!" befahl er dem Diener. „Hole einen Arzt!"

Ohne zu überlegen, ob es sich schickte, wenn der Richter mit einer fremden Frau allein blieb, rannte der Diener davon. Als Simson sich über die Frau beugte, die bewußtlos war, klopfte sein Herz heftig. „Meine Liebe", stöhnte er und nahm sie in die Arme. So vorsichtig wie möglich hob er sie auf und trug sie zu einer im Raum stehenden Liege.

Es bestand immer noch die Möglichkeit, daß es nicht Marissa war. Doch er wollte es nicht glauben. Er wagte es, nach dem Schleier zu greifen, und zog ihn vorsichtig von ihrem Gesicht. Als er nun zum ersten Mal seit vielen Jahren wieder in ihr immer noch schönes Gesicht blickte, traten Tränen in seine Augen.

Augenblicklich stieg ein großes Verlangen in ihm auf, für sie zu sorgen und sie zu beschützen. Er verlangte danach, sie zu küssen. Doch er wagte es nicht. Statt dessen nahm er ihre schmale Hand in seine breite und streichelte sie sanft. Da sie noch immer ohnmächtig war, zog er wenigstens ihre Hand an seine Lippen und küßte sie.

Das Geräusch eiliger Schritte wurde vom Flur her hörbar. Der Diener kehrte mit den Ärzten und Helfern zurück. Simson trat zur Tür, als habe er auf die Ärzte gewartet, und wischte sich schnell die Tränen aus den Augen. „Sie hat das Bewußtsein noch nicht wiedererlangt", sagte er zurückhaltend. „Bringt sie in einen leerstehenden Raum und kümmert euch um sie, bis es ihr wieder gut geht."

„Ja, Herr", antworteten die Ärzte.

Als sie zu der Bewußtlosen traten, fiel Simson der Schleier wieder ein, und er wünschte sich, daß er ihn wieder über ihr Gesicht gelegt hätte.

Gleichgültigkeit vorgebend, erklärte er schnell: „Sie sagte ja, ich würde sie kennen. Da ihr Gesicht verhüllt war, habe ich ihr den Schleier abgenommen, um festzustellen, ob es stimmt. Sie ist tatsächlich ein Mädchen aus unserem Ort, aber ich habe sie seit vielen Jahren nicht mehr gesehen."

5. KAPITEL

Marissa ruhte in einem der Gastzimmer. Nachdem die Ärzte ihr ein stärkendes Getränk eingeflößt und kalte Umschläge gemacht hatten, war sie wieder zu sich gekommen. Der Arzt, der bis dahin bei ihr geblieben war, hatte darauf bestanden, sie solle noch längere Zeit ruhig liegen bleiben und sich ausruhen. Der Richter würde nun doch erst am nächsten Morgen mit ihr sprechen. Am besten wäre es, sie würde erst einmal lange schlafen, hatte der Arzt noch gemeint.

Doch Marissa fand keinen Schlaf. Immer wieder stand Simson vor ihren Augen. Für sie war er immer der stattlichste Mann auf Erden gewesen. Doch als sie ihn nun heute in seiner ganzen Würde und in der prächtigen Kleidung gesehen hatte, war er ihr noch viel großartiger erschienen als damals in ihrer Jugend.

Doch er war nicht nur reich und mächtig, sondern er war der Mann, den Adonai dazu bestimmt hatte, der Führer des Volkes Israel zu sein und das Volk wieder näher zu Gott zu führen. Deshalb lag über seiner äußeren Erscheinung noch die Autorität seiner göttlichen Berufung. Er war nicht nur der stärkste aller Männer, sondern er schien ihr wie eine Verkörperung des Allmächtigen selbst zu sein.

Marissa sah sich in dem schön ausgestatteten und an den Wänden mit Ornamenten verzierten Raum um und fragte sich, wie sie überhaupt nach hier hatte gehen können. Gewiß, es war ihr so vorgekommen, als sei es sehr wichtig. Doch jetzt fühlte sie sich sehr töricht. Hatte Simson überhaupt erkannt, wer sie war? Und wenn, hatte er dann vielleicht über ihre Torheit gelacht?

Sie bedauerte es nun, daß sie ein so einfaches Gewand angezogen hatte. Sie hatte es aus der praktischen Überlegung heraus getan, daß die Straße staubig sein würde und daß es besser war, da sie allein reiste, eher arm als wohlhabend zu erscheinen. Doch ein etwas besseres Gewand hätte sie doch anziehen können, dachte sie jetzt.

Sie fühlte, wie Scham sie ergriff, und seufzte tief. Aber andererseits, welch einen Unterschied machte es schon, was sie trug? Simson hatte Frauen zu Gefährtinnen gehabt, die viel schöner waren als sie. Er hatte sie sicher schon vor langer Zeit vergessen.

Und wie war sie dann vor ihm erschienen? Ohnmächtig war sie geworden im Raum des Richters. Wenn er sie bisher vielleicht vergessen hatte, würde er sich in Zukunft wohl stets an sie erinnern, aber stets mit einem spöttischen Lächeln.

Aber, machte sie sich selbst Vorhaltungen, war sie denn nach hier gekommen, um ihn als Frau zu beeindrucken? Hatte sie die Reise nicht unternommen, weil sie eine Aufgabe zu erfüllen hatte? Sie war hier, um Simson zu warnen.

Sie trocknete ihre Tränen, setzte sich auf und hielt nach ihrer Reisetasche Ausschau. Vielleicht hatte sie sich doch nur etwas vorgemacht? Vielleicht waren ihr Traum und der Gang nach Mahaneh-Dan, um sich Bestätigung zu holen, nur das Ergebnis eines lange in ihrer Seele verborgenen Verlangens? Ihr Herz hatte wohl ihren Verstand betrogen und einen Vorwand gesucht, um nach hier zu kommen. Und daraus war nun dieser ganze törichte Vorfall entstanden.

Aber es war nun genug! Sie wollte nicht länger in ihrer Torheit verharren. Sie würde sich im Schutz der Dunkelheit, die mittlerweile hereingebrochen war, leise aus dem Palast entfernen und auf den Weg nach Hause machen. Wenn Gott Simson warnen wollte, konnte er dazu auch andere Möglichkeiten finden und brauchte sie nicht.

Der Diener hatte ihre Reisetasche neben die Tür gestellt, das hatte sie mittlerweile entdeckt. Und ihre Sandalen standen vor der Liege. Schnell schlüpfte sie in die Sandalen und erhob sich. Dabei bemerkte sie, daß sie doch noch recht wacklig auf den Beinen war.

Leise, auf Zehenspitzen, schlich sie zur Tür und lauschte dabei aufmerksam, ob von draußen irgendwelche Geräusche zu hören waren. Als sie jedoch jetzt die Hand auf die Türklinke legte, wußte sie nicht, daß vor ihrer Zimmertür ein anderer Lauscher genauso leise stand und sich fragte, ob er sie aufwecken sollte.

Als sie jetzt vorsichtig die Tür öffnete, schnaufte sie überrascht, denn nun stand sie dem Lauscher von Angesicht zu Angesicht gegenüber.

„Marissa!“ flüsterte Simson. „Ich hätte dich nicht stören sollen.“

„Es fiel der Frau schwer, ihre Gefühle unter Kontrolle zu halten. „Es tut mir leid“, stammelte sie mühsam. „Ich bin hier, ohne ein Recht dazu zu haben, eingedrungen. Doch ich werde jetzt schnell wieder gehen.“

Sie vermied Simsons Blick und versuchte, sich an ihm vorbeizudrängen, obwohl sie nicht wußte, in welcher Richtung der Ausgang des Palastes lag.

„Meine Liebe!“ rief Simson leise, ergriff ihr Handgelenk und drehte sie wieder zu sich herum. „Wohin willst du? Und warum bist du gekommen?“

Mit einem Schmerzenslaut blickte Marissa auf die starke Hand, die sie festhielt. Sie versuchte sich loszureißen. „Laß mich gehen, mein Herr!“ flehte sie.

Doch Simsons Herz brannte, als er ihr Gesicht studierte. Hartnäckig weigerte sie sich, ihre Augen aufzuheben und ihn anzublicken. Doch während er sie mit der einen Hand festhielt, legte er die andere jetzt unter ihr Kinn, hob ihren Kopf an und zwang sie so, ihm in die Augen zu schauen.

Als ihre Augen sich begegneten, zitterte sie wieder, denn sie las darin Dinge, die sie sich immer gewünscht hatte.

„Wie kannst du mich jetzt verlassen?“ stöhnte er. „Du bist nach so langer Zeit einen so weiten Weg gegangen – nur um mich wieder allein zu lassen?“

Es erschien den beiden eine Ewigkeit zu sein, daß sie sich schweigend gegenüberstanden und sich tief in die Augen blickten. Kein Wort wurde gewechselt, doch alles, was sie sich zu sagen hatten, stand in ihren Gesichtern geschrieben. Endlich zog Simson sie sanft an sich und küßte sie. Und wieder schien eine Ewigkeit zu vergehen, während sie sich in den Armen lagen. Sie spürten beide, daß ihre Gesichter mit Tränen der Freude und des Leides zugleich bedeckt waren.

„Oh, Marissa“, seufzte Simson endlich, „sage mir, daß du gekommen bist, um mich aus meinem einsamen Leben zu befreien. Sage mir, daß du bei mir bleiben wirst.“

Schluchzend verbarg die Frau ihren Kopf an seiner Schulter. „Herr“, flehte sie, „ich bin tatsächlich gekommen, dich zu befreien, doch nicht in dieser Weise; nicht so wie du meinst.“

Sie brauchte noch einige Augenblicke, bis sie sich wieder gefaßt hatte, dann trat sie einen Schritt zurück und blickte ihn an. Sie gab sich Mühe, mit fester Stimme zu reden, als sie jetzt erklärte: „Ich bin gekommen, weil Gott mich gesandt hat. Ich hatte einen Traum, mein Herr, und auch Peniel hat mich deshalb zu dir gesandt.“

Erstaunt hatte Simson zugehört. „Einen Traum?“ fragte er überrascht. „Was für einen Traum?“

„Einen Traum, der vor drohender Gefahr warnte“, antwortete sie.

Simson betrachtete aufmerksam ihr entschlossenes Gesicht und nickte dann. „Also gut“, sagte er, „wir wollen uns setzen, und du erzählst mir von diesem Traum.“ Damit schob er sie in das Zimmer zurück, aus dem sie eben gekommen war. Beide nahmen auf der Liege Platz.

Marissa gab sich Mühe, ihre Gedanken zu ordnen, die in ihrem Kopf durcheinanderschwirrten. Nachdenklich blickte sie vor sich hin.

„In diesem Traum sah ich drei Figuren“, begann sie. „Dich und noch zwei andere. Doch ich sah nur von der einen das Gesicht, von der anderen nur die Hände. Die Hände waren die von einer Frau, schön und verführerisch, doch mit langen scharfen Nägeln und einer erstaunlichen Kraft. Das Gesicht, das ich sah, war spöttisch, dämonisch und voller Haß gegen dich. Je fester die Frauenhände dich hielten, um so mehr lachte der Dämon.“

Erstaunt blickte Simson auf die Frau neben sich. Er fühlte, wie es ihm kalt den Rücken hinunterlief. „Weißt du, wer diese Figuren waren?“ fragte er.

Zögernd und ängstlich fuhr Marissa fort: „Die Hände ... die Frau ..., die kenne ich nicht, denn ich habe ihr Gesicht nicht gesehen. Aber den Spötter, den kenne ich.“

Ehe sie den Namen sagen konnte, stand er vor Simsons inneren Augen. „Josef“, flüsterte er. Und plötzlich fühlte er, wie sich sein Herz zusammenzog. Wie die Erinnerungen wieder aufstiegen, die er schon tausendmal bereut hatte.

Er wußte nun, daß Marissa Josefs Rolle erkannt hatte, die er in allen Versuchungen Simsons, die jeweils zu Versagen und Sünde führten, gespielt hatte. Sie wußte, daß Josef ihn mit Jezel bekanntgemacht hatte, daß er ihn in das Haus der rothaarigen Marijah an der Stadtmauer von Gaza geführt hatte. In ganz Israel waren diese Dinge bekannt, ebenso wie unter allen Philistern.

„Aber ...“, zögerte er, „das liegt alles lange hinter mir. Die Sünden der Vergangenheit sind hinweggetan und vergeben. Seit ich in Hebron wohne, habe ich Josef weder gesehen noch gesprochen. Warum sollte Gott mich jetzt vor ihm warnen?“

Marissa litt mit ihm, denn sie spürte den Kummer in seiner Stimme, in dem die unausgesprochene Bitte um Verständnis lag. Sie hätte ihm gern geholfen, hatte sich aber noch nie in ihrem Leben so hilflos gefühlt.

„Ich kann es auch nicht sagen“, antwortete sie endlich. „Auch ich kenne die Wege Gottes nicht. Doch Peniel hatte den gleichen Traum, und so bist du doppelt gewarnt.“

„Nicht nur du, sondern auch Peniel?“ flüsterte Simson ziternd. „Das ist nahezu unglaublich.“

„Aber es ist so“, bestätigte Marissa. „Und Peniel war es auch, der mich aufforderte, zu dir zu gehen und dich zu warnen.“

Sprachlos erhob sich Simson und ging in dem Raum hin und her. War er tatsächlich noch so verwundbar? Hatte er die größte Schwäche seines Lebens noch immer nicht besiegt? Er blieb vor Marissa stehen und betrachtete sie lange. „Aber nun bist du hier“, rief er endlich. „Gott hat dich als meinen Engel gesandt. Er muß mich wohl immer noch ein wenig lieben!“

Marissa ergriff Simsons Hand und weinte. „O Simson, Er liebt dich sehr. Diese Warnung soll zu deinem Heil dienen, nicht zu deiner Verdammnis. Nimm sie dir zu Herzen, dann wirst du weise handeln.“

Simson nickte. Natürlich hatte sie recht. Er würde sich die Warnung sehr zu Herzen nehmen. Und Gott liebte ihn wirklich. Als er auf die Frau vor sich herabblickte, wußte er, daß sie ein lebendes Zeugnis dieser Liebe war.

Er zog sie hoch und hielt ihre Hände in den seinen. „Meine Liebe“, flüsterte er, „ist das alles, weshalb du gekommen bist? Hast du mir nichts weiter zu sagen?“

Mit einem nervösen Lächeln stammelte Marissa: „Ich habe dir Gottes Botschaft überbracht.“

„Das hast du“, bestätigte er. „Und nun, was hast du, Marissa, mir zu sagen. Hast du mir alles gesagt, was in deinem Herzen ist?“

Als sie seinen Blick vermied, zog er sie wieder sanft an sich. „Sage es“, flüsterte er ihr leise ins Ohr, „sage mir, daß du mich liebst.“

Sie schmiegte sich an ihn, und wieder küßten sie sich.

6. KAPITEL

An dem Abend, an dem Marissa Simsons Residenz betrat, betrachteten auch noch zwei andere Besucher aufmerksam den Palast. Sie waren schon einige Stunden vor der Frau aus Zora in Hebron eingetroffen. Auf der Straße waren sie in ihrer Kutsche schnell an ihr vorübergefahren und hatten ihr nur den Staub hinterlassen, den das Gefährt aufwirbelte. Doch sie hatten gewartet, bis es dunkel wurde, ehe sie sich dem Palast näherten, um ihn näher in Augenschein zu nehmen.

Sie hatten auch nicht um Einlaß in die Residenz des Richters gebeten und auch die Wachen am Eingang nicht angesprochen. Sie waren vielmehr in einiger Entfernung stehengeblieben, um nicht aufzufallen, hatten das Kommen und Gehen am Eingang und den prächtigen Bau studiert. Außerdem hatten Bariath und Delilah mit zornigen Philisteraugen die Tore entdeckt, die einstmals Gaza beschützt hatten, denn sie waren nun in die Eingangstore von Simsons Residenz eingebaut.

Bis zu diesem Augenblick waren Delilah die gestohlenen Stadttore gleichgültig gewesen, obwohl sie eine gewaltige Demütigung für ihr Volk bedeuteten. Doch sie war viel zu sehr mit ihren eigenen Wünschen beschäftigt, als daß die nationale Schande sie berührt hätte. Der Bericht über Simsons Triumph in Gaza hatte nur ihr Verlangen noch vergrößert, ihn zu besitzen.

Obwohl sie die Geschichte von Simsons gewaltiger Tat natürlich kannte, war sie noch nie davon so beeindruckt worden wie jetzt, da sie diese mit eigenen Augen sah. Als sie sich vorstellte, daß ein Mann diese riesigen Tore über eine Strecke von etwa siebzig Kilometer auf seinem Rücken über ein hügeliges Gelände getragen hatte, standen ihr die Gedanken fast still.

Doch jetzt staunte sie und fand keine Worte. Sie hatte den israelitischen Helden noch nie selbst gesehen, doch als sie über das Wunder seiner Kraft nachdachte, wurde ihr Verlangen nach ihm nur noch größer. Sie fragte sich sogar, ob er nicht vielleicht jetzt gerade an einem der Fenster stand und bewundernd auf sie herabschaute.

Doch während sie ihren privaten Träumen nachhing, war ihr Begleiter, Bariath, um so mehr erschüttert. „Das ist schlimmer, als ich dachte“, grollte er, als sie an dem Gebäude vorübergingen. „Die ehemaligen Tore von Gaza bilden jetzt den Eingang zu der Residenz des Richters. Es wird mir bei dem Gedanken schon schlecht, daß ich mich beim Empfang vor diesem Schurken tief verbeugen muß. Lieber würde ich mein Schwert ziehen und auf ihn losgehen.“ Wütend stampfte er mit dem Fuß auf den Boden.

Delilah blickte den Philister von der Seite an und flüsterte: „Natürlich hast du recht, mein Herr. Aber alles zu seiner Zeit.“

7. KAPITEL

Es war der Nachmittag des dritten Tages, nachdem Bariath und Delilah in Hebron eingetroffen waren. Marissa war am frühen Morgen nach Zora zurückgekehrt. Doch diesmal nicht zu Fuß, sondern in einer prächtigen Kutsche, die Simson ihr zur Verfügung gestellt hatte. Sie hatte die Residenz des Richters in feiner Kleidung verlassen, und die Kutsche war beladen mit Geschenken für sie selbst und seine alten Eltern. Als Verlobungsgeschenk von ihrem Geliebten trug sie eine goldene Kette um den Hals.

Ja, Simson hatte sie zurückgeschickt, damit sie ihr Hochzeitskleid fertigmachen sollte. In wenigen Wochen würde er nach Zora kommen, um sie als seine Braut mit nach Hebron zu nehmen.

Als der Richter nun nochmals über die Ereignisse der vergangenen Tage nachdachte, konnte er kaum glauben, wie schnell die Wünsche seines Herzens erfüllt worden waren. Noch vor wenigen Tagen hatte er unter seiner Einsamkeit gelitten und sich nach der Gefährtin seiner Jugend gesehnt. Und nun war sie die Seine.

Alles schien ihm in den letzten Jahren zuzufallen, überlegte er. Er war der geistliche, politische und militärische Führer von Gottes auserwähltem Volk. Er lebte in einem Luxus, von dem er als einfacher Bauernjunge nicht einmal zu träumen gewagt hätte, und er würde bald die Gefährtin seiner Jugend als seine Frau besitzen.

Und um dem allen noch einen Triumph hinzuzufügen, war ihm die Nachricht überbracht worden, daß Bariath, der oberste Fürst der Philister, mit seiner Geliebten nach Hebron gekommen war und um ein Gespräch mit ihm nachsuchte. Wenn Bariath ohne bewaffnetes Gefolge, nur in Begleitung seiner Geliebten, nach Hebron kam, bedeutete das, er war in einer diplomatischen Mission gekommen. Endlich, nach einer ganzen Reihe von Jahren der Vorherrschaft Israels über die Philister, wollten sie wohl über einen Friedensvertrag verhandeln.

Simson saß auf seinem Gerichtssessel im Empfangs- und Beratungssaal und versuchte, die Gedanken an Marissa beiseite zu schieben und sich auf das vorzubereiten, was ein politischer Höhepunkt für ihn und sein Volk werden konnte. Den ganzen Vormittag hatte er mit seinen Räten und Mitarbeitern über Israels Stellung nachgedacht. Sie hatten über den ökonomischen und finanziellen Status Israels, über ihre militärische Stärke und über die Reserven gesprochen, die sich in ihren Lagerhäusern befanden. Vor ihm lagen eine ganze Reihe von Rollen, mit Zahlen und Angaben über die Lage ihres Volkes beschrieben.

Wenn Bariath über das augenblickliche Verhältnis der beiden Völker zueinander sprechen wollte, um einen Friedensvertrag abzuschließen, mußte Simson über die gegenwärtige Lage Israels so gut wie möglich im Bilde sein, deshalb hatte er sich bemüht, sich wenigstens die wichtigsten Dinge nochmals vor Augen führen zu lassen.

Als eine der Wachen mitteilte, Bariath warte in der Vorhalle, räumte Simson schnell die Rollen beiseite und wischte sich nochmals den Schweiß von der Stirn.

„Führe ihn herein!“ befahl er.

Simson hatte Bariath noch nie gesehen. Doch es war ihm berichtet worden, daß seine eindrucksvolle äußere Erscheinung durchaus mit seiner politischen Machtstellung mithalten konnte. Er war deshalb nicht überrascht, daß der Philisterfürst den Eingang zum Empfangssaal mit seiner riesigen muskulösen Figur halb ausfüllte. Das volle blonde Haar wies auf seine arische Abstammung hin.

Als der große Kriegsheld der Philister sich tief vor Simson verneigte, erkannte dieser daran, daß Bariath tatsächlich mit einer Friedensmission gekommen war. Trotzdem blieb der Richter zurückhaltend, als er seinen Besucher jetzt ansprach.

„Tritt näher", sagte Simson, „und sei gegrüßt im Namen unseres Gottes!"

Bariath trat noch einige Schritte heran und legte dann einen Arm zum Gruß quer über seine Brust. „Grüße auch für dich, Simson, im Namen von Dagon", erwiderte er.

„Du hast einen weiten Weg hinter dir", sagte Simson. „Kommst du von Gaza? Du mußt müde sein."

Die scheinbar höfliche Bemerkung war gleichzeitig eine Erinnerung an Simsons Triumph in Gaza. Doch der Philister nahm es ohne Verärgerung zur Kenntnis.

„Wir sind nicht von Gaza gekommen", antwortete er. „Wir kamen vom Tal Sorek, wo wir wohnen."

„Du hast also deine Familie mitgebracht?" wollte Simson wissen.

„So ist es", nickte Bariath.

Daraufhin machte Simson eine einladende Handbewegung zur Wache hin, sie damit auffordernd, Bariaths Begleitung einzulassen. In dem kurzen Augenblick des Wartens, der folgte, ging Simson in Gedanken nochmals das durch, was er vorher mit seinen Räten besprochen hatte.

Bis jetzt war die Begegnung sehr friedlich verlaufen, und Simsons Zuversicht auf einen guten Vertrag wuchs. Er forderte Bariath auf, am Beratungstisch Platz zu nehmen, und setzte sich ihm gegenüber.

In diesem Augenblick betrat die Wache wieder den Raum und kündigte laut an: „Die Dame Delilah!"

Simson blickte ihr entgegen. Als er sie sah, spürte er, wie ihm der Atem stockte. Er hatte eine Vorstellung von Bariath gehabt. Er wußte, er würde einem Riesen gegenübertreten voller Intelligenz und einer starken Ausstrahlung von Autorität.

Doch als er jetzt die Geliebte des Philisters sah, ihre hohe, schlanke Gestalt, in ein scharlachrotes Gewand gekleidet, mit einer Fülle von schwarzen Locken, die ihr schönes Gesicht einrahmten, fühlte er, wie sein Pulsschlag sich erhöhte und sein Körper sich anspannte.

Doch da zuckte plötzlich wie ein Blitz Marissas Traum durch seine Gedanken. Simson entspannte sich und übersah Delilahs ausgestreckte Hand. Er verbeugte sich leicht. Zurückhaltend sagte er: „Delilah! Grüße im Namen ..."

Doch er stockte. Es schien ihm, als würde der Name des Herrn entweiht, würde er damit diese Kurtisane begrüßen. So forderte er sie nur mit einer Handbewegung auf, ebenfalls Platz zu nehmen. Dem wartenden Diener befahl er, drei Kelche zu bringen, den Gästen Wein einzuschenken und ihm selbst, eingedenk seines Nasiräergelübdes, nur einen Saft aus Früchten.

TEIL VI

EINE TEUFLISCHE REISE

1. KAPITEL

Josef beugte sich ein wenig nach vorn und trieb die Esel an. Seine Augen waren gegen den Wind, der vom Meer her über die Straße blies, zu Schlitzen zusammengezogen. Doch den mürrischen Ausdruck, der auf seinem Gesicht lag, hatte es schon viel früher angenommen, als bei dieser Reise, die für die vorgeschrittene Jahreszeit recht ungewöhnlich war.

Er zog seinen Mantel enger um sich und blickte nach hinten in den Wagen, den er gewöhnlich mit Handelsgütern vollgeladen hatte. Doch diese Reise zur Küste machte er aus rein persönlichen Gründen, und deshalb führte er keine Waren mit sich. Im Wagen lag ein Sack mit kleinen Gewändern, einige Brote und einige Stücke Käse und zwei Schläuche mit Milch. Außerdem lag noch ein weiteres Bündel darin. Es war ein Kind, das, in Decken eingehüllt, auf dem Boden des Wagens schlief.

Es war noch nicht Winter. Doch der Wind des Spätherbstes, der vom Meer her über das Land blies, war bis auf die Knochen zu spüren. Unter normalen Umständen hätte Josef jetzt keine solche Reise mehr unternommen, doch er hatte fast einen Punkt der Verzweiflung erreicht.

Seit acht Jahren trug er nun die Verantwortung, für den Jungen zu sorgen, der hinten im Wagen lag. Er hatte alle Welt und auch den Jungen selbst glauben gemacht, er sei des Kleinen Vater. Jezel, Simsons Exfrau, habe es ihm nach ihrer Hochzeit geboren. Für eine ganze Zeit war dieser Betrug ein heimlicher Triumph, eine Art privater Rache an dem Helden Israels gewesen.

Als der Junge noch ein Baby war, hatte Josef keine Schwierigkeiten gehabt, das Geheimnis zu bewahren und den Jungen zu erziehen. Da Josef meist auf Handelsreisen war, hatte er eine Frau angestellt, die in Josefs großem und schönem Haus in Zora für den Kleinen sorgte und ihn erzog. Dabei hatte er immer darauf geachtet, daß der Junge so wenig wie möglich in die Öffentlichkeit kam.

Doch in den letzten Jahren war es immer schwieriger geworden, den Jungen meist einsam zu halten. Er fand Freunde im gleichen Alter, mit denen er spielte und die nach ihm fragten, wenn sie ihn nicht sahen. Josef mußte dem Jungen immer mehr Zeit und Aufmerksamkeit opfern, je älter er wurde. Noch ging er mit den anderen Kindern zum Unterricht zum Priester des Dorfes. Doch bald würde Entscheidung über seine weitere Ausbildung und seine Zukunft zu treffen sein. Und Josef hatte kein Interesse, sich damit zu beschäftigen.

Gewiß, der Junge war kein schwieriges Kind, sondern eher ruhig, nachdenklich und zurückhaltend. Wenn Josef darüber nachdachte, wunderte er sich, denn seine Mutter war gerade das Gegenteil davon gewesen, und auch Simsons wetterwendisches Wesen schien nicht auf seinen Sohn abgefärbt zu haben. Vielleicht war er mehr nach Simsons Eltern, Rena und Manoah geraten, die zu den freundlichsten und ruhigsten Menschen zählten, die Josef kannte.

Doch nur Josef selbst stellte solche Vergleiche an, denn allein er kannte die wahre Abstammung des Jungen.

Das Kind war tatsächlich so liebenswert, daß es sogar dem hartherzigen Josef schwerfiel, zu überlegen, was er mit ihm machen sollte. Er hatte beschlossen, eine neue Familie für ihn zu finden, denn er selbst war zu egoistisch, zu sehr mit sich selbst beschäftigt, um für den Kleinen zu sorgen. Als ihm klar wurde, daß er ihn in Israel nirgends unterbringen konnte, ohne daß viele Fragen gestellt wurden, die ihm gefährlich werden konnten, entschloß er sich, in Philistäa einen Platz für ihn zu finden.

Ausländische Kindern waren den Philistern immer eine willkommene Hilfe. Gewiß, er würde den Jungen nicht als Sklave verkaufen, sondern sogar für seine Unterbringung angemessen zahlen, wenn dies nötig werden sollte und er eine Philisterfamilie fand, die ihn aufnahm. Was sie dann mit ihm taten, ob sie ihn zum Sklaven machten oder als eigenen Sohn adoptierten, danach würde er sich nicht mehr erkundigen. Das wollte er gar nicht wissen. Doch da er ein so netter Junge war, hatte es auch Josefs verhärtetes Gewissen nicht einfach, die Sache leicht zu nehmen.

Natürlich hätte er auch bis zum Frühling warten können, anstatt jetzt diese Unannehmlichkeiten auf sich zu nehmen. Doch dann würden seine Handelsreisen wieder beginnen, und er wollte nicht riskieren, des Jungen wegen Zeit zu verlieren und dadurch auch Geld.

Es war schon das beste, die Sache jetzt zu erledigen. Wenn er von der Küste zurückkehrte, würde er den Bewohnern von Zora mit Tränen in den Augen erzählen, wie sein Sohn unterwegs einem wilden Tier zum Opfer gefallen war. Ein Löwe hatte den Jungen zerrissen. Er würde den Priester bitten, für seinen Kummer zu beten. Und wie die mörderischen Brüder Josefs vor vielen Jahrhunderten, würde auch er einige blutige Reste von Kleidungsstücken vorweisen. Nur Josef und Gott würden wissen, daß dieses Blut von einem getöteten Tier stammte.

All das hatte er sich sorgfältig überlegt, und es ging ihm jetzt wieder durch den Kopf, als er sich mit seinem Wagen Gaza näherte. Sie würden gerade noch rechtzeitig vor Sonnenuntergang in der Stadt eintreffen und Quartier nehmen im Haus der Prostituierten Marijah, in der Herberge an der Mauer. Sicherlich würde sie ihm helfen, den richtigen Platz für das Kind zu finden.

Seit er damals vor dem Rat der Philisterführer gestanden hatte, war er schon oft wieder in dieser Herberge eingekehrt. Nach dem Zwischenfall, als Simson das Stadttor von Gaza gestohlen hatte, fand Josef es für besser, für ein ganzes Jahr nicht in das Land der Philister zu gehen, er war in diesem Jahr dann in andere Gegenden gefahren, um Handel zu treiben. Einige der Seranim verdächtigten ihn noch immer, er habe damals in Wirklichkeit gemeinsame Sache mit Simson gemacht, um die Philister zu beschämen, statt ihn an sie zu verraten. Deshalb hatte Josef es für weise befunden, diese Sache, wenigstens sein Anteil daran, erst ein Jahr in Vergessenheit geraten zu lassen und das Land von Israels Feinden zu meiden, um nicht sein Leben zu riskieren.

Doch mittlerweile hatte Josef es wieder gewagt, in das Gebiet der Philister zu reisen, und wenn er sich in Gaza befand, wohnte er immer bei der rothaarigen Wirtin an der Stadtmauer. Außerdem waren die Philister für jeden jüdischen Händler dankbar, der nun noch zu ihnen kam. Denn seit Simson sie noch mehrere Male im Kampf besiegt und die Oberhand über sie gewonnen hatte, mußten sie Israels Vorherrschaft anerkennen, was sie nur zähneknirschend taten. Diese Veränderung der politischen Verhältnisse hatte auch dem Handel der Philister stark geschadet. Deshalb wurde Josef nun bei ihnen geduldet, ja sogar gern gesehen.

Wieder trieb Josef die Esel an, die von dem weiten Weg auch schon müde wurden, und warf noch einen Blick auf das schlafende Kind hinter ihm. Wie unschuldig es doch war im Blick auf das Böse in dieser Welt. Wie unschuldig gegenüber der Zukunft, in die er jetzt hineingestürzt werden würde. Josef konnte selbst kaum glauben, daß er dazu fähig war, das zu tun, was er sich mit dem Jungen vorgenommen hatte.

Manchmal kannte er sich selbst kaum mehr. Es schien ihm, als würden zwei verschiedene Menschen in ihm wohnen. In einer verborgenen Ecke seiner Seele gab es noch den Josef seiner Kindheit, der wie ein Phantom an dem sterbenden Feuer seines besseren Selbst hockte. Doch sich immer weiter ausbreitend und das Phantom immer mehr verdrängend war der Josef von heute, dessen Herz sich immer mehr verhärtete und für den jeder Pulsschlag Haß und Rache hieß.

Der Josef von heute war schon viel zu stark geworden. Der Rest des früheren, das, was von seinem Gewissen noch übrig war, wurde schwächer von Tag zu Tag.

Für Jahre schon war das einzige noch, das ihn manchmal gütig sein ließ, das Kind gewesen, das hinter ihm im Wagen schlief. Obwohl der Junge, ohne es zu wissen, eigentlich Josefs Gefangener war, und obwohl Josef ihn nie wirklich geliebt hatte, war er doch eine Erinnerung an gütigere, menschlichere Zeiten seines Lebens. Seine kindliche Stimme und die dunklen lächelnden Augen bohrten sich oft wie Nadeln in das verhärtete Herz des Israeliten.

Josef war froh, daß der Junge schlief. Wäre er wach gewesen und hätte begonnen mit ihm zu sprechen, des Mannes verhärtete Seele wäre vielleicht darunter zerbrochen.

In der Ferne tauchten nun schon die Stadtmauern von Gaza auf. Nochmals trieb Josef die Esel an, um die Stadt so schnell wie möglich zu erreichen. War er erst am Ziel, würden alle Bedenken dahinschmelzen. Sein ganzes Wesen hatte sich schon immer verändert, wenn er die Grenze von Israel in das Land der Heiden überquerte.

2. KAPITEL

Der Junge rieb sich die Augen und blickte in den schon dunkel werdenden Himmel hinauf. Noch im Halbschlaf befindlich, hatte er gehört, wie Josef seinen Namen rief. „Dan“, rief er nun nochmals, „Dan, wir sind angekommen!“

Der Junge war noch zu jung, um die Bedeutung seines Namens zu verstehen, den Josef ihm gab, als er ihn in den Überresten des verbrannten Hauses in Timnah fand. Sein Pflegevater hatte ihm oft erzählt, dies sei der Name eines der Söhne Jakobs, der Name des Stammes von Israel, dem sie angehörten. Doch Dan hatte die volle Bedeutung der Historie seines Volkes noch nicht erfaßt.

Josef hatte diesen Namen gewählt, weil er sich gedacht hatte, er würde als Kaufmann damit unter seinen Stammesbrüdern mehr Anerkennung gewinnen. Alles, was Dan darüber wußte, war, daß Josef zuzeiten nicht Dan zu ihm sagte, sondern ihn freundlich Dani nannte. Wenn Josef ihn so nannte, fühlte Dan sich immer besonders zu dem Mann hingezogen, den er für seinen Vater hielt.

Als Josef ihn jetzt vom Wagen hob und auf seine Füße stellte, nannte er ihn nicht Dani.

„Papa“, sagte der Junge laut gähnend, „ich bin noch müde.“

„Ich weiß“, nickte Josef und nahm ihn bei der Hand. Dabei versuchte er, ihm nicht in die Augen zu sehen.

„Sind wir schon in der Stadt?“ fragte der Junge und betrachtete die gewaltigen Stadtmauern Gazas.

„Wir haben sie vor wenigen Augenblicken betreten. Sieh

dich einmal um, genau hinter uns ist das Stadttor, durch das wir gekommen sind."

„Wo werden wir heute nacht bleiben?" fragte Dan. Und als er jetzt einem der Esel über das Fell strich, fügte er hinzu: „Und wo werden unsere Esel bleiben?"

Da sie mittlerweile schon vor der Herberge an der Mauer standen, die sich ja unmittelbar neben dem Stadttor befand, antwortete Josef: „Mache dir keine Sorgen, wir sind schon am Ziel. In diesem Haus hier bekommst du ein warmes Bett und ein gutes Abendbrot. Und auch unsere Esel erhalten ihr Futter und einen Platz im Stall."

Mit dieser Antwort war Dans Neugier zwar noch nicht befriedigt, doch der Junge erkannte, daß Josef schlechte Laune zu haben schien, und schwieg deshalb.

Josef band die Esel an einem Pfosten fest und nahm alles aus dem Wagen, was sie mitgebracht hatten. Rundum auf den Straßen war der abendliche Lärm zu hören. Die Händler riefen zum letzten Mal ihre Waren aus, Hausfrauen, Kaufleute und Handwerker eilten nach Hause, und die abendlichen Herumtreiber zogen schon laut grölend von einer Kneipe zur anderen.

Dan, der nun doch wach geworden war, klammerte sich ängstlich an Josefs Robe und blickte mit staunenden Augen um sich. Überall brannten Lichter und zogen lärmende Menschengruppen vorüber. Er hatte noch nie solche bunten, in vielen Farben leuchtenden Kleider gesehen, wie sie von den Frauen hier getragen wurden. Auch die Art, wie sich die Menschen benahmen, laut lärmten, lachten, sich gegenseitig umarmten oder miteinander stritten und kämpften, kam ihm sehr seltsam vor. Schnell folgte er seinem Vater die Treppe hinauf in der Hoffnung, diesem lauten Treiben entfliehen zu können.

Als sie aber das Haus betraten, war auch dort alles andere als ein ruhiger Ort. Statt der Fackeln, wie auf den Straßen, brannten hier überall Öllampen, und an den Tischen saßen Menschen, von denen viele schon betrunken waren und die ebensoviel Lärm machten wie die anderen draußen.

Doch staunend betrachtete er den Schmuck, den die meisten Frauen und auch manche Männer trugen. Er hatte noch nie soviel Gold gesehen wie das, das hier an der Kleidung, den Händen und Ohren und um den Hals zu finden war. Sich fest an Josef klammernd, betrachtete er die Szene mit immer größer werdender Verwirrung. Warum, so fragte er sich, hatte sein Papa ihn wohl nach hier gebracht?

Dann wurde seine Aufmerksamkeit auf einen ganz seltsamen Menschen gelenkt. Es war eine rothaarige Frau, in ein purpurrotes Gewand gekleidet, mit blutrot angemalten Lippen und ebensolchen Fingernägeln. Sie kam zu Josef und lächelte ihn mit einem schlangengleichen Blick an. Dan versteckte sich hinter seinem Papa und blickte vorsichtig hinter ihm hervor, um zu sehen, ob dieses Wesen ein richtiger Mensch war.

„Lieber, lieber Josef!“ rief die Frau. „Wo kommst du denn her in dieser kalten Spätherbstnacht?“

Ja, sie war wirklich eine Frau. Aber sicher war sie sehr böse. Hatte Papa tatsächlich die Absicht, in diesem schrecklichen Haus zu wohnen?

Zitternd blieb Dan hinter Josef und hörte ihm zu, wie er mit der Wirtin die Übereinkünft für ihren Aufenthalt in dieser Nacht hier in der Herberge traf.

„Du hast also eine Gefährtin mitgebracht, Josef“, spottete die Prostituierte. „Wie kommt das? Ich hätte nie geglaubt, daß du Frauen mit auf deine Reisen nimmst.“

Die Leute ringsum, die ihr Gespräch verfolgt hatten, brachen in lautes Gelächter aus. Der kleine Josef war hier oft schon das Objekt ihres spöttischen Humors gewesen.

Mit rotem Gesicht zog Josef den Jungen hinter sich hervor und stellte ihn ins Licht.

„Was“, rief die Frau, „ein Kind! Josef, wie konntest du ...?“Josef sollte gewußt haben, wie Marijah reagieren würde. Es wurde plötzlich still, und alle blickten erstaunt auf Dan. Frauen zogen ihre Roben enger um sich, und Männer wandten Josef zornige Gesichter zu.

„Das ist kein Ort für ein Kind“, zischte Marijah.

„Ich weiß, ich weiß“, versuchte Josef sie zu beruhigen. „Wir haben es nicht früher als bei Einbruch der Dunkelheit geschafft. Und er muß doch heute nacht irgendwo schlafen können. Es ist ja nur für die eine Nacht. Morgen werde ich schon einen anderen Platz für ihn, ich meine für uns, finden können.“ Verlegen blickte Josef auf den Jungen, weil er sich fast versprochen und damit seine Absicht verraten hätte.

„Marijah“, fuhr er in bittendem Ton fort, „du bist in dieser Stadt der einzige Mensch, der mit mir befreundet ist und der mir helfen kann.“

Noch mehr als durch seine Worte wurde nun Marijahs Interesse vom Tonfall seiner Stimme geweckt. Josef hatte sie noch nie um Hilfe bei seinen persönlichen Angelegenheiten gebeten. Sie wandte sich wieder ihren Kunden zu und forderte diese durch eine Handbewegung auf, sich nicht weiter stören zu lassen.

„Hilfe?“ fragte sie und hielt wie zufällig die Hand auf.

Dan hörte zwar, was Josef antwortete, wußte aber nicht, was er damit meinte. „Ich werde dich sehr gut dafür bezahlen“, sagte der Israelit und antwortete damit auf ihre unausgesprochene Frage. „Denn es handelt sich um eine sehr delikate Angelegenheit.“

3. KAPITEL

Dan saß auf dem schmalen Bett, das Josef ihm in dem luxuriösesten Appartement der Herberge zugewiesen hatte. Der reiche Josef wohnte immer in diesen Räumen, wenn er nach Gaza kam. Doch bisher hatte er noch nie eine andere Person mitgebracht.

Es hatte mehrere Jahre gebraucht, bis Josef auch die Dienste der Frauen in dieser Herberge in Anspruch genommen hatte. Nicht wie die anderen männlichen Gäste, die in Marijahs Haus kamen, hatte er hier gewohnt, weil die Herberge günstig am Stadttor und nicht weit vom Marktplatz entfernt lag. Da hier auch viele andere auswärtige Kaufleute wohnten, hatte er hier schon manche gute Geschäftsbeziehung anknüpfen können.

Außerdem machte ihm die Gesellschaft der rothaarigen Wirtin Vergnügen, so wie ein Dieb sich in der Gesellschaft anderer Diebe wohlfühlt. Er respektierte sie nicht und wurde auch nicht zu sehr von ihren weiblichen Reizen angezogen. Er fand in ihr einfach eine verwandte Seele, jemand, der genauso selbstsüchtig und habgierig war wie er.

An diesem Abend war Marijah in das Wohnzimmer von Josefs Appartement gekommen. Sie saß auf einem gepolsterten Stuhl, aß einige Trauben und Käse und trank von dem Wein. All das hatte Josef sich aufs Zimmer kommen lassen. Josef selbst lief unruhig im Raum hin und her.

Dan lag im Nebenraum schon im Bett, und Josef glaubte, er sei wegen Übermüdung eingeschlafen. Doch der Junge war hellwach und lauschte mit weit offenen Augen aufmerksam der Unterhaltung nebenan. Wenn er sich sehr konzentrierte, konnte er von Zeit zu Zeit einige Sätze durch die einen Spaltbreit offenstehende Tür mitbekommen.

Josef hatte gewartet, bis Dan scheinbar schlief, ehe er Marijah gerufen hatte. Der Junge hatte mit geschlossenen Augen im Bett gelegen und ganz ruhig geatmet. Er war auch schon fast eingeschlafen, doch dann hatte Marijahs hohe und zuerst etwas zu laute Stimme ihn wieder aus dem Halbschlaf geweckt, in den er schon gefallen war.

Wie lange die beiden sich schon unterhalten hatten, wußte Dan nicht. Doch als er durch Marijahs lautes Lachen erwachte, hörte er gerade noch, wie sein Papa die Frau bat, leiser zu sein. Josef hatte kurz in den Raum geblickt, war aber beruhigt gewesen, weil Dan scheinbar schlief. Und als Dan nun aufmerksam lauschte, bekam er fast alles mit, was drüben gesagt wurde.

„Du sagtest mir früher schon, du hättest einen Sohn, doch daß er so hübsch ist, hätte ich nicht erwartet“, neckte Marijah seinen Papa.

„Er ist wirklich auch ein lieber Junge“, bestätigte Josef und fuhr mit brüchiger Stimme fort, „und eigentlich habe ich ihn auch gern. Deshalb fällt mir ja diese Entscheidung so schwer.“

Der Junge, der sich weit vorlehnte, um gut zu verstehen, konnte Marijahs skeptische Gesichtsausdruck nicht sehen. „Komm, Josef“, zweifelte sie, „wann hättest du je Entscheidungen getroffen, die gegen deine eigenen Wünsche gewesen wären. Wenn du beschlossen hast, den Jungen loszuwerden, dann doch nur deshalb, weil du das so willst.“

Dan blieb fast der Atem stehen. Vor Schreck hätte er sich fast unter der Bettdecke versteckt. Hatte er tatsächlich richtig gehört? Hatte Papa ihn mit nach Gaza genommen, um ihn fortzugeben? Er begann vor Angst so sehr zu zittern, daß er befürchtete, die Geräusche des knarrenden Betts wären drüben zu hören.

Doch Josef war so sehr mit seinen eigenen Gedanken

und den Worten Marijahs beschäftigt, daß er nichts anderes wahrnahm. Wie ein in die Ecke getriebenes Tier grollte er: „Na schön, meine Dame, du kennst mich zu gut, um dir etwas vorzumachen.“

Einige Augenblicke herrschte Schweigen, dann fügte Josef mit einem tiefen Seufzer hinzu: „Ich werde dir jetzt etwas anvertrauen, das ich bisher noch keinem Menschen gesagt habe. Dieses Geheimnis ist seit acht Jahren für mich gleichzeitig ein Segen und ein Fluch.“ Wieder schwieg er und sagte dann: „Vielleicht wirst du mir helfen, wenn du die Wahrheit erfährst.“

Die beiden Zuhörer, die Frau in Rot und der Junge hinter der Tür, warteten gespannt auf die nächsten Worte, die Frau aus böser Neugier, und der Junge, weil er wußte, daß seine Zukunft an den nächsten Worten hing, die er hören würde.

„Dan – ist nicht mein Sohn“, stieß Josef zischend hervor. „Ich fand ihn in den Trümmern von Mardoks Haus nur Stunden nachdem er geboren war. Seine Mutter, seine Schwester und ihr Vater lagen tot in der Asche, und das waren die einzigen Menschen auf Erden neben mir, die die Wahrheit kannten.“

Josef ging zum Fenster und blickte auf die Straße hinunter. Marijah spürte, daß es ihm doch schwerfiel, weiterzusprechen. Sie fragte: „Und was ist die Wahrheit?“

Josef kehrte vom Fenster zurück und blieb vor ihr stehen. Er sah an ihrem Gesicht, daß sie die Wahrheit ahnte, da sie ja wußte, daß er die verlassene Frau des Nasiräers geheiratet hatte.

„Simson“, flüsterte er fast. Und dann lauter: „Simson ist der Vater des Jungen!“

Dan fuhr so überrascht im Bett hoch, daß er laute Geräusche verursachte. Doch die beiden draußen hörten weder das, noch den kleinen Schrei, der dem Jungen entfahren war.

Als sie den Namen Simson hörte, reagierte Marijah auf ihre eigene Weise. Simson war der einzige Mann, der sie je zurückgewiesen hatte, nach der Nacht, die er mit ihr verbrachte. Das hatte sie ihm nie vergeben, und sie haßte ihn, seit er Gaza mit dem Stadttor auf dem Rücken verlassen hatte.

So sehr wie Delilah sich wünschte, ihn zu besitzen, so sehr wünschte Marijah sich, an ihm Rache nehmen zu können. Hätte sie gewußt, daß Delilah eifersüchtig auf sie war, würde sie darüber nur verächtlich gelacht haben. Sie hätte Simson nicht einmal ihrer ärgsten Feindin gewünscht, und Delilah war ihre ärgste Feindin.

„Erstaunlich!“ lachte sie. „Josef, du bist ein erstaunlicher Mann. Du hast dieses Geheimnis die ganze Zeit für dich allein getragen. Aber warum?“

Der Mann starrte sie mit trüben Augen an. „Das kannst du einfach nicht verstehen“, stöhnte er. „Niemand wird je verstehen, wie es war, in Simsons Schatten aufzuwachsen. Ich habe ihn bewundert und gleichzeitig gehaßt für das, was er war und was er hatte.“

Wieder begann Josef seine rastlose Wanderung hin und her. „Er war immer so stark, und ich war klein und schwach. Er war stets der Held, und ich der bedauernswerte Wicht. Als er älter wurde, drängten sich die Mädchen nur so um ihn, und auf mich blickten sie mit Mitleid.“ Er war mit seinen Klagen lauter geworden als beabsichtigt.

Marijah trat zu ihm und legte ihm die Hand auf die Schulter. „Leise, Freund“, mahnte sie, „denk an den Jungen.“

Josef wurde blaß und schlich mit klopfendem Herzen auf Zehenspitzen zur Tür. Zu seiner Erleichterung schien Dan tief zu schlafen. Die Tränen, die dem Jungen über das Gesicht liefen, sah er nicht.

„Er hat nichts gehört“, sagte er und fügte nun mit leiserer Stimme hinzu: „Simson ist nicht so klug wie ich, das wußte ich immer.“

„Nicht so gerissen“, wolltest du wohl sagen, bemerkte Marijah.

„Also gut, meinetwegen auch so“, gab Josef zurück. „Ich

habe begonnen ihm Schwierigkeiten zu machen, als ich ihn dazu brachte, Jezel zu heiraten. Das habe ich eingefädelt, mußt du wissen. Und das war der Anfang von Simsons tiefem Fall."

Wenn Marijah bei diesem Geständnis überrascht war, so zeigte sie es nicht. „Ha", spottete sie, „das scheint mir ein rechter tiefer Fall zu sein. Simson ist jetzt der mächtigste Mann in Israel und Philistäa. Er ist mächtiger als Bariath und all unsere Seranim zusammen."

Josefs Gesicht brannte, und seine Augen wurden zu Schlitzen. „Der letzte Kampf ist noch nicht vorüber. Der Krieg zwischen Simson und mir geht unser Leben lang und wird erst aufhören, wenn einer von uns beiden tot ist."

Erstaunt blickte Marijah auf Josef. Sie hätte nie geglaubt, daß soviel Haß in diesem kleinen Mann stecken könnte. „Und was ist mit Simson?" wollte sie wissen. „Weiß er von diesem Krieg? Mir scheint, auch das ist eines deiner Geheimnisse. Welche Befriedigung bringt es, wenn man weiß, was du weißt, und wenn Simson doch überhaupt keine Ahnung davon hat?"

„Ich habe niemals mich selbst in den Vordergrund gedrängt", murmelte Josef. „Ich war immer mit meinen privaten Siegen zufrieden. Meine liebste Rache ist, daß ich Simsons Sohn als meinen eigenen aufziehen konnte und so habe, was er sich mehr als alles andere im Leben gewünscht hat."

Marijah blickte zum Nebenzimmer hin. „Du sprichst von dem Kind, als wäre er ein Stück Vieh", wunderte sie sich.

„Er hat seinen Zweck erfüllt", höhnte Josef, „nun ist es Zeit für neue Maßnahmen."

Ungläubig schüttelte Marijah den Kopf. „Was willst du nun von mir, Josef? Warum bist du mit dem Jungen nach hier gekommen?"

„Du kennst viel mehr Leute in Philistäa als jeder andere", erwiderte er. „Zu dir kommen auch solche aus entfernteren Orten. Sicher ist unter denen jemand, der ein Kind gebrauchen könnte. Jemand, der den Kleinen möglichst weit wegbringt."

Als er Marijah jetzt erwartungsvoll ansah, meinte sie kopfschüttelnd: „Ich bin keine Sklavenhändlerin. Mit diesem Wunsch bist du bei mir an der falschen Adresse."

Josef schlug die Hände zusammen. „Sklave?" wunderte er sich. „Wie kommst du denn auf diesen Gedanken? Sicher weißt du eine Familie, vielleicht einen Kaufmann oder Händler, bei dem er lernen könnte oder wo er sogar adoptiert wird."

Marijah überlegte. „Vielleicht", sagte sie dann zögernd und fügte entschlossen hinzu: „Aber nein. Ich will damit nichts zu tun haben, ganz gleich, welche Summe du mir dafür anbieten würdest."

Josef wußte, wie eigenwillig diese Frau war, hätte aber nicht soviel Anstand in ihr erwartet. Er mußte einen anderen Weg finden, ihre Hilfe zu erhalten. Er dachte daran, daß nur ein Mann sie jemals abgewiesen hatte, und spielte diesen Trumpf aus. „Soll ich den Jungen vielleicht an Simson zurückgeben?" fragte er. „Soll ich den Augenblick der Befriedigung genießen, Simson die Wahrheit wissen zu lassen, um dafür für alle weiteren Jahre mit ansehen zu müssen, wie er sich über seinen Sohn freut?"

Verwirrt blickte Marijah vor sich hin. Wenn jemand den Nasiräer so sehr haßte wie Josef, dann sie. Sollte sie etwa die Ursache sein, daß Simson eine so große Freude und Befriedigung zuteil wurde? Plötzlich sah sie alles in einem neuen Licht und verstand Josefs Gefühle. In ihren Gedanken ging sie ihren großen Bekanntenkreis durch und überlegte, wo ein passender Platz für den Jungen zu finden wäre. Mit heiserer Stimme willigte sie ein. „Also gut", sagte sie. „Ich werde darüber nachdenken." Damit verließ sie fast fluchtartig den Raum.

Josef blieb seinen eigenen Gedanken überlassen, als er ihren Schritten nachlauschte. Er erwartete nicht, daß sie vor dem nächsten Morgen zurückkehren würde. Aber sie würde fast die ganze Nacht wach liegen und überlegen, wo ein Platz für den Jungen zu finden war.

Doch es dauerte nur kurze Zeit, als sie leise an die Tür klopfte und den Raum wieder betrat. Als er sie verwundert anblickte, bemerkte er ihren entschlossenen Gesichtsausdruck.

Josef konnte nicht wissen, daß sie in der Zwischenzeit in dem Zimmer gewesen war, in dem sie damals mit Simson die Nacht verbracht hatte. Sie hatte zu dem Fenster hinausgeblickt, aus dem er auf den Heuwagen sprang, und hatte wieder vor ihren Augen gesehen, als wäre es erst gestern gewesen, wie er sie beiseite gestoßen hatte, als sie ihre Arme nach ihm ausstreckte. Da hatte sie plötzlich, von ihrem Haß getrieben, den Weg erkannt, mit dem man dem starken Mann Israels wohl ins Herz treffen konnte.

Als sie jetzt vor Josef stand, hatte ihr Gesicht einen wahrhaft teuflischen Ausdruck angenommen. „Was würde Simson wohl noch mehr schmerzen, als wenn er wüßte, daß wir seinen Sohn haben?“ zischte sie wie eine Schlange. „Worunter würde er noch mehr leiden als sogar unter dem Tod des Jungen?“

Verwundert meinte Josef: „Ich weiß es nicht, Marijah. Was wäre das denn?“

„Wenn der Junge den Feinden Simsons dienen müßte! Dem Gott seiner Feinde!“ erklärte sie. „Ich denke, wir sollten den Jungen an unsere Priester übergeben, damit er ein Diener wird im großen Tempel Dagons.“

Josef lief es kalt den Rücken hinunter bei diesem Gedanken. Er war plötzlich so erschrocken darüber wie sie vorher über seine Absicht.

„In den Tempel Dagons?“ stammelte er. „Aber der Junge ist ein Israelit?“

Marijah fuhr herum und schaute der kleinen Ratte, die Josef ihrer Meinung nach war, fest in die Augen. „Ein Israelit?“ fragte sie herausfordernd. „Seit wann hat die Tatsache, daß du ein Israelit bist, dich je gestört, wenn du bei uns Philistern bist, auch wie ein Philister zu leben?“

4. KAPITEL

Josef hatte seinen Kopf in die Hände gestützt und massierte sich die schmerzenden Schläfen mit den Fingerspitzen. Es sah ihm gar nicht ähnlich, zuviel Wein und andere alkoholische Getränke zu sich zu nehmen. Doch die letzten drei Stunden hatte er in der Herberge im Sorektal neben dem Feuerplatz gesessen und hatte genau das getan. Da sein Körper nicht an diese großen Mengen Alkohol gewöhnt war, reagierte er mit Übelkeit.

Starke Getränke helfen zu vergessen, so sagte man. Doch Josef würde den Unglauben und den Schrecken auf dem Gesicht des kleinen Dan nie vergessen, als er ihn den Priestern Dagons übergeben hatte. Der eine durchdringende Schrei, den das Kind dabei ausstieß, hallte immer noch in Josefs Ohren wider. Außer diesem einen Schrei hatte der Junge keinen Laut von sich gegeben, sondern hatte sich benommen wie ein Lamm, das zu seinem Schlachter geführt wurde, als der Mann, von dem er bisher geglaubt hatte, er sei sein Papa, ihn verließ.

Seither waren vier Tage vergangen. Josef stand nun vor der üblen Tatsache, daß die Freiheit, die er sich erhofft hatte, wenn er den Jungen los war, sich als Trugschluß erwies. Auf dem Heimweg von Gaza hatte er unterwegs noch Geschäfte gemacht, doch sein Herz war dabei so mit Schuld beladen wie noch nie zuvor.

Vielleicht wäre er langsam wieder der alte geworden, hätte er nicht von Simsons bevorstehender Heirat mit Marissa gehört. Trotz der Schuld, die nun Josefs Gewissen belastete, bereitete es ihm doch eine stille Befriedigung, daß Simsons Sohn nun in einem heidnischen Tempel dienen mußte. Trotzdem konnte er sich nicht wirklich freuen darüber, denn Simson war dabei, Marissa nun endgültig für sich zu gewinnen.

Josef hielt nun die Hände über seine Ohren und versuchte auf diese Weise, den Lärm und das Geschwätz der betrunkenen Philistersoldaten zu überhören, die vor einiger Zeit ebenfalls in das Gasthaus gekommen waren.

„Ich dachte, die Damen in der Herberge an der Mauer in Gaza wären mehr nach Simsons Geschmack“, spottete einer der Soldaten.

„Sie sagen, die Frau aus Zora, die er heiraten wird, sei noch eine Jungfrau“, rief ein anderer lachend.

„Vielleicht ist eine richtige Frau zuviel für ihn.“

„Marijah jedenfalls war es. Ich hörte, er sei aus einem Fenster in der dritten Etage gesprungen, um ihr zu entkommen.“

So und ähnlich fuhren die Witzereißer fort, wobei einer den anderen immer noch zu übertreffen versuchte. Bei jeder Erwähnung von Marissa war es Josef, als bekäme er einen Stich ins Herz. Er starrte wie abwesend ins Feuer und wartete darauf, daß der Alkohol seine Wirkung tat. Zora war nur eine halbe Tagereise entfernt. Noch vor wenigen Tagen hatte er sich darauf gefreut, nach Hause zurückzukehren und den kleinen Dan nicht mehr sehen zu müssen. Doch nun fürchtete er sich davor, nach Zora zu gehen. Nicht nur die Erinnerungen an Dan verfolgten ihn wie ein Gespenst, sondern auch das Wissen darum, daß Marissa nun für immer für ihn unerreichbar war, durchbohrte sein Herz wie mit einem Messer.

Bald konnte er die häßlichen Witze der Soldaten nicht mehr ertragen. Er erhob sich und begab sich auf wackeligen Beinen nach oben in sein Zimmer, das er gemietet hatte. Vielleicht würde ein erholsamer Schlaf ihm helfen.

Doch gerade als er die Treppe hinaufging, hörte er einen Satz einer Unterhaltung aus einer anderen Ecke der Gaststube, der sein Interesse erregte. Er blieb stehen, um zu lauschen.

„Ist es wahr, daß Bariath seine Geliebte Delilah mitgenommen hat, als er nach Hebron ging?“ fragte jemand.

„Ja, es stimmt“, hörte er die Antwort.

„Um dort Simson zu begegnen?“ wunderte sich der Frager.

Mehrere Ohhhs und Ahhhs folgten, als die Männer sich vorstellten, wie die schöne Kurtisane wohl versuchen würde, Israels Held zu verführen.

„Bariath muß ein Narr sein“, bemerkte jemand.

„Er ist kein Narr“, widersprach ein anderer. „Bariath weiß, wie man einen Angelhaken mit dem geeigneten Köder versieht.“

Während Josef aufmerksam der Unterhaltung lauschte, zogen böse Gedanken durch seinen Kopf. Er hatte von Bariaths Reise nach Hebron gehört, und auch davon, daß seine Geliebte ihn begleitete. Doch die Möglichkeiten, die sich dadurch eröffneten, waren ihm bis jetzt noch nicht in den Sinn gekommen.

Doch dann schüttelte Josef den Kopf und nannte sich selbst einen Toren. Wie wahrscheinlich war es wohl, daß der Nasiräer sich ein weiteres Mal von den verführerischen Reizen einer Philisterfrau ins Unheil stürzen ließ? Nicht einmal der auf diesem Gebiet so verwundbare Simson konnte von seinen Erfahrungen so wenig gelernt haben. Als einer der Männer den gleichen Gedanken zum Ausdruck brachte, wollte Josef in sein Zimmer gehen.

„Es wird jedenfalls gesagt, daß Delilah von Simson sehr zurückweisend aufgenommen wurde“, hörte er nun einen anderen sagen. „Der Richter hat kaum ein Wort mit ihr gesprochen, sondern sich die ganze Zeit nur mit Bariath unterhalten.“

„Na so was!“ wunderte sich ein anderer. „Könnte es sein, daß die Prostituierte von Sorek ihre Anziehungskraft verliert?“

Ganz gewiß ist es so, dachte Josef und ging nun endgültig in sein Zimmer. *Jezel und Marijah waren genug Philisterfrauen für den Dieb des Stadttors. Er hat jetzt Marissa und wird kein solcher Tor sein, sie zum zweiten Mal zu verlieren.*

5. KAPITEL

Die Esel Josefs hatten sich der morgendlichen Kälte wegen eng aneinandergedrängt, um sich gegenseitig zu wärmen. Als Josef jetzt zu ihnen kam, richteten sie ihre Ohren auf. Es war besser, trotz der Kälte weiterzureisen, als in der trostlosen Herberge zu bleiben. Sie erkannten zwar die Stimme ihres Herrn, diese hatte jedoch an diesem Morgen einen ganz seltsamen Klang.

Josef kraulte die beiden Esel zwischen den Ohren, ehe er sie zum Wagen hinaus führte. „Na kommt schon, ihr beiden, in einigen Stunden sind wir daheim."

Wäre Josef an diesem Morgen Freunden begegnet, die hätten ihn wahrscheinlich nicht erkannt, denn er war nur noch der Schatten des Mannes, der eine knappe Woche vorher mit dem kleinen Jungen nach Gaza gezogen war. Seit er Dan den Priestern Dagons ausgeliefert hatte, schien ihm durch irgend etwas ein Markzeichen des Bösen aufgedrückt zu sein.

Er machte keineswegs mehr den Eindruck eines frommen Juden. Er dachte auch nicht mehr über die Geschichte nach, die er den Leuten in Zora von dem Unglück mit Dan erzählen wollte, daß ein wildes Tier ihn zerrissen hatte. Zum ersten Mal in seinem Leben war es ihm gleichgültig, was seine Mitbürger in Zora über ihn denken würden. Es war ihm ziemlich unwichtig, ob er in ihren Augen als gerechter Mann erschien. An einem bestimmten Punkt hatte Josefs Seele, die in den letzten Tagen mit seinem Gewissen gekämpft hatte, einen Punkt überschritten, von dem es kein Zurück mehr zu geben schien.

Heute morgen nun war Josef ein neuer Mensch. Nicht besser, sondern übler und rücksichtsloser. Die Verzagtheit, die ihn erfüllte, als er ins Bett ging, war verschwunden. Er wußte noch nicht, auf welche Weise er endgültig über Simson triumphieren würde, doch er würde ihn zu Boden zwingen, und er selbst würde am Ende der Sieger sein.

Als Josef die Esel an den Wagen spannte und seine Sachen einlud, gratulierte er sich selbst zu dem erfolgreichen Trip. Als er nach Gaza ging, war nur das Kind im Wagen gewesen. Auf dem Heimweg hatte er von den Philistern so viele Dinge günstig eingekauft, daß die Reise sich auch finanziell lohnte. Selbst in seinem schlimmsten geistigen Zustand blieb er der erfolgreiche Geschäftsmann.

Gerade als er sich auf den Wagen setzen wollte, wurde seine Aufmerksamkeit auf eine Unruhe gelenkt, die am Eingang des Gasthauses entstand. Er ging einige Schritt näher und sah eine goldverzierte Kutsche in den Hof einbiegen, der eine Gruppe Philister folgte. Wer immer in der Kutsche saß, kam offensichtlich von weiter her und war die ganze Nacht gefahren. Die Prunkkutsche und der Empfang, der ihnen zuteil wurde, zeigte an, daß es sich um Leute von einiger Wichtigkeit handeln mußte. Josef beobachtete neugierig das Treiben, bis die Passagiere aus der Kutsche stiegen.

Auf den ersten Blick erkannte er Bariath, den obersten der *Seranim.* Nie würde er den Mann vergessen, der ihn an jenem Abend, als er Simson verriet, vor den Leitern der Philister so hart verhört hatte.

Obwohl Josef sich die Gelegenheit zunutze gemacht hatte, daß der Handel der Philister am Boden lag und er dadurch wieder ziemlich unbesorgt auf philistäisches Gebiet fahren konnte, um Handel zu treiben, wollte er doch nicht gerade Bariath begegnen. Schnell wandte er sich ab und zog die Kapuze seines Mantels über den Kopf, um nicht erkannt zu werden.

Wahrscheinlich kehrte Bariath gerade von seiner Reise nach Hebron zurück. Josef war hinter seinen Wagen gegangen und beobachtete von da aus weiter, weil er erwartete, Delilah würde aussteigen. Er hatte von ihrer Schönheit gehört, sie aber selbst noch nie gesehen.

Als sie aus der Kutsche stieg, reichte der blonde Riese ihr fürsorglich die Hand. Trotz der schweren Reisekleidung, die sie im Winter trug, konnte Josef sehen, daß sie eine ausgesprochen schöne Frau war. Auf ihrem Gesicht lag ein hochmütiger Zug, und ihre Augen konnten jeden, den sie anblickte, gefangennehmen.

Alle verschwanden schnell im Gasthof, nur Josef blieb zögernd im Hof stehen. Er fragte sich, ob er ebenfalls die Gaststube wieder betreten sollte, um vielleicht noch weitere Neuigkeiten zu erfahren. Andererseits sagte er sich, daß es töricht war, noch zu bleiben. Es wurde Zeit, daß er nach Zora kam, und außerdem durfte Bariath ihn nicht sehen.

Doch wie alle anderen wurde auch er von der Schönheit der Kurtisane angezogen. Vielleicht konnte er es doch wagen, wieder hineinzugehen, wenn er sich in eine dunkle Ecke setzte und die Kapuze nicht abnahm. Neuigkeiten über Bariaths Reise nach Hebron interessierten ihn brennend. Der Führer der Philister kam ja gerade von seinem Treffen mit Simson zurück, und Josef konnte vielleicht davon profitieren, wenn er etwas erfuhr, was ihm wichtig war.

Vorsichtig schlich er sich wieder zum Eingang der Gaststube. Von dort aus sah er, daß im Inneren großes Gedränge herrschte. Die Gäste sowie die Begleiter Bariaths drängten sich alle um den Feuerplatz, an dem der Fürst mit Delilah saß. Sie bestürmten Bariath mit Fragen über seine Begegnung mit dem Richter der Israeliten.

Alle waren interessiert daran, ob die Reise erfolgreich verlaufen war, ob Simson zugestimmt hatte, den Handel der Philister wieder in größerem Maße zuzulassen, so daß sich die wirtschaftlichen Verhältnisse in Philistäa bessern konnten. Auch Josef sah seine Chance. Da er klein war, konnte er sich noch näher wagen, denn die größeren Philister umringten Bariath so dicht, daß dieser ihn kaum sehen würde.

„Wir haben Fortschritte im Blick auf unsere Handelsbeziehungen gemacht, die uns bald helfen werden", erklärte Bariath. „Doch es war ja zunächst unser erstes Treffen. Formelle Verhandlungen werden im nächsten Monat aufgenommen, wenn Simson zu uns ins Sorektal kommt."

Verwundertes und aufgeregtes Murmeln erhob sich. Dies war das erste, was sie von dieser kommenden Konferenz hörten, und sie würde hier in ihrer Gegend stattfinden.

Auch Josef wunderte sich. Doch er begriff, daß es für Simson sinnvoll war, nach hier zu kommen, da er dann nur noch wenige Stunden nach Zora hatte, wo er ja heiraten wollte.

Während die Leute fortfuhren, Fragen zu stellen über die Stärke des israelitischen Heeres, über neue Handelsbeziehungen, über die Ziele, die die Führer der Philister bei der Verhandlung erreichen wollten und manches andere, hielt sich Delilah schweigend und kühl im Hintergrund. Sie blickte in das Feuer und schien ihren eigenen Gedanken nachzuhängen. Als sie sich einmal umdrehte, um ihren schweren Umhang abzunehmen, konnte man erkennen, daß sie mit irgend etwas unzufrieden war.

Niemand wagte zu fragen, warum sie so zurückhaltend war und kein Wort sagte. Nach allem, was man hörte, hatte der israelitische Richter ihr die kalte Schulter gezeigt und sie so gut wie völlig ignoriert. Doch niemand wollte durch diesbezügliche Fragen ihren Zorn herausfordern. Es war überall bekannt, daß Delilah sehr launisch und sehr empfindlich war. Sie war eine verwöhnte Frau, die gewöhnlich ihren Willen bekam, entweder durch ihren Charme oder mit Gewalt. Wenn jemand so mutig gewesen war sie abzuweisen, wie der starke Israelit, dann erwähnte man das in ihrer Gegenwart besser nicht, wenn man keine Schwierigkeiten bekommen wollte.

Nicht, daß man sie einfach ignoriert hätte. Die Art ihrer Anwesenheit ließ ein Übersehen gar nicht zu. Die Männer hielten einfach eine respektvolle Distanz und ließen sie mit ihren unguten Gedanken und Gefühlen allein.

Josef jedoch wurde von ihr ganz stark angezogen. Und während er mit seinen Ohren aufmerksam lauschte und kein Wort überhörte, das zwischen Bariath und den Fragern gewechselt wurde, hielt er seine Augen fast ausschließlich auf Delilah gerichtet. Es waren keine erotischen Gefühle, die ihn anzogen, obwohl er dagegen keinesfalls immun war. Doch seine Energie war so völlig darauf gerichtet, an Simson Rache zu nehmen, daß alle anderen Gefühle in den Hintergrund traten. Womit Josef sich vielmehr beschäftigte, war die Frage, ob Delilah in irgendeiner Weise gegen Simson gebraucht werden konnte. Und irgendwie spürte er, daß sie ein Schlüssel für seine Absichten sein könnte.

Wie alle anderen hatte Josef auch bemerkt, daß Delilah sich in Selbstmitleid zurückgezogen hatte und verärgert war, weil der israelitische Richter sie kalt abgewiesen hatte. Offensichtlich besaß Simson also die Kraft, sie unglücklich zu machen, was wiederum nichts anderes bedeuten konnte, als daß Delilah nach ihm Verlangen hatte.

Als all diese Gedanken durch Josefs Kopf gingen, legte sich ein zynisches Lächeln um seinen Mund. *Es ist ganz klar,* dachte er, *daß Delilah von Simson verachtet wurde. Sie ist eine stolze Frau, die so etwas noch nie erlebt hat. Deshalb ist sie nun zornig und haßt Simson. Sie wird also auf Rache sinnen, genau wie ich.*

Und Delilah hatte viel Einfluß. Sie war die Geliebte des mächtigsten Fürsten der Philister und kannte auch viele andere einflußreiche Leute sehr gut, denn in ganz Philistäa und Israel, ja vielleicht in der ganzen Welt, gab es keine schönere Frau als sie, überlegte der kleine Schurke. Sicher hatte sie auch auf Simson großen Eindruck gemacht, und deshalb hatte er sich, seiner Schwäche bewußt, so sehr zurückgehalten. Das mußte der tatsächliche Grund sein dafür, daß Delilah in Hebron so kalt aufgenommen worden war. Sie hatte die Fähigkeit, die Gefühle des israelitischen Richters zu verwirren. Deshalb hatte dieser sich so weit wie möglich von ihr fern gehalten.

Wieder blickte er zu Delilah hin, die immer noch vor sich auf den Fußboden starrte und durch nichts aus ihrer schlechten Laune zu reißen war. Josef wußte, was sie empfand, hatte er doch sein Leben lang damit zugebracht, die Wunden zu lecken, die seiner Seele durch den starken Mann Israels beigebracht worden waren, ohne daß dieser es es wußte.

Simson griff in den Lederbeutel, den er unter seiner Robe trug, und nahm eine Silbermünze heraus. Dann wandte er sich dem Wirt zu und bezahlte das Zimmer, das er gehabt hatte, noch für eine weitere Nacht.

„Werden Bariath und Delilah auch noch eine Nacht hier bleiben?" erkundigte er sich.

„Noch eine Nacht hierbleiben?" wiederholte der überraschte Wirt. „Wieso das? Delilah wohnt doch hier. Ihr gehören die besten Zimmer des Hauses."

Erfreut über sein Glück ging Josef auf den Hof zurück, wo er die Esel wieder ausspannte und in den Stall brachte. Dann begab er sich nach oben in sein Zimmer. Später am Tage würde er versuchen, Delilahs Bekanntschaft zu machen.

6. KAPITEL

Als im Gasthaus das Mittagessen serviert wurde, hatte Bariath sich mit seinem Gefolge schon entfernt, und auch die meisten Gäste waren abgereist. Josef blickte von oben in einen nahezu leeren Gastraum. Delilah war nirgends zu sehen. Doch das Feuer brannte, und er beschloß, in der Nähe des Feuers zu warten, bis sie einmal auftauchen würde.

Da Delilah in dem großen Gasthof wohnte, wie er vom Wirt erfahren hatte, würde sie früher oder später erscheinen. Und selbst wenn es Abend werden sollte, ehe das geschah, dann würde Josef bis dahin Geduld aufbringen.

Doch nicht allzulange nachdem er sich selbst an einem Tisch niedergelassen hatte, wurde seine Erwartung erfüllt. Die Stimme einer Frau, die ihrer Dienerin befahl, ihr eine Tasse Tee zu holen, lenkte seine Aufmerksamkeit auf die Galerie in der ersten Etage. Ein junges Mädchen kam schnell die Stufen herunter und lief in die Küche. Hinter ihr folgte wesentlich langsamer und voller Würde die schöne Delilah.

„Beeile dich!" rief sie dem Mädchen nach. „Ich friere!"

Als Delilah die Gaststube betrat, blieb sie am Fuße der Treppe stehen und blickte sich um. Offensichtlich hatte sie gehofft, allein zu sein. Der Anblick eines einzelnen Gastes, der sich in der Nähe des Feuers wärmte, enttäuschte sie.

Als Josef sah, daß sie sich umdrehte und wieder gehen wollte, rief er schnell: „Meine Dame, gehe nicht fort wegen mir, bitte. Ich werde nicht mehr lange bleiben. Bitte", er erhob sich und machte eine großartige Handbewegung, „du kannst meinen Platz haben."

Delilah rieb sich die kalten Hände. Sie warf den Kopf zurück und erklärte, ihre Dienerin hätte oben das Feuer ausgehen lassen, während sie geschlafen habe, und nun müsse sie fast erfrieren und würde sich sicher eine schlimme Erkältung holen.

„Vielen Dank", sagte sie, zog den Stuhl nahe an das Feuer und setzte sich. „Ich sehe, wir haben einen wahren Gentleman zu Gast."

Josef nahm das Kompliment mit einer Verbeugung entgegen, lächelte breit und sagte Worte, die er sich schon vorher sehr gut überlegt hatte, um das Interesse der Frau zu wecken. „Und ich sehe, daß mein Freund Simson eine echte Dame in seinem Haus zu Besuch hatte."

Als er Simsons Namen erwähnte, versetzte das Delilah sichtlich in Erregung. Sie drehte sich um und betrachtete Josef aufmerksam und fragte sich, wer dieser kleine Mann wohl sein konnte.

„Simson", stammelte sie verwundert, „woher kennst du ihn?"

Josef lachte leise. „Ich wage zu sagen, meine liebe Dame, daß ich Simson besser kenne als jeder andere Mensch auf Erden. Wir sind in Zora zusammen aufgewachsen und waren viele Jahre Gefährten."

Der kleine Jude richtete sich in dem Stuhl, auf den er sich nun gesetzt hatte, stolz auf. Seufzend fuhr er fort. „Natürlich habe ich ihn nicht mehr sehr oft gesehen, seit er nach Hebron gezogen ist. Manchmal habe ich fast den Eindruck, er ignoriert mich."

Aus den Augenwinkeln warf er der Frau einen Blick zu und hoffte, ihr Interesse geweckt zu haben. In der Tat hatte sie sich ihm nun völlig zugewandt, doch ihre Gesichtszüge hatten sich verhärtet.

Der schlaue Bursche fuhr fort, als würde er mehr zu sich selbst reden: „Ich weiß natürlich, daß er ein überaus beschäftigter Mann ist und nicht viel Zeit für seine alten Freunde hat." Dann wandte er sich direkt an Delilah. „Welchen Eindruck hattest du von ihm, meine Dame? Hat er immer noch sein warmes, freundliches Wesen?"

Josef hätte Delilahs verwundeten Stolz und ihr Herz nicht besser treffen können. Er sah, wie sie nervös mit ihrem langen dunklen Haar spielte und vor sich hin blickte. Endlich richtete sie sich auf und blickte den kleinen Israeliten zornig an.

„Euer Richter ist ein sehr zurückhaltender Mann", sagte sie, und Josef bemerkte, wie sie ihren Zorn nur mühsam bändigen konnte. „Bariath und ich konnten von ihm nicht mehr an Zeit und Interesse erwarten, als er für uns übrig hatte."

„Das freut mich", nickte Josef. „Aus deinen Worten schließe ich, daß ihr gut aufgenommen worden seid. Darüber bin ich froh. Denn ich weiß, daß Simson Fremden gegenüber sehr abweisend sein kann. Doch das sollte niemand überraschen", fügte er lächelnd hinzu. „Mich behandelt er manchmal auch so, obwohl ich ihn schon sein ganzes Leben lang kenne."

Wenn Delilah ihrer wachsenden Sympathie für den kleinen Mann bisher widerstanden hatte, so schien dieser Widerstand nun zu schmelzen. Als ihre Dienerin ihr jetzt einen Topf mit dampfendem heißen Tee aus der Küche brachte, forderte sie Josef auf, sich an ihren Tisch zu setzen, und goß ihm eine Tasse mit dem heißen Getränk voll. Mit einer Handbewegung sandte sie die Dienerin fort und wandte ihre ganze Aufmerksamkeit dem Gast zu.

„Du bist von Zora?" fragte sie. „Wie ist dein Name?"

Josef wagte es nicht, zu viel über sich selbst zu sagen. Wahrscheinlich hatte Delilah von dem israelitischen Schurken gehört, der damals in Gaza Simson verraten hatte und den der Rat der Philister verdächtigte, mit Simson gemeinsame Sache gemacht zu haben, als dieser das Stadttor von Gaza stahl.

„Ja“, bestätigte er. „Ich bin in Zora geboren und wohne noch heute dort. Ich kenne die Familie des Richters schon sehr lange. Besteht endlich Hoffnung, daß Friede zwischen unseren beiden Ländern wird, meine Dame, da ihr so mutig zu Simson nach Hebron gefahren seid?“

Er wußte, daß er sie damit gefangen hatte. Die Frage war ein Trick gewesen, denn sie war sicher mehr an einer Unterhaltung über politische Angelegenheiten interessiert als er.

„Ich bin überrascht, daß du deinen Freund in einer solchen Weise beschreibst“, ging sie auf seine Frage ein. „Was mich anbelangt, kann ich nur sagen, daß er sehr unnahbar war. Ich glaube, er übte politische Zurückhaltung, um erst einmal aus uns herauszulocken, worum es uns geht.“

Josef schüttelte scheinbar nachdenklich den Kopf. „Meine liebe Dame“, sagte er und räusperte sich, „es wäre sehr treulos meinem Freund gegenüber, wenn ich ganz offen sprechen würde. Doch so viel will ich sagen: Hätte Bariath ihn allein besucht, wäre Simson wahrscheinlich nicht so zurückhaltend gewesen.“

Josef schien nicht gemerkt zu haben, welchen Eindruck er mit diesen Worten auf die Frau gemacht hatte, denn er lächelte nur leicht vor sich hin.

Delilah war so erregt, daß ihr das Blut in die Wangen stieg. Mit zitternder Stimme fragte sie: „Herr, was willst du damit sagen?“

„Ach, ich habe wohl eine unpassende Bemerkung gemacht“, fügte Josef entschuldigend hinzu.

Doch die Frau drängte ihn jetzt, seine Worte näher zu erklären. Achselzuckend fügte er hinzu: „Ich nehme nur an, daß für Simson die Anwesenheit einer so schönen Frau, wie du es bist, ein Grund zur Furcht war. Deshalb seine Zurückhaltung.“

„Zur Furcht?“ wunderte sich Delilah. Ihre Augen wurden vor Staunen groß und rund. „Warum sollte der große Simson sich vor einer Frau fürchten?“

„Ich bin eigentlich schon zu weit gegangen", sagte Josef und spielte den Verlegenen. „Es ist besser, wenn ich nichts mehr sage."

Delilahs Gesicht war die Enttäuschung anzusehen. Mit einer Handbewegung forderte sie Josef auf, weiterzusprechen. Josef gab einen tiefen Seuzer von sich.

„Also gut", murmelte er, „das noch, dann aber nichts weiter. Simson ist kein stolzer Mann, liebe Frau. Du mußt verstehen, daß er mit sich selbst kämpft. Er weiß um seine Vergangenheit und um seine Schwächen nur zu gut. Er ist kein stolzer Mann, er hat vielmehr Angst, daß er einer schönen Frau gegenüber wieder versagen könnte."

Damit erhob er sich, scheinbar entschlossen, nichts weiter über seinen alten Freund zu sagen. Doch er wußte, daß er den richtigen Samen ausgestreut hatte. Er war sicher, daß Delilah wußte, so wie es allen anderen bekannt war, wie Simson in der Vergangenheit Frauen gegenüber manchmal zu schwach geworden war. Josef war überzeugt, er hatte der Frau genug Anreiz gegeben. Und wenn Delilah in den nächsten Tagen über seine Worte nachdachte, würde das ohne Zweifel das erhoffte Ergebnis hervorbringen.

„Ich muß jetzt wirklich gehen", erklärte er. Er ergriff seine Tasche und ging zum Ausgang. „Es war mir eine Ehre, deine Bekanntschaft zu machen, meine Dame."

„Auch ich freue mich, einen so angenehmen Mann kennengelernt zu haben", sagte Delilah. Mit einem rätselhaften Gesichtsausdruck fügte sie hinzu: „Werden wir uns wiedersehen?"

„Vielleicht, vielleicht. Wer kann das wissen", gab Josef zurück, verbeugte sich nochmals und eilte dann zum Ausgang.

Doch ehe er den Ausgang erreichte, öffnete sich die Tür, und ein großer Mann trat ein, der den Ausgang blockierte. Als Josef aufblickte, erkannte er Bariath, der da vor ihm aufragte und auf ihn herunterblickte.

Mit einem überraschten Schnaufer drängte sich Josef an

ihm vorbei und lief auf den Hof. Es schien so, als habe der Philister ihn nicht erkannt.

Als er über den Hof lief und die Esel aus dem Stall holte, sagte Delilah im Gastzimmer: „Bariath, ich habe soeben mit einem sehr interessanten Mann gesprochen. Ich glaube, du solltest ihn auch kennenlernen."

Doch Josef hatte sich aus Anst vor dem großen Philister sehr beeilt. Als Delilah jetzt zum Fenster hinaus und auf den Hof wies, saß Josef bereits auf dem Wagen und trieb die Esel an, die im Trab den Hof verließen. So konnte Bariath den kleinen Burschen nur noch von hinten sehen.

„Was für ein komischer kleiner Mann das ist", sagte Delilah nachdenklich, während sie dem so schnell abreisenden Gast nachblickte. „Was für ein komischer und doch faszinierender kleiner Mann", wiederholte sie kopfschüttelnd.

TEIL VII

SIMSON UND DELILAH

1. KAPITEL

Obwohl Marissa eine Schneiderin war, hatte sie keinen Spiegel in dem Geschäft in ihrem Haus, in dem die Kunden sich in den von Marissa gefertigten Gewändern hätten betrachten können. Die Tafeln aus poliertem Kupfer, die nur Könige und Fürsten und andere sehr reiche Leute in ihren Häusern hängen hatten, um sich darin zu betrachten, waren den einfachen Leuten unbekannt.

Heute benutzte die Schneiderin einen kleinen Handspiegel, um sich damit, so gut es ging, von allen Seiten zu betrachten. Doch mehr noch mußte sie sich auf das Wort von Rena und dem anderer Freundinnen verlassen, die gekommen waren, sie in ihrem Hochzeitskleid zu betrachten.

„O Marissa!" rief eine junge Frau. „Deine Mutter wäre sehr stolz, wenn sie dich so sehen könnte. Wie alt warst du, als du damit begonnen hast, das Kleid anzufertigen?"

„Ich war noch ein Mädchen", antwortete sie und drehte sich vor den Betrachterinnen nach allen Seiten um. Die Frauen wußten, daß Marissas Mutter nicht lange nach dem dreizehnten Geburtstag des Mädchens gestorben war. Sie hatte damals schon begonnen, das Hochzeitskleid für ihre Tochter anzufertigen, denn sie war ebenfalls Schneiderin gewesen.

Marissa, die dieses Handwerk von ihrer Mutter erlernte, hatte dann selbst an ihrem Hochzeitskleid weitergearbeitet.

„Wie sehr würde sie sich freuen, wenn sie wüßte, daß du Simson heiratest", schwärmten die Frauen. „Was hast du doch für einen Preis gewonnen!"

Sie kicherten wie junge Mädchen und umarmten Rena, die Mutter des Bräutigams.

Die kommende Braut nickte den anderen zu und sagte: „Er ist ein wunderbarer Mann, nicht wahr?"

Ihr war, als müsse ihr Herz vor Freude zerspringen. Sie trat ans Fenster, atmete tief durch und blickte die Straße entlang, die nach Hebron führte, als müsse Simson dort jeden Augenblick auftauchen.

Tag für Tag trafen Wagen mit Lebensmitteln und Wein für die Hochzeitsfeier ein. Und jedesmal waren auch Geschenke für die Braut dabei.

Besucher aus ganz Israel hatten sich Zimmer im einzigen Gasthof des kleinen Ortes reservieren lassen. In der Oase außerhalb Zoras würden wohl Hunderte von Besuchern ihre Zelte aufbauen. Und die meisten Einwohner der Stadt hatten Zimmer an weitere Besucher vermietet.

Die Festlichkeiten, die anläßlich der Hochzeit stattfinden sollten, waren das Gespräch der ganzen Gegend. Alle Einwohner für viele Kilometer in der Runde hielten Ausschau nach diesem Ereignis.

„Wird Simson längere Zeit vor der Hochzeit hier eintreffen?" fragte Rena.

„Leider nur am Tag vorher", gab Marissa Auskunft und ergriff die Hand der alten Frau. „Er wird vorher in Sorek noch die Fürsten der Philister treffen, um mit ihnen Friedensgespräche zu führen."

In ganz Israel wußte man von den Versuchen, endlich einen dauerhaften Frieden mit den Philistern zustande zu bringen. Seit Bariath ihn eingeladen hatte, nach Sorek zu kommen und dort die Friedensverhandlungen weiterzuführen, würde Simson vielleicht seine Ehe nicht nur als großer Richter Israels beginnen, sondern auch als der größte Diplomat seit einigen Generationen.

Voller Staunen standen die Frauen um Marissa herum und blickten mit ihr auf die Straße hinaus. „Du wirst in Kürze die Frau eines großen Führers von Israel sein", sagte eine von ihnen. „Wir werden dich vermissen, wenn du nach Hebron gehst."

Marissa blickte voller Freude in all die strahlenden Gesichter, und besonders auf Rena, die in all den Jahren wie eine Mutter zu ihr gewesen war. „Ich werde euch oft besuchen kommen", versprach sie. „Zora wird immer meine Heimat bleiben."

Sie umarmte die Frauen eine nach der anderen mit Tränen in den Augen. „Freut euch für mich, liebe Schwestern", sagte sie strahlend. „Ihr seid alle Hausfrauen und Mütter. In einer Woche werde auch ich einen Gatten haben, den Mann, den ich mir immer wünschte."

2. KAPITEL

Während Marissa und die kleine Stadt Zora sich auf die Hochzeit vorbereiteten, trafen eine andere Frau und eine andere Stadt ebenfalls Vorbereitungen für die Ankunft Simsons.

Es war nun einen Monat her, seit Josef mit Delilah an der Feuerstelle des Gasthauses gesessen hatte und ihr den Charakter und die Schwäche von Israels Richter beschrieben hatte. Während dieser ganzen Zeit hatte sie immer wieder über die Worte des kleinen Mannes nachgedacht.

Morgen nun würde Simson nach hier kommen, um mit den Führern der Philister den möglichen Frieden zu besprechen. Sie würde dann diesem mächtigen Mann wieder sehr nahe sein. Wenn es ihr nur gelingen könnte, einmal mit ihm allein zu sein, dann wollte sie schon die Schlüssel gebrauchen, die Josef ihr in die Hand gegeben hatte, um das Herz des starken Mannes zu öffnen und ihn für sich zu gewinnen.

In der Zwischenzeit war sie aber verpflichtet, ihren Geliebten, Bariath, zu unterhalten. Sie wußte, daß sie vorsichtig sein mußte und die Gefühle nicht zeigen durfte, die sie für Simson empfand. Doch wenn es ihr gelang, Bariath ihre Gedanken so einzureden, daß er sie für seine eigenen hielt, würde er sie am Ende vielleicht in ihren Bemühungen noch unterstützen.

Mit der Geduld einer Spinne hatte Delilah die vergangenen Wochen verbracht, um ihr Netz auszulegen. Die ersten Maschen des Netzes waren die Informationen gewesen, die sie von Josef erhalten hatte. Dann, als der Besuch des israelitischen Richters in Sorek näherrückte, waren es mehr und festere Maschen geworden. Und die Spinnerin des Netzes war immer sicherer geworden, daß sich das Opfer auch wirklich darin fangen würde.

Schlaue Spinne, die sie war, hatte sie auch für Bariath einen Platz in ihrem Netz reserviert. Er würde unwissentlich der Türöffner sein, der Simson in die Falle führte. Und während der ganzen Zeit würde er denken, es seien seine eigenen Ideen. Bis jetzt hatte sie Bariath gegenüber noch kein Wort über ihre Pläne fallen lassen. Doch morgen würde sie die Falle ausprobieren, und davon hing alles weitere ab.

An diesem Abend kam Bariath frohgelaunt zu ihr. Er freute sich auf die vor ihnen liegende Konferenz und hoffte, daß diese ein Wendepunkt für die am Boden liegende Wirtschaft von Philistäa sein würde. Wenn er die richtigen Konzessionen machte, konnte er Simson dazu bringen, die Handelssperren zu senken oder gar aufzuheben und auch einen militärischen Ausgleich vereinbaren. Die Philister würden ihn dann als Retter ihres Volkes feiern.

Es war dieses Ziel, das Delilah in Frage stellen mußte, wollte sie ihren eigenen Plan durchsetzen. Sie mußte in Bariath Zweifel säen, daß seine Absichten für Philistäa und auch für ihn die besten seien.

„Was fühle ich da in deiner Schulter, mein Lieber", schmeichelte Delilah, während sie Bariaths Rücken massierte. „Du stehst zwar nicht unter Spannung, aber völlig entspannt bist du auch nicht. Ich glaube, Bariath, du bist voller Erwartung und voller Aufregung."

„Du hast recht, wie immer", bestätigte Bariath. „Du kannst in meinem Körper lesen wie die meisten anderen Frauen in Gesichtern oder im Klang der Stimme. Ja, ich bin aufgeregt, denn morgen wird ein historischer Tag werden."

Delilah rückte ein Stück von ihm ab und produzierte einen wohl eingeübten, enttäuschten Gesichtsausdruck.

„Was hast du?“ fragte Bariath. „Bist du anderer Meinung?“

Delilah zuckte mit den Schultern und lächelte ein wenig. „Ich kann verstehen, wie gespannt du auf morgen bist“, sagte sie. „Es ist nur – nun ja, ich kann mich an Zeiten erinnern, da hätte Bariath nicht so leicht Bedingungen akzeptiert, die seine Macht einschränken.“

Der Riese runzelte die Stirn. „Meine Macht einschränken?“ grollte er. „Ich werde immer der mächtigste Mann in Philistäa sein.“

Delilah sagte trocken: „In Philistäa, ja.“

Ärgerlich zürnte Bariath: „Delilah, ich mag deinen Ton nicht.“

Die Frau machte ein Gesicht wie ein gescholtenes Kind. „Ach, mein Lieber“, sagte sie matt, „es ist nur, weil ich mich an bessere Zeiten erinnere. Es gab Zeiten, da warst du mit nicht weniger zufrieden als mit der Herrschaft über alle Völker rundum.“

Verletzt wandte sich Bariath ab. „Kannst du dich nicht mit mir freuen?“ beklagte er sich. „Morgen will ich für unser Land neuen wirtschaftlichen Aufschwung gewinnen. Wir haben alles sorgfältig geplant, auch das, was wir Simson dafür anbieten werden. Alle anderen Führer sind mit mir einig. Wir haben viele Jahre gegen Simson gekämpft und nicht gewinnen können. Was könnten wir noch anderes tun als das, was wir schon getan haben?“

Seufzend bestätigte Delilah: „Wahrscheinlich nichts, da hast du recht“. Sie starrte gedankenverloren in ihren Handspiegel. „Aber es ist sehr traurig, daß niemand das Geheimnis von Simsons großer Kraft kennt“, fügte sie endlich hinzu. „Seltsam, meinst du nicht auch, daß nach so vielen Jahren noch kein weiser Mann in Philistäas Rat und kein Priester von Dagons Tempel dieses Geheimnis ergründen konnte.“

„Die Juden sagen, es sei der Gott Israels, von dem Simson diese übernatürliche Kraft erhält. Aber wer kann schon gegen einen unsichtbaren Gott kämpfen?“ sagte Bariath nachdenklich.

Dieser Kommentar zeigte deutlich den Unterschied zwischen der Vielgötterei der Philister und dem festen Glauben Israels an den einzigen Gott, den allmächtigen Schöpfer all dessen, was existierte, und die Überzeugung, daß dieser einzige allmächtige Gott Israel zu seinem besonderen Bundesvolk auserwählt hatte.

Doch Delilah wischte Bariaths Einwand beiseite. „Wie töricht ist diese Idee“, erklärte sie mit einer verächtlichen Handbewegung. „Du weißt doch, daß die alten Riesen Kanaans ihre Kraft aus der Milch und dem Honig dieses Landes zogen. Die Titanen der Griechen tranken von den Wassern des Olymp, und das machte sie so stark. Gewiß gibt es ein ähnliches Geheimnis für Simsons Kraft.“

Irritiert über diese Argumentation, dachte Bariath über ihre Worte nach. „Also gut“, räumte er ein. „Wir wollen einmal sagen, es gäbe ein solches Geheimnis. Wer unter uns Philistern wäre weise genug, es zu enträtseln?“

Delilah hätte nicht geglaubt, daß Bariath es ihr mit ihren Argumenten so leicht machen würde. Sie wartete mit der Antwort noch ein wenig und tat, als müsse sie über seine Worte nachdenken. Deshalb ergriff Bariath wieder das Wort: „Glaubst du nicht, daß unsere Priester und Zauberer oft über die gleiche Frage nachgedacht haben? Du kannst sicher sein, sie haben viel Zeit darauf verwendet, hinter das Geheimnis zu kommen.“

„Gewiß, sie haben sich viel Mühe gegeben“, nickte die Frau. „Doch ist jemals jemand auf die Idee gekommen, direkt zur Quelle selbst zu gehen, um diese Antwort zu erhalten? Hat jemand in ganz Palästina schon einmal Simson selbst nach dem Geheimnis seiner Kraft gefragt?“

Bariath warf sich auf das Bett zurück und lachte laut. „Hast du deinen Verstand verloren?“ rief er amüsiert. „Glaubst du, Simson würde so töricht sein, gerade seinen Feinden dieses Geheimnis mitzuteilen?“

„Seinen Feinden?“ Delilah rollte mit den Augen. „Seinen Feinden natürlich nicht. Aber vielleicht seinem Freund, oder jemand, den er als seinen Freund ansieht.“

Bariath blickte sie ein wenig überrascht an. „Und kennst du eine solche Person?“ fragte er.

„Ich denke schon“, erklärte sie. „Ich meine natürlich, ich könnte eine solche Person herstellen.“

Noch mehr durcheinander, schüttelte Bariath nur noch verzweifelt den Kopf.

Voller Eifer fuhr Delilah fort: „Du kennst doch Simsons Schwäche für Frauen. In ganz Israel und Philistäa weiß man es. Wenn ich eine Chance hätte, nur ein einziges Mal, mit ihm zusammen zu sein ...“

Bariath sprang auf. „Was sagst du da?“ rief er. „Nein, Delilah, das erlaube ich nicht.“

Delilah spielte die Erschrockene. „Aber Bariath“, klagte sie, „zweifelst du etwa an meiner ehrlichen Absicht, unserem Volk zu helfen? Du kannst doch nicht wirklich glauben, daß ich diesen Israeliten attraktiv finde.“

Bariath trat zu ihr und strich ihr über den Rücken. „Nun, nun, es tut mir leid“, beruhigte er sie. „Es ist nur – du bist eben meine Geliebte, Delilah. Ich habe dir manche Ausschweifung mit anderen Männern nachgesehen. Aber das – mit unserem Feind, das könnte ich nicht ertragen.“

Noch nie, seit ihre Beziehung bestand, hatte Bariath eine solche Grenze gezogen. Auf der einen Seite machte sie das stolz, auf der anderen Seite wußte sie, wie anfällig er für ihre Wünsche und Launen war.

„Ich sehe ein, mein Lieber, du meinst es gut mit mir, und willst mein Opfer nicht annehmen“, schmeichelte sie ihm.

Ohne ein weiteres Wort zu sagen, wandte sie sich nun anderen Themen zu. Sie wußte, daß er über ihre Worte nachdenken würde und daß er die Klugheit ihres Vorschlags erkennen würde. Und morgen abend würde sie mit Simson in dem gleichen Raum zusammensein, in dem jetzt Bariath bei ihr war.

3. KAPITEL

Bariath stand neben dem Feuerplatz und schwitzte. Zwar nicht vor Hitze, aber vor Erregung. Er blickte sich in dem großen Saal um, in dem die *Seranim,* ihre Wachen und die anderen Leiter der Philister mit ihren Räten und Mitarbeitern saßen.

Am vergangenen Abend war er noch voller Eifer gewesen, diesen Tag zu beginnen. Er wollte alle, die zur Beratung kamen, herzlich begrüßen. Doch jetzt, als sie sich versammelt hatten, war er nicht mehr so zuversichtlich wie gestern abend, als er zu Delilah ging.

Die ganze Nacht hatte er sich auf dem Bett hin und her geworfen und über Delilahs Worte nachgedacht, während sie neben ihm in aller Ruhe schlief. Sie hatte kein Wort mehr davon erwähnt, den Versuch zu machen, Simson zu verführen. Doch der Gedanke hatte Bariath keine Ruhe mehr gelassen.

Konnte es sein, daß Delilahs Vorschlag klug war? Vielleicht willigten die Philister zu schnell in die Vorherrschaft Israels ein? Vielleicht sollte doch noch ein Versuch gemacht werden, den starken Mann zu Fall zu bringen?

Aber was war, wenn dieser Versuch ein Fehlschlag wurde? Vielleicht hatte Simson aus seinen zurückliegenden Versagern mit Philisterfrauen gelernt und würde Delilahs Charme widerstehen? Konnte solch ein hinterlistiger Anschlag die Friedensgespräche völlig zunichte machen, wenn er mißlang? Immer wieder hatte Bariath diese Fragen aufs neue bedacht.

Doch seine Sorge für Philistäa, verbunden mit der Schwäche für die Wünsche Delilahs, hatten ihm nun diesen neuen Weg gewiesen. Er würde den versammelten Räten jetzt einen Vorschlag vorlegen, der das Gegenteil von dem war, was sie früher besprochen hatten.

Als nach einer kurzen Zeremonie die Beratung begann, sagte Bariath: „Meine Herren Fürsten und Räte, dies ist ein entscheidender Tag für unser großes Land und für unseren großen Gott Dagon."

Alle hoben ihre Weinkelche zum Zeichen der Zustimmung und tranken daraus.

„Um die Mittagszeit wird der Richter Israels in unserer Mitte sitzen. Das Schicksal unseres Landes, ob es größer und mächtiger wird, oder ob es zur Bedeutungslosigkeit verfällt, wird sich dann entscheiden."

Überall Kopfnicken und zustimmende Rufe.

„Wir haben nur noch wenige Stunden Zeit, alles nochmals zu überdenken", fuhr der Fürst von Aschdod fort. „Ich, für meinen Teil, habe einen neuen Plan."

„Laß hören, was dir eingefallen ist!" rief man ihm zu.

„Also gut", nickte Bariath. „Es ist weise, zunächst nochmals unsere Verhandlungsangebote zu überdenken."

„Wir werden niemals einwilligen, daß Gaza eine israelitische Besatzung erhält", rief der Fürst der Stadt.

„Gut gesagt!" erklang Zustimmung von vielen Seiten.

„Und wir sind nicht bereit, für den Hafen von Aschkalon irgendwelche Kompromisse zu machen", erklärte der *Seranim* dieser Stadt.

„Die Leute in den Kupferbergwerken möchten gern den Handel wieder aufnehmen", sagte Siloam von Gerar. „Aber wir werden niemals das Geheimnis unseres Eisens preisgeben."

All diese Dinge und noch viele mehr waren schon oft besprochen worden. Und vor einem Monat hatte Bariath vorsichtig bei Simson in Hebron vorgefühlt, wie die Mindestbedingungen aussehen könnten.

„In all diesen Dingen, die wir eben erwähnt haben, sind wir uns einig“, fuhr Bariath nun fort. Wir haben auch darüber geredet, welche Festungen für uns verbleiben und welche wir den Israeliten öffnen wollen. Wir haben über die Notwendigkeit diskutiert, Weizen von Israel zu bekommen und die Israeliten dafür selbst an der Küste Glashandel treiben zu lassen. Alles, was wir anbieten können, haben wir diskutiert, und auch alles, was wir unter keinen Umständen wollen.“

Bariath blickte über die Versammlung hinweg und zögerte etwas, weil er sich nicht sicher war, wie er am besten weiterkommen sollte. Als niemand anderes das Wort ergriff, sagte er: „Nun, meine Herren, müßt ihr die Frage beantworten: Seid ihr zufrieden, daß all unsere Möglichkeiten besprochen wurden?“

Die Männer blickten sich gegenseitig an. „Möglichkeiten?“ rief einer. „Was meinst du damit, Bariath?“

In diesem Augenblick bemerkte Bariath eine Bewegung auf der Galerie am Ende des Saales. Als er kurz hinblickte, sah er Delilah im Schatten einer Säule da oben stehen. Niemand anders schien sie bemerkt zu haben. Doch er wußte, daß sie aufmerksam zuhörte.

„Mit Optionen meine ich, daß es doch auch möglich ist, daß die Israeliten mit dem, was wir ihnen anbieten wollen, nicht zufrieden sind, sondern daß sie von uns für den Frieden einen höheren Preis fordern. Es könnte sein, wenn wir Frieden mit Israel wollen, und ich wünsche ihn mir von ganzem Herzen, dann müssen wir uns damit abfinden, daß es keine Hoffnung mehr gibt, daß wir je wieder die Herrschaft über ganz Palästina erringen könnten.“

Das Murmeln in der Versammlung nahm immer mehr zu. Überall sah man entrüstetes Kopfschütteln und Verständnislosigkeit. Bariath argumentierte den Räten gegenüber ähnlich, wie Delilah es am vergangenen Abend mit ihm getan hatte.

„So wie die Israeliten immer vergeblich versucht haben,

das Geheimnis um unser Eisen herauszufinden", ergriff Bariath nun wieder das Wort, „so versuchen wir seit vielen Jahren schon zu erkennen, welches Geheimnis hinter der Stärke Simsons liegt. Wenn wir dieses Geheimnis lösen könnten, wären wir in der Lage, den Israeliten zu widerstehen, ohne ihnen irgendwelche Konzessionen machen zu müssen."

Niemand konnte das bestreiten. Doch welchen Sinn sollte es haben, wenn man über unmögliche Dinge nachdachte.

„Worauf willst du hinaus?" fragte jemand. „Wir haben keine Zeit für sinnlose Redereien."

„Das stimmt", antwortete Bariath. „Aber wir können es uns auch nicht leisten, Konzessionen zu machen, solange noch eine Hoffnung für unser Land besteht."

„Kannst du uns diese Hoffnung zeigen?" rief jemand. „Wir wären glücklich darüber."

Die einen lachten Bariath aus, die anderen riefen ihm zornige Worte zu, während er versuchte, die Versammlung wieder zur Ruhe zu bringen.

In diesem Augenblick trat Delilah an den Rand der Galerie, so daß alle sie sehen konnten. Den meisten stockte der Atem bei ihrem Anblick. Noch nie hatte sie so schön und verführerisch ausgesehen. Schweigen trat ein.

„Meine Herren", verkündete Bariath, „die Dame Delilah!"

„Ihr fragt, wie wir das Geheimnis Simsons herausfinden können", rief er nun. „Wenn alle Weisen und Priester und Zauberer versagt haben, dann sollten wir den Auftrag Delilah übertragen."

Verwundert blickten die Männer zu der Kurtisane hinauf. Bariath erklärte: „Delilah ist bereit, zu versuchen, die bekannte Schwäche Simsons für Frauen auszunutzen und ihn zu verführen; und zwar mit der Hoffnung, daß er ihr dann das Geheimnis seiner Stärke preisgibt."

Lauter Beifall erhob sich unter den Versammelten. Siloam erhob sich und erklärte: „Wir sind dir, Bariath, für die

Bereitschaft dankbar, dieses Opfer mitzutragen, denn wir alle wissen, wie du zu Delilah stehst. Doch noch mehr möchten wir der Dame Delilah danken, für ihre Bereitschaft, für unser Land dieses Opfer zu bringen."

Ein Beifallssturm erhob sich. Als wieder Ruhe eintrat, fuhr Siloam fort: „Wenn es dir gelingt, Simson das Geheimnis seiner Kraft zu entreißen, so daß wir ihn besiegen können, dann werden wir alle, jeder von uns, dir elfhundert Silberstücke aus den Schatzhäusern unserer Städte geben."

Wieder erschollen von allen Seiten zustimmende Rufe.

Delilah erhob die Hand, und Schweigen trat ein. „Ihr seid sehr freundlich zu mir", sagte sie. „Für Philistäa und für unser Volks nehme ich euer Angebot an." Dann wandte sie sich um und verschwand von der Galerie.

Mit heißen Augen sah Bariath ihr nach und fragte sich, ob sie je wieder seine Geliebte sein würde.

4. KAPITEL

War jemand je so hoch gestiegen wie Simson an diesem Abend? War je ein Mann so von Männern gelobt und von Frauen bewundert worden und hatte je die Gnade Gottes so reich auf jemand geruht wie auf ihm? Simson meinte, noch nie sei das so gewesen.

Das große Fest an der langen Bankettafel in Sorek war fast zu Ende. Es folgte einem Tag erfolgreicher Verhandlungen. Obwohl Philistäa die Vorherrschaft Israels anerkannte und auf viele der israelitischen Forderungen einging, gaben sich ihre *Seranim* hocherfreut, daß Israel die Handelssperre völlig aufheben würde und daß endlich voller Friede zwischen den beiden Völkern einkehren sollte.

Die Krönung von Simsons Freude war der Gedanke, daß nach diesen erfolgreichen Verhandlungen am Ende der Woche die Hochzeit mit Marissa folgen würde.

Wäre er seiner Feinde in den langen Jahren des Kampfes nicht so überdrüssig geworden, hätte er an diesem Abend sogar noch Gefallen an ihnen finden können. Sie waren großartige Gastgeber gewesen, seit er bei ihnen eingetroffen war. In allen Dingen und bei allen Speisen und Getränken hatten sie auf seine Nasiräer-Gelübde Rücksicht genommen und für ihn die entsprechenden Speisen und Getränke bereitstehen gehabt. Auch sonst hatten sie sich alle Mühe gegeben, um es ihm so bequem wie nur möglich zu machen.

Da er lange genug unter den Philistern gelebt hatte, wußte er auch, daß bei ihnen kein Fest endete, ohne daß es Musik und verschiedene Unterhaltungen gab. Das war auch jetzt so. Diener gingen durch den Raum und löschten viele der Kerzen und die Fackeln an den Wänden, so daß ein dämmriges Licht eintrat.

Eine Gruppe von Flötenspielern und Trommlern begann in einer Ecke der Halle zu spielen, und Frauen traten auf, die zu der Musik tanzten. Simson klatschte mit seinen Gastgebern immer wieder Beifall.

Dann trat einen Augenblick Ruhe ein. Als die Musik wieder begann, erschien eine Frau, in Schleier gekleidet, und begann vor ihnen zu tanzen. An ihren Fingern hatte sie kleine Glöckchen, die melodisch zu all ihren Bewegungen klingelten. Ihr Tanz war anständig und nicht aufreizender als der jüdischer Mädchen, die bei *Bar-Mizbah-Festen* oder bei Hochzeiten tanzten. Sie hatte ihr Gesicht mit einem langen Schleier bedeckt, der nur ihre dunklen Augen sehen ließ.

Simson freute sich, daß dieser Teil des Abends nun bald vorüber war. Er würde sich in seinen Raum zurückziehen, schlafen und von Marissa träumen. Morgen würde es noch einige Stunden Verhandlungen geben, und dann würde er nach Zora reisen.

Simson nahm einen letzten Schluck aus seinem Becher und versuchte, mit Bariath eine Unterhaltung zu beginnen. Doch der oberste Fürst hatte viel mehr getrunken als er und schien seine Aufmerksamkeit ganz auf die Tänzerin zu konzentrieren.

Dem Israelit machte das wenig aus, bis er bemerkte, daß die Tänzerin sich mit ihren Blicken nur noch auf ihn konzentrierte. Ihre Augen blickten nur noch auf ihn, ganz gleich, wohin sie ihren Körper auch drehte, und der Ausdruck ihres Blickes war trotz der zurückhaltenden Bewegung ganz offen erotisch.

Simson riß seine Gedanken und seinen Blick von ihr los, indem er einer Unterhaltung am Tisch zuhörte und die Diener in ihrer Arbeit beobachtete. Doch wann immer er auf die Tänzerin schaute, mußte er feststellen, daß ihr herausfordernder Blick auf ihm ruhte.

Bariath lehnte sich näher zu ihm und sagte: „Ist sie nicht großartig? Ich rechne es zu meinen größten Schätzen, daß sie mir gehört."

„Dir?" lachte Simson. „Weiß Delilah davon?"

Bariath war durch diese Frage keinesfalls beleidigt. Philisterfürsten waren notorische Schürzenjäger.

„Ob sie es weiß?" amüsierte sich Bariath. „Lieber Freund, das ist Delilah."

Simson war schockiert, als er der Frau jetzt zuschaute. Bariath lehnte sich noch ein wenig näher und flüsterte: „Sie wird uns noch privat in ihren Zimmern unterhalten, wenn das Fest vorüber ist. Wir nehmen den Nachtisch bei ihr ein."

Diese Ankündigung traf Simson unvorbereitet, deshalb dauerte es einige Augenblicke, ehe er eine Antwort fand. „Dein Angebot ist sehr freundlich", brachte er endlich zustande. „Doch ich hatte einen langen Tag und bin sehr müde. Vielleicht ein andermal."

„Ach, Unsinn", protestierte Bariath. „Delilah hat extra alles für uns vorbereitet und rechnet es sich zur Ehre an, uns als Gäste begrüßen zu dürfen. Wir wollen sie doch nicht beleidigen."

Simson lehnte sich in seinen Kissen zurück und gab vor, kein Interesse mehr an der Tänzerin zu haben, obwohl sie jetzt direkt vor seinem Platz ihre Künste vorführte. „Du bist sehr freundlich", wiederholte er nochmals zu Bariath. „Doch wenn ich komme, dann nur für einige kurze Augenblicke, denn ich habe auch morgen einen anstrengenden Tag vor mir."

5. KAPITEL

Die Öllampen in Delilahs Räumen brannten nicht sehr hell, doch die kleine Gruppe der Feiernden befand sich in einer lebhaften Unterhaltung. Während sich der Abend in die Länge zog, fragte Simson sich, warum er zuerst einer Einladung in Delilahs Privatgemächer ablehnend gegenübergestanden hatte.

Als sie nach hier kamen, bemerkte er zu seiner Erleichterung, daß Bariath und er nicht die einzigen Gäste waren. Zwei andere führende Philister waren ebenfalls noch anwesend, Siloam von Gerar und Baldod von Gaza.

Gerade jetzt waren die vier Männer voller Begeisterung mit einem Brettspiel beschäftigt, das Delilah ihnen aufgebaut hatte. Kleine Figuren aus schwarzem Marmor und weißem Elfenbein kämpften gegeneinander auf einem schachbrettähnlichen Feld. Fein geschnitzt in der Form von Soldaten und Pferden marschierten sie gegeneinander, wie ihre Herren es wollten. Im Moment schien die Mannschaft von Bariath und Simson im Vorteil zu sein.

Zu beiden Seiten des Spielfelds lagen Häufchen von Spielmarken aus Elfenbein in verschiedenen Größen, die dadurch auch verschiedene Werte angaben. Wenn eine Seite bestimmte Felder verlor, mußte sie der anderen eine der Spielmarken herausgeben. Wenn ein Team alle Spielmarken verloren hatte oder wenn es aufgab, war das Spiel beendet.

Bariath und Simson lächelten, als Baldod ihnen die größte der Spielmarken herüberreichte.

„Aber diese Marke repräsentiert Gaza", spottete Bariath. „Du hast geschworen, es niemals herauszugeben."

Bariath neckte natürlich den anderen nur mit den Ereignissen des Tages. Die Philister hatten in den Verhandlungen durchgesetzt, daß sie ihre Hauptstadt Gaza behalten durften, während sie die Hälfte der Einkünfte des Hafens von Aschkalon abgeben mußten.

Baldod lachte gutmütig, während er seine Spielmarke abgab. „Es ist gut, daß dies hier nur ein Spiel ist", meinte er.

Während des Spiels saß Delilah schweigend neben Bariath. Simson versuchte deutlich zu zeigen, daß er kein Interesse an ihr hatte, und konzentrierte sich auf das Spiel. Doch gerade jetzt beugte sie sich vor und flüsterte Bariath einen Rat für das Spiel in die Ohren. Als Simson deshalb einmal zu ihr blickte, traf ihn ein verführerisches Lächeln ihrer Augen, und sein Unbehagen begann sich wieder bemerkbar zu machen. Er dachte daran, wie zurückhaltend er sie in Hebron behandelt hatte, und beschloß, hier wieder gleiches zu tun.

„Baldod", stichelte er, „solltest du die Absicht haben, mit dieser Spielmarke einen oder zwei deiner Häfen auszulösen, dann werde ich sie gern nehmen."

„Das Spiel ist noch nicht vorüber", antwortete der Fürst und machte seinen nächsten Zug.

Delilah erhob sich nun und brachte einen Krug mit Wein zum Tisch. „Lieber Baldod", neckte auch sie ihn nun, „ich bin überzeugt, Simson wird jetzt genauso großzügig mit dir umgehen wie während der Konferenz." Damit goß sie die rote Flüssigkeit in das Glas des Fürsten und blickte Simson an. „Du möchtest doch die Spielmarke gar nicht wirklich, oder?" neckte sie nun ihn. „Aus dem, was Bariath mir erzählte, schließe ich, daß du genauso rücksichtsvoll wie mächtig bist."

Dies war das erste Mal seit Simsons Ankunft in Sorek, daß die Frau ihn direkt angesprochen hatte. „Ich freue mich, daß mein Ruf mir voraneilt", antwortete Simson.

Doch Delilah hatte ihren Annäherungsversuch gerade erst begonnen. „Und auch sehr anständig bist du", schmeichelte sie ihm. „Die meisten Männer in deiner Position würden sich nehmen, was immer sie bekommen können, und nicht danach fragen, ob es einem anderen gehört."

Simson blickte sich um und fragte sich, ob er allein die Zweideutigkeit ihrer Worte verstanden hatte. Als Bariath sich zurücklehnte und laut gähnte und die anderen beiden nur mit ihren Marken spielten, beschloß er, auf die Bemerkung keine Antwort zu geben.

Delilah begann, Simsons Kelch zu füllen. Doch als sie erst wenig eingegossen hatte, hob dieser die Hand und sagte knapp: „Genug, ich werde heute abend nichts mehr trinken."

Delilah blickte ihn kokett an und wandte sich Bariath zu. Der gähnte wieder laut, und die anderen beiden Philister taten es ihm nach. „Ich glaube, wir können das Spiel auch morgen früh zu Ende bringen", schlug Bariath vor. „Ich bringe euch noch in eure Zimmer, meine Herren."

Erleichtert erhob sich Simson, um zu gehen.

„Nicht so schnell, Simson", lachte Bariath. „Ich bringe nur meine Freunde auf ihre Zimmer, dann komme ich zurück und geleite dich, wie es dem Ehrengast gebührt, zu deinen Räumen."

Sprachlos blickte Simson den drei Männern nach, als sie den Raum verließen. Bariath schloß die Tür hinter sich. Nun war er ohne vorherige Warnung und gegen seine bessere Überzeugung doch mit Delilah allein.

Als sie begann, den Tisch abzuräumen, war ein Funkeln in ihren Augen, das ihm angst machte.

„So", sagte sie mit einer einschmeichelnden Stimme, „nun sind wir nur noch zu zweit."

„Aber nicht für lange", korrigierte Simson sie.

„Natürlich nicht", flüsterte die Kurtisane.

Wo waren wohl ihre Dienerinnen, fragte sich Simson. Gewiß würde sie üblicherweise keine solchen Arbeiten verrichten. Nervös richtete der Richter seinen Blick zur Tür und hoffte, Bariath würde bald zurückkommen.

So ganz nebenbei und scheinbar nur, um die Zeit zu überbrücken, bemerkte Delilah: „Ich traf vor wenigen Tagen einen Freund von dir."

„Ach?" wunderte sich Simson. „Wer könnte das gewesen sein?"

„Es ist komisch", lachte sie und setzte sich ihm gegenüber, „aber ich erfuhr seinen Namen nicht. Ich habe ihn danach gefragt, aber er sagte ihn nicht, sondern lenkte immer wieder mit anderen Fragen und Erzählungen ab."

Simson hörte nur halb zu, klopfte mit den Fingern nervös auf den Tisch und wartete auf Bariath.

„Er war aus deiner Heimatstadt", fuhr sie fort. „Ein ziemlich kleiner seltsamer Bursche."

Das hatte Simson genau mitbekommen, und es machte ihm Sorgen. Er blickte die Frau kurz an und dachte über ihre Beschreibung nach.

„Erzähle ruhig weiter", ermunterte er sie.

„O, es gab nichts Besonderes", wiegelte sie ab. „Ich fand ihn nur interessant, weil er von dir erzählte."

„Tat er das?" bemerkte der Richter achselzuckend. „Ich hoffe, er sagte nur Gutes."

„Er war sehr freundlich", versicherte sie ihm. „Er ist ein netter kleiner Mann und schätzt dich sehr, Simson. Er hat mir Dinge über dich erzählt, die nur ein enger Freund wissen kann." Sie legte eine Hand auf ihre Brust und gab sich sehr bescheiden. „Ich weiß nicht, warum er mich für würdig befand, mir solche Geheimnisse anzuvertrauen."

Die letzten Worte beunruhigten Simson noch mehr als die Besorgnis, der Mann von Zora, den sie getroffen hatte, könnte Josef gewesen sein.

„Geheimnisse?" wunderte er sich.

„Nun ja", wandt sie sich, „man könnte vielleicht besser sagen – Einblicke."

Simson erhob sich und ging hin und her, dabei blickte

er immer wieder zur Tür. „Warum sollten dich, meine Dame, Einblicke in das Leben eines Fremden interessieren?" fragte er. „Ich kann doch nichts weiter für dich sein als der Feind deines Geliebten."

Delilah erhob ihr Glas und betrachtete Simson durch den roten Inhalt hindurch. „Du bist nicht länger unser Feind, Simson. Oder doch?" fügte sie fragend hinzu. „Seit heute bist du doch unser Freund?"

„Also gut, das stimmt schon", gab er zu. „Was also hat der Bursche über mich gesagt?"

„Er meinte, daß du kein so grober, so kalter Mann bist, wie du in Hebron zu sein schienst. Dort warst du sehr kalt und zurückhaltend mir gegenüber, ist dir das bewußt?"

Simson blieb stehen und verbeugte sich leicht zu ihr hin. „Ich hatte nicht die Absicht, unfreundlich zu sein, sondern nur zurückhaltend", sagte er.

„Ach, das ist schon in Ordnung", lächelte sie. „Der kleine Mann half mir, dich zu verstehen und zu begreifen, warum du dich so benommen hast."

Simsons Haltung versteifte sich, als er in der Mitte des Raumes stand. Vor seinen inneren Augen tauchte Josefs finsteres Gesicht auf. Er hörte ihn fast seine bösen Worte flüstern.

„Wer immer dieser Bursche war und was er dir auch erzählt haben mag, er ist ein Lügner", stieß Simson hervor. Als er die Worte gesagt hatte, wurde ihm klar, wie töricht sie klingen mußten.

„Warum, Simson?" Delilah erhob sich und trat näher. „Wie kannst du das behaupten, wenn du seine Worte nicht kennst. Was er gesagt hat, war fast ein Kompliment für mich. Doch nun bin ich enttäuscht."

Während dieser Worte war sie noch näher gekommen und stand nun direkt vor ihm. Wenn er auf sie hinabblickte, würde er ihren Atem auf seinem Gesicht spüren.

„Ich wollte niemand beleidigen", verteidigte er sich und trat zurück. Er trat zum Fenster und blickte in den Hof hinunter. „Was genau hat er denn gesagt?"

„Er sagte mir, du würdest dich vor schönen Frauen fürchten, weil du dir selbst nicht sicher seist“, sagte sie offen und trat zu ihm ans Fenster.

Simson konnte kaum glauben, daß sie so kühn war, ihm das offen zu sagen. Ärgerlich wich er wieder einige Schritte von ihr zurück. Zornig lachend sagte er: „Glaubst du jedem Narren, der deinem Stolz ein wenig schmeichelt?“ Er ging zum Tisch, nahm seinen Kelch und trank ihn mit einem Zug aus. „Auf dich!“ sagte er spöttisch. „Da hast du den letzten Toast, den Bariath versprochen hat. Ich werde den Weg zu meinen Räumen allein finden. Gute Nacht, meine Dame.“

Er ging zur Tür und hatte diese fast erreicht, als Delilah sagte: „Mein Herr Bariath wird verärgert sein, wenn du gehst. Möchtest du einen Abbruch der weiteren Friedensgespräche riskieren, nur um vor mir zu fliehen?“

„Vor dir fliehen?“ wunderte er sich. „Hast du etwa eine Falle für mich aufgestellt, meine Dame? In diesem Falle wäre es nur weise von mir, schnellstens zu entkommen.“

Delilahs Gesicht erstarrte einen Augenblick. Sie fürchtete, den Mann doch falsch eingeschätzt zu haben. Sie beschloß, eine andere Taktik einzuschlagen, und blickte zu Boden, als wäre sie durch seine Worte verletzt.

„Sieh“, flüsterte sie, „es ist doch so, wie dein Freund gesagt hat. Du fürchtest mich, weil ich schön bin. Warum ist das nur so? Alle Männer sehen in mir nur ein Spielzeug und nicht ihre Vertraute. Kannst du dir vorstellen, wie einsam mich das macht? Ich kann nie wirklich die Gefährtin eines Mannes sein, den ich respektiere.“

Sie drehte ihm den Rücken zu, blickte zum Fenster hinaus und schien zu zittern.

Nie wäre Simson auf den Gedanken gekommen, er könnte einmal Mitleid mit Delilah haben. Doch nun schien es so, als habe er sie verletzt, und das tat ihm leid.

„Meine liebe Dame“, stammelte er, „ich habe nicht verstanden ..., ich dachte ...“

„Ach“, seufzte sie, „ich weiß schon, Simson, wir beide

sind von ähnlicher Natur und Erfahrung. Frauen haben dich geliebt, weil du so groß und stark bist. So wie Männer mich geliebt haben, weil ich so schön bin." Sie wandte sich ihm wieder zu, blickte ihn scheinbar traurig an und flüsterte. „Und damit müssen wir uns eben abfinden, Simson. Wir haben es mit Menschen zu tun, die unter uns stehen und die uns nie geben können, was wir wirklich brauchen."

Als Simson ihr zuhörte, nahm seine Verwirrung noch zu. Sprach sie von seiner Vergangenheit? Es schien so zu sein. Es konnte doch nicht Marissa sein, die sie meinte. Marissa war gut und heilig, die Erfüllung all dessen, wonach er sich immer gesehnt hatte.

Simson betrachtete Delilah aufmerksam. Sein Mitleid mit ihr nahm noch zu. „Du hast kluge Worte gesagt, meine Dame", nickte er. „Ich bin wirklich das Opfer solcher Menschen geworden. Aber diese Zeit liegt hinter mir."

Delilah wischte scheinbar einen Anflug von Tränen aus ihren Augen. Sie seufzte tief und lächelte ihn scheu an. „Wirklich?" seufzte sie. „Dann hast du gefunden, was ich immer noch suche. Du wirst von hier nach Zora gehen, um zu heiraten, hörte ich. Deine Verlobte muß wohl ein Engel sein."

„Sie ist es", bestätigte Simson mit Nachdruck. Er bemerkte nicht, wie ihre Augen bei diesen Worten zornig aufflammten.

„Ich bin glücklich für dich", log sie. „Eine Frau von großer Schönheit und einer noch größeren Seele zu haben ist eine Ehre und ein Segen."

Während sie das sagte, war sie immer näher gekommen, und nun stand sie direkt vor ihm. Alle Worte über Marissa schienen nicht mehr recht am Platz zu sein in ihrer Gegenwart. Delilah hob ihr Gesicht, das jetzt voller Tränen war. Er kämpfte gegen das Gefühl, das sie in ihm erregte.

„Sage mir", flüsterte sie und zog seine Hand an ihre Wange, „erreicht deine Verlobte wirklich jeden Winkel deines Herzens? Ist sie dir ebenbürtig, mein Herr, in jeder Weise?"

„Sie ist es“, sagte Simson schwach.

Delilah gab sich noch nicht zufrieden. Sie zog seine Finger an ihre Lippen und schmiegte sich an ihn. „Du bist wert für die Beste, Simson“, flüsterte sie. „Sei sicher, daß du die Beste gefunden hast, Simson.“

Simson entrang sich ein Stöhnen. Er entzog sich ihr und ging wieder zu Tür. „Du willst mir doch eine Falle stellen, Delilah“, sagte er. „Aber ich werde nicht hineingehen.“

Doch Delilah war noch schneller. Plötzlich stand sie zwischen ihm und der Tür. Als sie ihn jetzt umarmte und an sich zog, ergab sich Simson. Er umarmte sie ebenfalls, und der Kuß, in den die beiden sich verloren, wollte scheinbar kein Ende nehmen.

6. KAPITEL

Es wäre eine Lüge, wenn man sagen wollte, daß Simson die Nacht der Torheit und Sünde mit der Philister-Kurtisane Delilah nicht gefallen hätte. Von dem Augenblick an, als er Delilahs Absicht erkannte, hätte er zu der Versuchung nein sagen können. Es war vorauszusehen, welche Konsequenzen seine erotischen Beziehungen zu der Prostituierten für ihn selbst, für seine bevorstehende Heirat und für das ganze Volk Israel haben konnten, und deshalb hätte er Delilahs Annäherungsversuche weit von sich weisen sollen. Doch nachdem er den ersten Kuß mit ihr ausgetauscht hatte, war er Delilahs Gefangener.

Als er am nächsten Morgen erwachte und aus dem Bett sprang, taumelte er zum Fenster, als suche er draußen einen Schuldigen für sein Versagen in der vergangenen Nacht. In der Vergangenheit konnte er immer Josef verantwortlich machen. Doch Josef war diesmal nicht hier, und außerdem hatte er ihn seit Jahren nicht gesehen.

Simson wußte, daß die kleine Ratte auch diesmal seinen Anteil an der Sache hatte. Er hatte Delilah unzweifelhaft den Weg gezeigt, wie sie sich Simson am besten nähern konnte. Doch der Nasiräer konnte durch ihre Art sehen – er *hatte* gesehen –, daß sie ihm eine Falle stellen wollte. Ja, er war in Sünde gefallen. Einige würden sagen, er sei in Liebe gefallen, andere würden es so darstellen, er sei ein Opfer seiner Leidenschaften geworden. Wie immer man es nennen wollte, er hatte seine eigenen Grundsätze und auch seine kommende Ehe mit Marissa an Delilah verraten.

Auf Delilahs Frisiertisch lag ein Handspiegel. Simson hob ihn hoch und zog sich selbst eine Grimasse. „Narr!" murmelte er und knirschte zornig mit den Zähnen.

Was sollte er nun tun? Zu Marissa zurückkehren, ihre reine Hand in die seine nehmen und sie Gattin nennen? Ganz gewiß nicht. Konnte er nach Hebron zurückgehen und sich den Mantel des Richters und Regenten von Israel wieder um die Schultern legen? Absurd!

„Würdest du dich schämen, das wäre noch zu gut für dich", schimpfte er mit seinem Abbild im Spiegel.

Gerade in diesem Augenblick klopfte jemand an die Tür. Simson legte den Spiegel zurück, rannten zum Bett und ergriff seine Kleidungsstücke. Gleichzeitig weckte er Delilah und rief: „Jemand ist draußen! Wo kann ich mich verstecken?"

Die Frau beobachtete ihn mit einem amüsierten Lächeln, als er sich aufgeregt nach einem Versteck umschaute. „Mein Lieber", sagte sie, „was tust du denn? Es ist doch nur Bariath."

Tief erschrocken stöhnte Simson. „*Nur* Bariath? Bist du närrisch? Wohin kann ich gehen?"

Wie ein in die Enge getriebener Fuchs versuchte der Nasiräer unter das Bett zu kriechen. Doch wegen seiner kräftigen Gestalt gelang ihm das nicht.

Delilah schaute ihm belustigt zu. „Beruhige dich, Simson", kicherte sie. „Meinst du nicht, daß Bariath genau Bescheid weiß?"

Der Israelit zuckte zusammen. „Er wird meinen Hals fordern!" rief er und bemühte sich hastig, sich anzukleiden. Delilah zog ihre Robe über und ging in das Wohnzimmer hinüber, wo sie am gestrigen Abend gesessen hatten. „Herein!" rief sie und ließ Simson allein im Schlafzimmer, wo dieser so schnell wie möglich seine Sandalen anzog.

Aus dem Nachbarzimmer hörte er Bariaths Stimme. „So spät aufgestanden, meine Liebe? Geh und mach dich schnell fertig, wir werden hier auf dich warten."

Wir? Simson geriet fast in Panik. Bariath war also nicht allein.

Vorsichtig blickte Simson in das Wohnzimmer. Zu seinem Entsetzen waren auch Siloam und alle *Seranim* anwesend. Sie suchten sich gerade Sitzplätze und unterhielten sich angeregt.

„Vielleicht solltest du der Schlafmütze helfen", sagte Bariath zu der Frau und nickte zur Schlafzimmertür hin. „Wir möchten nämlich beginnen."

Die Worte trafen den Nasiräer wie ein Schock. Bariath wußte es also. Doch es war ihm aufgefallen, daß in Bariaths Stimme kein Tadel zu hören war. Ein wenig Ungeduld vielleicht, aber kein Ärger.

Delilah kam in das Schlafzimmer zurück und schüttelte den Kopf, als sie den Nasiräer verlegen stehen sah. „Beeile dich, mein Lieber", mahnte sie. „Sie warten auf dich."

„Wie?" schnaufte Simson. „Wollen sie etwa hier verhandeln, in deinen Räumen?"

„Das ist durchaus in Ordnung und nicht ungewöhnlich", antwortete sie.

Während Simson noch seine Kleidung ordnete, trat Delilah von hinten an ihn heran und legte ihm die Arme um die Hüften. „Ist es nicht ein Glück, daß du diese Nacht bei mir gewesen bist", sagte sie. „Bariath hat eben erklärt, da wir heute erst so spät beginnen können, wird die Konferenz noch bis morgen dauern. Ist das nicht wunderbar? Dadurch bleibt uns noch eine weitere Nacht gemeinsam."

„Was?" rief Simson und riß sich von ihr los. „Das ist unmöglich. Du weißt, ich werde in Zora erwartet."

Delilah nickte betrübt. „Für deine Hochzeit. Ich weiß."

Um sich nicht noch länger von ihr zurückhalten zu lassen, band er schnell noch die Sandalen um seine muskulösen Waden fest.

„Aber wir haben heute noch allerlei Fröhliches geplant", redete sie ihm zu. „Ich habe mit den *Seranim* gesprochen, und sie haben zugestimmt, daß es heute einen Tag mit Besprechungen und Vergnügungen geben sollte. Ich habe mir ein großartiges Spiel für uns einfallen lassen. Gleich nach dem Mittagessen."

Stirnrunzelnd schüttelte Simson den Kopf. „Ich habe keine Zeit für Spiele, Delilah", grollte er. „Die Konferenz wird noch Zeit genug brauchen, und dann muß ich mich auf den Weg machen."

„Willst du nicht wenigstens hören, welches Spiel ich geplant habe?" bat Delilah und hielt ihn am Arm fest.

„Also gut, was für ein Spiel ist es", gab er nach.

Sie klatschte in die Hände wie ein kleines Mädchen und rief: „Es wird dir sicher gefallen! Es ist so ähnlich wie das Brettspiel, das du gestern mit den anderen gespielt hast. Doch statt der Spielmarken muß der Verlierer etwas von seinem Eigentum geben, etwas Wertvolles. Und es wird nicht mit Figuren auf einem Brett gespielt, sondern mit echten Menschen."

Trotz seines Entschlusses, nicht noch einmal mitzumachen, wurde er neugierig. „Mit echten Männern?" fragte er.

„Und mit Frauen", kicherte Delilah. „Wer weiß, vielleicht gewinnst du mich für immer."

Kopfschüttelnd ging er zur Tür und sagte noch: „Es ist schade, daß ich an diesem Spiel nicht mehr teilnehmen kann. Es scheint eine echte Herausforderung zu sein."

Als er in Delilahs Wohnzimmer trat, wurde er von den wartenden *Seranim* begrüßt. „Meine Herren", sagte er mit einer leichten Verbeugung, „ich grüße euch alle. Wir wollen ohne weitere Verzögerung mit unseren Besprechungen beginnen."

Sie setzten sich alle um einen Tisch, auf dem nur einige Rollen lagen, beschrieben mit dem, was in den bisherigen Besprechungen schon erreicht worden war.

Simson hatte sich gerade gesetzt, als Delilah vom Schlafzimmer her den Raum betrat. Die *Seranim* begrüßten sie mit einer Verbeugung. Sie lief mit zitternden Lippen zu Bariath.

„Was hast du, meine Liebe?“ fragte er.

„Ich habe versucht, eine gute Gastgeberin zu sein“, beklagte sie sich. „Doch Simson sagt, er könne am Nachmittag nicht mehr bleiben. Ich glaube, wir müssen unser kleines Fest absagen.“

Bariath machte einen beleidigten Eindruck, als er sich nun an Simson wandte. Auch die anderen *Seranim* schienen betroffen zu sein, denn sie blickten den Israeliten vorwurfsvoll an.

„Hat sich Delilah irgendwie schlecht benommen?“ fragte Baldod.

„Haben wir dich sonst mit irgend etwas verärgert?“ fügte Siloam hinzu.

„Wieso denn? Nein – durchaus nicht“, stammelte Simson, der sich über die Reaktion der Philister wunderte. *War es möglich, daß er alle schon gemachten Fortschritte aufs Spiel setzte, nur weil er an einem kleinen Fest nicht teilnehmen wollte,* überlegte er.

Nervös griff er nach einer Rolle und öffnete sie. „Ich nehme an, ich kann nach dem Essen noch ein klein wenig bleiben“, erklärte er. „Aber nicht sehr lange.“

Als die anderen Beifall klatschten und Delilahs Gesicht vor Freude strahlte, fühlte er sich erleichtert. Er überhörte die Mahnung seines Gewissens und war überzeugt, er würde Delilah diesmal widerstehen können. Es war ja nur noch für wenige Stunden.

„Dieses Spiel“, fragte er, „wie nennt man es eigentlich?“

„Es wird dir gefallen, Simson“, rief Delilah begeistert. „Wir nennen es *Wer ist der Stärkste?* Wie könntest du dann verlieren?“

7. KAPITEL

Am Nachmittag wurde Simson von seinen philistäischen Herausforderern schwer geprüft in einem Spiel, das bestimmten Regeln folgte. Da gab es Fragen und Antworten, Prüfungen und Irrtümer, Bindungen und Befreiungen.

Nach den Regeln hatten die Philister vier Chancen, um herauszufinden, wie stark ihr Gegner war. Damit, so sagten sie, sollte das *Geheimnis* der Stärke eines Mannes herausgefunden werden. In jeder Runde stellten die Herausforderer eine Frage, womit ihr Gegner sich binden lassen wollte. Gleichzeitig machten sie Vorschläge, womit sie ihn binden wollten. Der Geprüfte durfte dann sagen, ob er es erlauben wollte, sich mit dem binden zu lassen, was die Herausforderer vorgeschlagen hatten.

War eine Prüfung akzeptiert worden, entfernten sich die Herausforderer, und ihr Gegner wurde von den Zurückgebliebenen gebunden. Wenn sie damit fertig waren, riefen sie: „Die Philister kommen über dich!" Daraufhin kamen die Herausforderer wieder herein, um ihren Gegner gefangenzunehmen.

Wenn es dem Gebundenen nun gelang, sich zu befreien, mußten seine Herausforderer ihm jeder ein Silberstück geben; und die nächste Runde konnte beginnen. Gelang es dem Gebundenen nicht, sich zu befreien, so wurden die Rollen vertauscht und ein anderer Spieler durfte probieren, wie stark er war und ob er die Silberstücke seiner Herausforderer gewinnen konnte.

Wer am Ende die meisten Silberstücke gewonnen hatte, wenn jeder geprüft worden war, durfte auch die Silberstücke noch einkassieren, die andere gewonnen hatten.

Doch es gab eine Möglichkeit, noch viel mehr zu gewinnen. Ein Mann, der vier Runden überstanden hatte und sich jedesmal befreien konnte, durfte seine eigene Belohnung bestimmen.

Es war, wie Delilah es gesagt hatte. Die Prüfungen waren schwer, und die Männer selbst waren die Einsätze. Doch für Simson war so etwas kein Problem. Deshalb wurde es ihm langweilig, und er richtete seine Aufmerksamkeit mehr auf Delilah.

In der ersten Runde stellte Delilah die vorgeschriebene Frage an Simson: „Wenn man dich mit sieben frischen Bogensehnen binden würde, die noch nicht getrocknet sind, würdest du dich dann befreien können?"

Sie kann ziemlich hartnäckig sein, dachte Simson. Er blickte erst sie und dann die *Seranim* an, die neben ihr standen, und sagte dann lächelnd: „Wenn ich mit sieben frischen Bogensehnen gefesselt werde, die noch nicht getrocknet sind, dann werde ich schwach und bin wie jeder andere Mensch."

„Also gut", sagte Baldod. „So soll es geschehen."

Die *Seranim* sandten einen Diener fort, die Bogensehnen zu holen. Als er zurückkam, verließen sie den Raum. Delilah machte sich mit Hilfe des Dieners daran, Simson mit diesen sieben frischen Bogensehnen festzubinden. Das taten die beiden sehr kunstvoll und mit vielen Knoten.

Lachend und kichernd tanzte sie dann um den gebundenen Simson herum. „Ist das nicht ein großer Spaß?" rief sie. „Aber ich glaube nicht, lieber Simson, daß es dich festhalten kann."

Als sie fertig war, rief sie die Männer herein, die draußen gewartet hatten. Zu Simson gewandt, rief sie: „Die Philister kommen über dich, Simson! Die Philister kommen über dich!"

Auf dieses Stichwort hin, das zum Spiel gehörte, stürzten die *Seranim* ins Zimmer. Doch ehe sie Simson erreicht hatten, strengte dieser seinen Muskeln kurz an, wie er das schon so oft getan hatte, und die zerrissenen Sehnen fielen herunter. Er stand als freier Mann vor ihnen.

Seine Herausforderer lachten, klopften ihm anerkennend auf die Schulter und gratulierten ihm. Simson konnte kaum glauben, daß sie eine so kindische Sache unterhaltsam fanden.

Nachdem in der ersten Runde alle Teilnehmer geprüft worden waren, kam Simson wieder an die Reihe. Einige andere waren inzwischen schon ausgeschieden. Wieder saß Simson auf dem Stuhl und ertrug gelangweilt den zweiten Versuch seiner Herausforderer.

Diesmal hatten sie vorgeschlagen, ihn mit neun frischen Seilen zu binden, die sonst noch für nichts anderes verwendet worden waren. Simson stimmte wieder zu und sagte: „Wenn man mich mit neun frischen Seilen bindet, werde ich schwach und bin wie jeder andere Mann."

Als Delila sich mit dem Diener wieder daranmachte, ihn zu binden, bewegte er sich gelangweilt hin und her. „Halte doch still, mein Lieber", beklagte sie sich. „Mußt du immer so dickköpfig sein?"

„Aber Delilah, das ist ein törichtes Spiel. Was soll das Ganze? Es sei denn, die *Seranim* finden heraus, wie man mich binden kann, ohne daß ich wieder freikomme, sonst können sie überhaupt nichts gewinnen."

„Sei doch froh", redete Delilah ihm zu. „Wenn sie noch dreimal verlieren, kannst du von ihnen verlangen, was du willst, und sie müssen es dir geben."

Simson wußte sehr gut, daß die neun Seile ihn nicht halten würden. Trotzdem protestierte er, als die Seile jetzt so straff gezogen wurden, daß sie tief in das Fleisch schnitten. „Nicht so fest, Delilah", knurrte er. „Auch ich bin aus Fleisch und Blut. Aber es ist trotzdem ein dummes Spiel, noch nie konnte mich irgendeine Bindung festhalten."

„Na schön", ärgerte sie sich, „dann brauchst du dich auch nicht zu beklagen. Das Spiel wird bald vorüber sein, und du kannst dann deine Belohnung einfordern."

Als sie seinen gelangweilten Blick sah, sagte sie nichts mehr. Ihr war klar, daß er sich nichts weiter wünschte, als bald gehen zu dürfen. Sie biß sich vor Eifersucht auf die Zunge, weil sie wußte, daß Simson an seine jüdische Braut dachte. Doch sie lächelte süß und sagte: „Lieber Simson, wir wollen nicht streiten. Spiele einfach für mich noch mit."

Dann öffnete sie die Tür und schrie laut genug, daß die Männer draußen es hörten: „Die Philister kommen über dich, Simson! Die Philister kommen über dich!"

Es ging wie beim ersten Mal. Noch ehe die Philister ihn erreichten, hatte er die neun Stricke zerrissen und stand als freier Mann vor ihnen. Sie schüttelten erstaunt ihre Köpfe.

„Was werden sie sich diesmal einfallen lassen?" fragte Simson. „Ich habe keine Zeit für diesen Unsinn."

„Keine Zeit?" gurrte Delilah. „Keine Zeit, Simson, um zu gewinnen und dir von deinen Feinden zu wünschen, was immer du haben möchtest. Du könntest Gaza gewinnen, wenn du möchtest. Fordere Baldod auf, Gaza in das Spiel einzubringen. Das ist deine Chance, es für Israel zu gewinnen."

Staunend blickte Simson sie an. „Wirklich? Ich könnte einen so großen Preis fordern?"

„Natürlich", versichert die Frau ihm. „Ich habe dir gesagt, daß dies kein Kinderspiel ist."

„Aber sie haben ja noch gar nichts Ernstes versucht", bemerkte er. „Wenn sie so viel verlieren können, warum kommen sie dann nicht mit schwierigeren Dingen."

„Ach, Simson", seufzte Delilah, „du lebst schon so lange mit uns Philistern zusammen und hast noch nicht bemerkt, daß wir unsere Spiele fast genausosehr lieben, wie wir es lieben zu gewinnen. Bariath und die anderen werden die Sache erst ernst nehmen, wenn das Ziel fast erreicht ist."

Als Simson an seine Hochzeit mit Jezel und an die eine Woche lang dauernde Hochzeitsfeier dachte, sah er ein, daß Delilah recht hatte. Die Gäste hatten sich die ganze Woche damit vergnügt, sein Rätsel zu erraten. Erst am letzten Tag hatten sie seiner Braut und ihrer Familie Vergeltung angedroht, um die Lösung zu erfahren.

„Na schön", fügte er sich. „Die *Seranim* haben nur noch zwei Chancen, um das Geheimnis meiner Kraft herauszufinden. Ich nehme an, sie werden sich jetzt ein wenig ernster Gedanken darüber machen."

„Da kannst du sicher sein", lächelte Delilah. „Doch komm, das Abendessen wird serviert."

8. KAPITEL

Simson hatte kaum Interesse an den Speisen, die vor ihm standen. Das Gelächter und die Unterhaltung seiner Gastgeber sagten ihm nichts, und das Essen rührte er kaum an.

Trotz Delilahs Hinweis, er könne sogar Gaza gewinnen, wenn er weiter mietspielte, fühlte er sich wie ein Narr dabei. Er gewann, das stimmte. Doch er konnte den Gedanken nicht loswerden, daß er für irgendeinen Zweck mißbraucht wurde – und im besten Fall war er immer noch der Clown eines Philisterspiels.

Irgendwie fühlte er sich gedemütigt und blickte mit traurigen Augen zum Fenster hinaus. Um diese Zeit hätte er in Zora eintreffen sollen, und am Ende der Woche wollte er Marissa mit sich nach Hebron nehmen.

Er warf Delilah, die in der Nähe auf einer Liege saß, einen zornigen Blick zu, den sie aber nicht bemerkte. Wie war es möglich, daß er alle Stricke zerreißen und Stadttore aus den Angeln heben und davontragen konnte, aber keine Kraft hatte, schönen verführerischen Frauen zu widerstehen, überlegte er. Doch so sehr er auch die Verführungskünste der Frauen dafür verantwortlich machen wollte, er wußte, daß er selbst schuld war.

Als er bei diesem Gedanken angekommen war, entschloß er sich, der Falle Delilahs zu entkommen. Er erhob sich und machte eine Verbeugung.

„Meine Herren“, sagte er so laut, daß alle aufmerksam wurden, „ihr seid großartige Gastgeber gewesen, und ich bedanke mich sehr dafür. Doch ich muß jetzt wirklich gehen. Eure Großzügigkeit hat mir geschmeichelt, und die Spiele waren eine große Herausforderung für mich. Doch da unsere Besprechungen abgeschlossen sind, werde ich mich jetzt auf den Heimweg machen."

Völlig überrascht durch diese unerwartete Wendung der Dinge, begannen die *Seranim,* Simson zu bitten, noch zu bleiben. Mit diplomatischen Umschreibungen erinnerten sie ihn daran, daß alle ausgehandelten Bedingungen wieder zunichte werden könnten.

Doch Simson war nicht umzustimmen. „Wenn der Friede zwischen uns so schnell zerbrechen kann", warnte er, „dann war er es nicht wert, daß wir uns darum bemüht haben. Vergeßt nicht, daß man mit Israel nicht spielen kann."

Er wandte sich um, verließ den Speisesaal und ging zu seinen Räumen. Hier befahl er dem Diener zu packen und trug seinem Fahrer auf, den Wagen fertig zu machen. Nicht einmal Delilah konnte ihn aufhalten, als er ihren Raum betrat, um seinen Umhang zu holen. Er sah sich um, ob bei ihr noch etwas von seinem persönlichen Eigentum liegen geblieben war.

„Simson", rief sie, „wie kannst du das tun? Du sagst, du liebst mich, und doch beschämst du mich vor allen Fürsten!"

Mit harten Augen blickte er sie an und grollte: „Wann hätte ich je gesagt, daß ich dich liebe?"

Noch nie hatte ein Mann so mit ihr gesprochen. Doch sie forderte ihn heraus: „Hast du die Nacht schon vergessen, die wir hier gemeinsam verbrachten?"

„Vergessen, nein!" zürnte er. „Aber ich bereue sie."

Erstaunt über seine Entschlossenheit, machte sie noch einen Versuch: „Aber was ist mit Gaza?" rief sie. „Du könntest Gaza gewinnen, wenn du bleibst!"

„Ha!" lachte er. Und ohne sich umzudrehen, rief er: „Wenn Simson Gaza haben will, dann nimmt er es. Und wenn er die ganze Stadt auf seinem Rücken nach Hebron tragen sollte."

Wie eine gefangene Tigerin lief Delilah in ihrem Wohnzimmer hin und her. Simson reiste ab, und sie hatte in ihrer Aufgabe, ihn zu besiegen, versagt.

Doch noch demütigender war es für sie, daß er sie nun auch als Frau zurückstieß. Zwar hatte sie ein Ziel erreicht: Sie hatte Marijah in Gaza besiegt, denn die Rothaarige hatte ihn nicht länger als einige Stunden halten können. Doch das hatte nun nicht mehr viel zu bedeuten. Sie würde ihn an eine naive Jüdin verlieren, und außerdem auch noch die Belohnung, die ihr von den *Seranim* versprochen war.

Als es an die Tür klopfte, rief sie zornig: „Geh fort!"

„Delilah", hörte sie Bariaths Stimme, „laß mich herein!"

Im ersten Augenblick wollte sie sich weigern, doch dann öffnete sie ohne ein Wort die Tür.

„So siehst du also aus, wenn du zornig bist", versuchte Bariath sie zu beruhigen.

„Ich möchte dich nicht sehen", fuhr sie ihn an.

„O Delilah", lachte er, „du kannst ziemlich dramatisch werden. Doch wir wollen deine Aufregung jetzt vergessen und an unser Volk denken. Oder hast du deinen Auftrag vergessen, warum wir dir hauptsächlich alle Möglichkeiten gegeben haben, Simson zu verführen?"

„Ich habe es nicht vergessen", stieß sie hervor, und neuer Zorn ergriff sie, als sie an Simson dachte.

„Dann, meine Liebe, beweise uns, was du kannst. Willst du unseren Feind davonkommen lassen? Oder –" hier machte er eine kleine Pause, „oder hätten wir besser Marijah von Gaza damit beauftragt?"

Delilah fuhr hoch. „Wenn ich Simson nicht überwinden kann, dann gelingt es auch keiner anderen Frau", erklärte sie. „Ich werde es schaffen."

„Siehst du, das habe ich gewußt", nickte Bariath. „Das ist wieder die Delilah, die ich kenne und auf die ich so stolz bin. Also, enttäusche mich nicht."

9. KAPITEL

Delilah eilte den Gang hinunter zu Simsons Appartement, das man ihm für die Zeit seines Aufenthalts hier in Sorek zur Verfügung gestellt hatte und in dem er mit seinen wenigen Begleitern wohnte. Obwohl Delilah sich beeilte, trug sie doch ein Tablett mit dem Weinkrug und zwei Kelchen aus ihrem Zimmer sehr vorsichtig, um nichts zu verschütten. In den einen Kelch hatte sie einen Schlaftrunk hineingetan.

Wenn es ihr gelang, in Simsons Appartement zu kommen und ihn zu einem Abschiedstrunk zu überreden, hatte sie vielleicht noch eine Chance. Doch zu ihrer Enttäuschung öffnete Simsons Diener die Tür und nicht der Richter selbst.

„Sage deinem Herrn, ich möchte mich von ihm verabschieden wie von einem Freund“, erklärte sie und wies auf das Tablett mit dem Wein und den Kelchen.

Der Diener runzelte die Stirn. Doch dann rief er in den Raum zurück: „Herr, die Philisterfrau ist hier, sie möchte dich zum Abschied noch grüßen.“

„Dasselbe zu ihr!“ hörte man Simsons Stimme. „Bestelle ihr meine Grüße!“

Erregt schob Delilah den Diener beiseite. „Bei allen Göttern!“ knurrte sie ihn an. „Geh mir aus dem Weg!“

Erzürnt, weil sie plötzlich im Raum stand, fuhr Simson herum. „Was soll das?“ schrie er. „Kannst du nicht begreifen, daß ich es eilig habe?“

Auf einer Liege stand ein offener Reisekorb, den er und der Diener gerade für die Heimreise packten.

„Wie kannst du gehen, wenn wir uns nicht ausgesöhnt haben?“ sagte sie mit traurigem Augenaufschlag. „Laß uns wenigstens als Freunde auseinandergehen.“

Sie hielt ihm das Tablett mit den Kelchen und dem Weinkrug entgegen.

Amüsiert betrachtete Simson ihre ausgestreckten Hände. Gewiß konnte sie mit diesem Versuch nichts mehr gewinnen, außer eine gute Erinnerung. Eine Verführerin war sie sicherlich, aber vielleicht war sie doch noch nicht ganz böse. Mit einem Seufzer trat er näher, nahm ihr das Tablett ab und stellte es auf den Tisch.

Zu dem Diener sagte er: „Es ist schon in Ordnung. Komme in einigen Minuten wieder.“

Delilah goß die beiden Kelche voll und reichte dem Richter einen davon. „Lieber Simson“, flüsterte sie. „Ich weiß doch, daß du mich so sehr gar nicht hassen kannst.“ Sie blickte ihn über den Rand ihres Kelches hinweg an und fügte hinzu: „Laß uns noch diesen Schluck Wein zum Abschied miteinander trinken.“

Als Simson den Kelch erhob und einen tiefen Schluck nahm, gab sie sich Mühe, das böse Lächeln zu unterdrücken, das sich auf ihre Lippen drängen wollte.

Der Wein schien ungewöhnlich schwer zu sein. Simson konnte nichts tun, um seine Wirkung zu stoppen. Innerhalb weniger Augenblicke begann ein seltsamer Effekt auf ihn einzuwirken, der all seine Reaktionen verlangsamte und die Zunge in seinem Mund schwer machte. „Welche Art von Zauberei hast du diesmal angewandt“, stammelte er mühsam, während der Raum sich vor seinen Augen zu drehen begann.

„Aber Simson“, lachte Delilah, „du schmeichelst mir ja schon wieder. Bist du etwa vor Liebe trunken?“

Sie nahm ihn bei der Hand, führte ihn zu einer zweiten Liege und zog ihn neben sich. „Lege nur deinen Kopf in meinen Schoß und ruhe dich aus“, sagte sie, „dann wird es bald wieder besser werden.“

Er gehorchte ihr, da er keine Kraft mehr hatte, Widerstand zu leisten. „Du bist eine seltsame Frau", sagte er. „Wie kannst du immer noch glauben, ich würde dich lieben?"

Delilah verbarg ihre Freude hinter einem betrübten Gesicht. „Ach, ich werde wie eine Närrin, wenn ich an dich denke", seufzte sie. „Natürlich sind es nur meine Wünsche, die mich von Liebe sprechen lassen, wenn ich bei dir bin. Denn würdest du mich wirklich lieben, dann hättest du mich nicht so beschämt, wie du es getan hast."

„Ich habe dich beschämt?" fragte Simson irritiert. „Wann hätte ich das denn getan?"

Delilah gab vor, verärgert zu sein. „Du bist grausam", flüsterte sie. „Ein ums andere Mal hast du mich beschämt, weil du mich immer wieder belogen hast. Wie kannst du sagen, das stimmt nicht?"

Da Simson durch den Wein wie in einem Rausch war, konnte er nicht richtig denken. Deshalb fragte er langsam: „Wann hätte ich dich denn belogen?"

„Zweimal hast du mir Lügen erzählt über deine Kraft. Zuerst mit den Bogensehnen und dann mit den neuen Seilen. Sage nur nicht, das hättest du nicht getan."

In seinem veränderten Zustand glaubte Simson ihr fast, wandte aber dann doch mehr lallend als sprechend ein: „Das war doch in einem Spiel." Er versuchte sich aufzurichten, doch Delilah zog ihn auf ihren Schoß zurück.

Doch Delilah widersprach: „Für mich war es aber kein Spiel. Hättest du mir die Wahrheit gesagt, ich würde es niemals verraten haben."

„Das meinst du doch nicht ernst!" sagte er langsam und legte die Hände an seinen Kopf, weil alles vor seinen Augen verschwamm. Nach einigen Minuten erhob er sich mit überraschender Energie und stand auf schwankenden Beinen vor ihr. „Du, meine Dame, bist in der Lage, jeden vernünftigen Mann verrückt zu machen", hielt er ihr vor.

„Wenn es so ist", forderte Delilah ihn heraus, „dann

kannst du mir auch sagen, wo das Geheimnis deiner Kraft liegt und wie man dich gefangennehmen kann."

Simson lachte laut, während er im Raum herumtaumelte. Dabei stieß er mit dem Fuß an einen kleinen Webstuhl, der in der Ecke stand. „Hier", schrie er. „Hier steht die Antwort auf deine Frage vor dir!"

Er packte den Webstuhl und zog ihn über den Fußboden, bis er vor der Liege stand, auf der seine Quälerin saß. „Ich fürchte mich vor Webstühlen", sagte er mit ernstem Gesicht. „Webstühle sind meine größten Feinde, denn wenn man die sieben Locken meines Haars in den Webstuhl hineinflicht, werde ich so schwach wie alle anderen Menschen."

Völlig überrascht studierte Delilah den Ausbruch Simsons. Sie fürchtete schon, sie hätte zuviel von dem Pulver in den Wein getan, so daß er seinen Verstand völlig verlieren könnte, statt in einiger Zeit wieder normal zu reagieren.

„Simson, du verspottest mich schon wieder und belügst mich", beklagte sie sich. „Simson, du machst mir angst."

Er hob den Webstuhl hoch und wollte ihn gegen die Wand werfen. Doch plötzlich konnte er nichts mehr fühlen, nichts mehr sehen und nichts mehr hören. Kraftlos ließ er den Webstuhl fallen und sank selbst neben ihm auf den Fußboden. Er wußte nicht mehr, daß er mit dem Gesicht nach unten neben dem Webstuhl auf dem Fußboden lag und daß Delilah auf der Liege vor Angst zitterte.

Als der Diener an die Tür klopfte, rief sie: „Dein Herr ist eingeschlafen. Er wird dich rufen, wenn du wiederkommen sollst!"

10. KAPITEL

Delilah arbeitete schnell. Sie schob den Webstuhl ganz nahe an Simsons Kopf heran und verknüpfte dann die sieben Locken des bewußtlosen Mannes ganz eng mit dem Webstuhl, als wären es gekämmte Wollfäden. Dann ließ sie das Weberschiffchen einige Male hin und her laufen, so daß das Haar direkt in den Stuhl eingewebt war. Sie mußte sich beeilen, ehe der Diener oder jemand anderes kam, um nach dem Nasiräer zu sehen.

Sie kam sich ziemlich töricht vor, als sie Simsons Hinweis befolgte. Doch sie war verzweifelt und hätte alles probiert, was man ihr sagte. Außerdem war es durchaus möglich, daß sie auf die Wahrheit gestoßen war.

Israel und die Philister, wie auch die anderen Völker dieser Gegend, verbanden besonders viele Vorstellungen mit dem Haar. Manche glaubten, es sei ein bevorzugter Wohnplatz für Geister und magische Kräfte. Vielleicht war es tatsächlich das Geheimnis von Simsons Kraft. Es mußte doch etwas zu bedeuten haben, daß der Eid, der auf ihm von seiner Geburt an ruhte, etwas mit seinem Haar zu tun hatte.

O, dachte sie, während sie sein Haar mit dem Webstuhl verband, *kann das Geheimnis so einfach sein? Ist die Quelle seiner Kraft so sichtbar, und kein Philister ist je darauf gekommen?*

Doch andererseits hatte er sie schon einigemale belogen. Sie würde die *Seranim* nicht rufen, bis sie genau wußte, ob er sie wieder hinters Licht geführt hatte. Sie wollte es ausprobieren, wenn er erwachte. Und wenn er sich diesmal wieder befreien konnte, dann würde von ihrer neuen Beschämung nur sie selbst wissen. Würde er aber im Webstuhl gefangen bleiben, würde sie ihn festhalten und Bariath und die anderen rufen. Sie fühlte schon die Silberstücke der Belohnung in ihren Händen.

Als etwa eine halbe Stunde vergangen war und Simson sich noch immer nicht rührte, wurde sie unruhig. Sie versuchte ihn zu schütteln. Doch das half nichts. Nach einigen weiteren Minuten kam sie auf den Gedanken, es mit den Worten des Spiels zu versuchen. Vielleicht würde er dann aufwachen. Sie beugte sich vor und flüsterte ihm ins Ohr: „Die Philister kommen über dich, Simson! Die Philister kommen über dich!"

Er zuckte kurz zusammen, als habe er die Worte vernommen, doch dann schien er wieder in Schlaf zu verfallen. Doch wenige Augenblicke später öffnete er tatsächlich die Augen und blickte verwirrt um sich.

„Die Philister kommen über dich, Simson!" rief sie wieder. „Die Philister kommen über dich!"

Simson verstand, was die Verführerin sagte, schien aber wie ein gefallener Baum hilflos auf dem Fußboden zu liegen. Er versuchte den Kopf zu drehen und bemerkte dabei, wie sein Haar irgendwie eingeklemmt war.

„Delilah, was hast du getan?" stöhnte er und griff sich an seinen schmerzenden Kopf.

Bei allen Göttern, sie hatte ihn! Sie sprang auf und tanzte umher, dabei sang sie spöttisch: „Armer Simson, hast du mir nun endlich doch die Wahrheit gesagt!"

Doch gerade in dem Augenblick, als sie Bariath rufen wollte, schoß neue Kraft durch Simsons Körper und vertrieb die Wirkung der Drogen, die Delilah ihm in den Wein getan hatte. Wie ein Riese der Urzeit erhob er sich langsam, packte den Webstuhl und riß ihn auseinander, so daß sein Haar wieder frei war.

Immer noch benommen, taumelte er im Raum umher. An der Wand hing ein Kupferspiegel. In diesen blickte er jetzt hinein und sah, wie sein Haar ungeordnet auf seinem Rücken herunterhing. Nichts war mehr von der Lockenpracht zu sehen. Niemals in seinem ganzen Leben war sein Haar so völlig durcheinander gewesen.

Mit tiefer Scham erfüllt, schlug er die Hände vors Gesicht und weinte laut. „Oh Gott, was habe ich getan? Was habe ich getan?"

Delilah beobachtete unbewegt diesen Ausbruch des Nasiräers. Sie war nur dehalb zornig, weil er ihr wieder nicht die Wahrheit gesagt hatte. Wie eine Hyäne fuhr sie auf ihn los, weil sie sich nicht mehr beherrschen konnte, und schrie: „Du hast mich wieder belogen! Wie kannst du sagen, du liebst mich?" Am liebsten hätte sie ihm die Augen ausgekratzt.

Simson fuhr erschrocken zurück. Doch als ihm klar wurde, was sie wieder versucht hatte, packte er sie bei den Schultern und begann sie so sehr zu schütteln, daß er ihr fast das Genick gebrochen hätte. Als er das bemerkte, gab er ihr einen Stoß, daß sie in die Ecke taumelte.

Die Tür öffnete sich, und der Diener blickte des Lärms wegen in den Raum. Er sah Delilah verängstigt in der Ecke lehnen, den zerbrochenen Webstuhl und die ungeordnete Frisur Simsons. Doch wieder forderte Simson ihn mit einer Handbewegung auf, den Raum zu verlassen.

Als der Diener die Tür hinter sich geschlossen hatte, wandte sich Simson in seinem Zorn wieder Delilah zu. Er war außer sich und wußte nicht mehr, was er sagte. Auch die Wirkung der Drogen war noch nicht völlig verschwunden, sonst hätte er sich vielleicht nicht hinreißen lassen, sein Geheimnis preiszugeben.

„Ich bin ein Nasiräer von Geburt an!" schrie er und ging auf die zu Tode erschrockene Frau zu. „Hörst du, ich bin ein Nasiräer!"

Er warf die Liege um und schleuderte wutentbrannt einen Stuhl an die Wand, so daß er in viele Stücke zerbrach. „Was wolltest du denn tun?" fuhr er die Frau an. „Wolltest du mir das Haar abschneiden? Auf mein Haar ist nie ein Rasiermesser gekommen, das merke dir!“

Verstört schaute sie zu, als er weitere Möbelstücke zertrümmerte und schrie: „Mein Haar darf man nicht anrühren, denn in ihm liegt die Quelle meiner Kraft. Würde mir das Haar geschoren, wäre ich schwach wie jeder andere Mann! Also rühre mein Haar nicht an!“

Plötzlich begann er wieder zu taumeln. War es nun die Erschöpfung durch die Überanstrengung der letzten Tage oder waren es die Nachwirkungen der Drogen, die Delilah ihm mit dem Wein eingeflößt hatte, oder vielleicht beides zusammen. Er brach jedenfalls wieder zusammen und fing sofort an zu schlafen, als er auf dem Fußboden lag.

Delilah war überzeugt davon, daß er in seinem bedenkenlosen Zorn die Wahrheit gesagt hatte. Man mußte sein Haar abscheren. Hier lag das Geheimnis seiner Kraft. Sie hatte also doch noch über ihn gesiegt.

Leise ging sie zur Tür und öffnete sie. Als sie auf den Gang trat, winkte sie einen Diener herbei, der gerade vorüberging, und befahl ihm: „Hole Bariath und die anderen *Seranim,* aber schnell, denn Simson ist in großen Nöten!“

TEIL VIII

DER JUNGE UND DER BLINDE MANN

1. KAPITEL

Die Straßen von Gaza waren mit Musik und mit dem Lärm der feiernden Menge erfüllt, die auf die Ankunft ihres besiegten Feindes wartete. Simson, der Nasiräer, der Held Israels und Besieger der Philister, war gefallen. Jeden Augenblick würde er durch das Tor der Stadt hereingebracht werden. Durch das neue Tor, da Simson ja das alte zerstört hatte.

Diesmal würde er nicht seine Stärke demonstrieren können, er würde kein Blut vergießen und keine Mauern zerstören. Er würde in Ketten gebunden hereingeführt werden, bedroht von den Schwertern seiner Überwinder, der *Seranim* der Philister.

Über dem Durcheinander auf den Straßen, dem Lärmen, Lachen und Singen der siegreichen Philister stand ein Junge und hielt aufmerksam Ausschau. Er war kaum groß genug, über die Brüstung des Dachs von Dagons Tempel hinwegzublicken, hinter der er sich versteckte. Doch er stellte sich auf die Fußspitzen, zog sich etwas auf die Brüstung hoch, um alles sehen zu können. Mit großen Augen betrachtete er die feiernden Menschen und wartete wie sie darauf, daß Simson erscheinen würde.

Doch sein Herz war nicht so froh wie das der Sieger. Er hatte keine Freude daran, daß der Held gefallen war. Für ihn war das ein trauriger Tag, und nicht nur deshalb, weil er ein Israelit war.

Dans junges Leben hatte sich in dem Augenblick radikal verändert, als er nach Gaza gekommen war. Unauslöschlich in sein Gedächtnis eingebrannt waren die Ereignisse, die ihn gegen seinen Willen nach hier gebracht hatten, damit er in diesem heidnischen Tempel Dienst tun mußte. Die Wunden, die seiner jungen Seele von seinem Pflegevater Josef beigebracht worden waren, würden wohl nie verheilen. Ebensowenig wie die Erinnerungen an jene Nacht in der Herberge an der Mauer, neben dem Stadttor von Gaza, und an die Unterhaltung, die er dort mitgehört hatte.

Obwohl er nicht jedes Wort, das gesprochen wurde, verstanden hatte, wußte er, daß der Mann, den die Philister heute als Gefangenen nach Gaza brachten, sein wirklicher Vater war.

Heute, als die Nachricht wie ein Lauffeuer durch die Stadt und den Tempel ging, daß Simson besiegt war, hatte Dan sich einfach verkrochen. Er hatte seine üblichen Dienste getan, die man von ihm als Sklave der Priester Dagons erwartete, hatte sich dann aber jedesmal in einen einsamen Winkel zurückgezogen. Als die Menschen sich voll freudiger Erregung auf den Straßen versammelten, hatte er keinerlei Gefühle gezeigt. Seine Seele jedoch bebte unter den traurigen Gefühlen, die fast zu groß waren für sein junges Herz.

Auch draußen vor der Stadt hatten sich viele Menschen an der Straße versammelt, auf der die *Seranim* mit ihrem Gefangenen kommen mußten. Aus allen Städten und von der Küste strömten sie herbei, von Aschkalon und Aschdod und aus allen anderen Gegenden.

Im Tempel hatte man schon am frühen Morgen die Neuigkeit von Simsons Niederlage erfahren. Nun war schon der Nachmittag angebrochen. Wenn die Fürsten Sorek am vergangenen Abend noch verlassen hatten, mußten sie nun bald eintreffen.

Das Dröhnen von vielen Pauken kündigte ihr Kommen an. Irgendwo von der nördlichen Straße her kam der erwartete Zug, der von der Stadtmauer aus schon zu sehen war.

Die Neuigkeit, die wie der Wind von den Menschenmassen weitergetragen wurde, bekam nun ihre Untermalung durch das Dröhnen der hundert Pauken.

Dan zog sich wieder an der Brüstung hoch und hörte, wie sich das Jubelgeschrei vom Stadttor her weiter fortpflanzte.

Ja, da waren sie! Dan konnte die prächtig gekleideten *Seranim* auf ihren stolzen Pferden sehen. Gefolgt wurden sie von vielen Sklaven und Dienern, die ähnliche Kleidung trugen wie Dan selbst, eine reinweiße Tunika. Und vor ihnen marschierten bewaffnete Soldaten mit glänzenden Helmen und Rüstungen, die eine hilflose Kreatur in ihrer Mitte vorwärtstrieben.

Dan seufzte tief, als er den Gefangenen sah. War es möglich, daß dies der gewaltige Simson, der Held aller Israeliten war? Wo war sein so oft beschriebenes Haar, das von dem Bund des Nasiräers mit seinem Gott zeugte? Und warum taumelte er so und hielt den Blick zu Boden gesenkt?

Das konnte gewiß nicht Simson sein. Gewiß, der Gefangene war ein großer Mann. Aber er schien keinerlei Kraft zu besitzen. Auch jetzt wurde er wie ein alter Stier, der nicht mehr gehen wollte, vorwärtsgetrieben. Sein Kopf war völlig kahlgeschoren.

Doch die Menge rief jetzt seinen Namen. Immer wieder konnte man hören: „Simson! Simson!“ Sie spotteten über ihn und bespuckten ihn und lachten den erbarmungswürdigen Menschen aus.

Erst als die Soldaten, die ihn umgaben, an seinen Ketten zerrten und ihn schlugen, erhob er sein Gesicht und blickte die Menschen an, die dabei noch mehr lachten und schrien als vorher.

Herr! Gott! dachte Dan, *was haben sie mit ihm gemacht?*

Überall auf dem Gesicht des Gefangenen konnte man eingetrocknetes Blut sehen. Das hilflose Opfer taumelte vor sich hin, weil er nicht sehen konnte. Seine Augenlider waren mit einer schrecklichen Substanz verschlossen. Der zuschauende Junge wurde von einem Schock geschüttelt, als er begriff, daß man dem Helden die Augen ausgestochen hatte.

Diese Erkenntnis ließ Dan fast ohnmächtig werden. Er löste seinen Griff, ließ sich auf das Tempeldach rutschen und rollte sich ganz eng an die Mauer. Herr, Gott Israels, war es möglich, daß dies sein Vater war? Daß der große Held, der stets die Träume des Jungen erfüllt hatte, so gefallen war?

Seit Josef ihn in die Hände der Dagonpriester überlieferte, hatte eine Hoffnung ihn immer aufrecht gehalten, die Hoffnung, daß er eines Tages Simson finden würde, oder daß Simson zu ihm kommen würde und daß sie dann für immer glücklich zusammen leben würden.

Leise weinte der Junge vor sich hin. Das Kind, dessen Mutter durch ein Unheil bei seiner Geburt gestorben war, das Kind, das immer nur von Liebe geträumt hatte, versuchte nun vergebens, sich selbst zu trösten.

Während sich der Junge eng an die Mauer schmiegte, dröhnten die Pauken lauter, und der Lärm auf den Straßen wurde größer. Sie brachten den Gefangenen nun zu den Priestern.

Dan hob den Kopf und lauschte. Ja, Simson wurde jetzt unter ihm in den Tempel gebracht. Der Junge sprang auf und rannte zu der Leiter, die vom Dach hinunterführte. Bei allem, was da unter vor sich ging, würde man sicher auch für ihn Arbeit haben. Es durfte nicht herauskommen, daß er gelauscht hatte, wenn sein Aufseher nach ihm suchte.

Unten, im großen Tempelhof, nahm der Lärm immer noch zu. Als der Junge auf dem Pflaster des Hofes stand, versteckte er sich schnell hinter einer großen Säule. Er hielt seine Hände über die Augen, denn Simson wurde gerade in den Hof geführt, und Dan konnte dieses Jammerbild nicht mit ansehen.

2. KAPITEL

Den ganzen Tag und auch die Nacht noch feierten die Philister in Gazas Straßen. Im Tempelhof wurde Simson vor der riesigen Figur ihres Gottes Dagon aufgestellt, so daß alle ihn betrachten konnten. Sogar der fischähnliche Gott und seine Gefährtinnen, die rund um einen Springbrunnen aufgebaut waren, schienen den gefallenen Israeliten zu verspotten.

Obwohl der kleine Dan es vermeiden wollte, den gefallenen Helden anzusehen, mußte er es doch tun, denn er wurde beauftragt, über den Hof zu gehen und Brot und Wein für die tanzenden Mädchen zu holen.

Nachdem er alle Arbeit dieses Tages getan hatte, und das war heute mehr als gewöhnlich gewesen, durfte er mit schmerzenden Füßen und schmerzendem Kopf seinen eigenen Raum aufsuchen. Doch trotz der Erschöpfung fand er in dieser Nacht kaum Schlaf. Immer wieder stand das erbärmliche Bild des besiegten Nasiräers vor seinen Augen.

Erst gegen Morgen ließ der Lärm der Feiernden nach, und die Musik verstummte ebenfalls. Doch am Nachmittag würden die Philister für eine weitere Runde von Trunkenheit und Ausschweifungen bereit sein. Doch ehe sie aus ihrem Schlaf erwachten, wurde Simson in eines der Gefängnisse des Tempels gebracht. Aber dort blieb er nur für wenige Stunden, denn die Priester beschlossen, ihn an die Getreidemühle zu stellen, wo er die schweren Mühlsteine durch einen großen Balken, den er immer in die Runde drehen mußte, bewegen sollte.

Als Dan an diesem Morgen von seinem unruhigen Schlaf erwachte, bekam er einen Auftrag, der ihm viel herausfordernder zu sein schien als alles, was er bisher getan hatte.

Er lief nun durch die unterirdischen Gänge des Tempels, die in viele Räume führten, die einem riesigen Warenhaus glichen. Er arbeitete schon eine ganze Zeit im Tempel Dagons, doch er hatte noch nie durch diese unterirdischen Korridore und Lagerräume gehen müssen, vorbei auch an den Wohnungen der Aufseher, die hier unten die Gefangenen bewachen mußten.

Zwar fiel kein Tageslicht in diese unterirdische Welt, doch es war hell genug, denn überall hingen Fackeln und Öllampen. Schaudernd fragte er sich, ob vielleicht andere Jungen hier jeden Tag herkommen mußten, um die Fackeln zu erneuern und neues Öl auf die Lampen zu gießen.

So schnell er konnte, lief Dan voller Furcht durch die unterirdischen Gänge, dabei trug er die Schüssel mit warmem Wasser, die er in den Händen hatte, vorsichtig vor sich her, denn er wollte nichts davon verschütten. Es sollte aber auch noch nicht kalt sein, ehe er sein Ziel erreichte, den Raum der Getreidemühle, wo man Simson hingebracht hatte.

Dan hatte den Auftrag erhalten, sich um Simson zu kümmern. Er betrachtete es als eine Fügung Gottes, daß es so gekommen war, daß man gerade von allen Jungen, die im Tempel als Sklaven arbeiten mußten, ihn zu diesem Dienst auserwählt hatte.

Er mußte schon nahe beim Getreidelager sein, denn die Luft wurde etwas feuchter. Man hatte ihm gesagt, die Getreidemühle läge an der Seeseite des Tempels. Ein enger Schacht ging von der Getreidemühle zum Marktplatz hoch, von hier wurde der Weizen und andere Getreidesorten zur Mühle heruntergelassen. Auf dem Marktplatz war ein Gitter um den Schacht angebracht, damit niemand hineinfallen konnte oder absichtlich hineinstieg. Das wenige Tageslicht, das durch diesen Schacht nach unten fiel, half ihm, die Mühle zu finden.

Er hatte sich gefragt, warum die Priester Simson in die Getreidemühle gebracht hatten, statt ins Gefängnis. Doch er hatte es nicht gewagt, danach zu fragen. Als er jetzt den schwachen Strahl Tageslicht vor sich sah, stieg seine Spannung. Er hörte nun ein dumpfes Geräusch. War dies etwa der Lärm der Getreidemühle, der durch die Mühlsteine verursacht wurde?

Leise näherte er sich der Tür und blickte durch das Türfenster. Ja, es war die Mühle. Graues Licht fiel durch den langen Schacht in den Raum, gerade auf einen riesigen Mühlstein. An die Mühle angekettet war ein Riese von Mann. Sein nackter Rücken war voller blutiger Striemen.

Dan war tief erschüttert bei diesem Anblick, aber er konnte den Blick nicht abwenden, auch dann nicht, als ein anderer großer Mann aus einer Ecke des Raumes kam und dem Gefangenen mit einer Lederpeitsche über den Rücken schlug. „Simson!" hätte er am liebsten geschrien, doch er wußte, daß er das nicht tun durfte. Statt dessen hob er die Wasserschüssel auf und klopfte an die Tür.

„Herein!" schrie die Wache. Als Dan zögerte, kam der grausame Mann zur Tür und öffnete sie. Nun konnte Dan die mächtige Mühle, den ganzen Raum und den armseligen Gefangenen in all seinem Schrecken sehen.

Dan wollte erklären, weshalb er nach hier gesandt worden war, doch beim Anblick des muskelbepackten Philisters und seiner Peitsche brachte er kein Wort heraus. Der Mann, der für die Aufgabe ausgewählt worden war, den Gefangenen zu bewachen und zur Arbeit anzutreiben, war fast so groß wie Simson selbst.

„Endlich kommst du", tadelte der riesige Wächter. „Warum hast du so lange gebraucht?"

Ohne ein Wort zu sagen, betrat der Junge den Raum. Als wäre er selbst blind wie der Gefangene, deutete der riesige Wächter auf Simson und brummte: „Da ist er. Kümmere dich um ihn!" Dann schlug er die Tür hinter sich zu und schlenderte den Gang hinunter. Er ließ Dan mit dem israelitischen Helden allein.

Obwohl der Wächter weggegangen war, fuhr der Gefangene fort, sich gegen den Balken zu stemmen, der das Mühlrad drehte, und so die Mühle in Bewegung zu halten. Dabei verursachten die Mühlsteine kreischende Geräusche, die Dans Ohren weh taten.

Der Junge biß sich auf die Lippen, unterdrückte seine eigene Verzweiflung und zupfte den geschundenen Riesen am Arm. „Herr“, rief er, „ich bin hier, um dir zu helfen!“

Rund um den Stein lief eine kreisrunde Spur, die anzeigte, wo die Füße der Ochsen, die früher die Mühle bewegt hatten, gelaufen waren. Jetzt waren die Tiere durch den Gefangenen ersetzt worden. Der Blinde blieb stehen und legte den Kopf ein wenig auf die Seite.

„Herr“, wiederholte Dan, „setze dich ein wenig nieder. Ich möchte dein Gesicht waschen.“

Wie ein großer Bär richtete Simson sich gerade auf und drehte seinen Kopf von einer Seite zur anderen. Es schien, als würde er in Richtung der Jungenstimme blicken, aber natürlich hatte er keine Augen, mit denen er hätte sehen können. Je stärker er den Kopf bewegte, als wolle er sich dadurch eine klare Sicht verschaffen, um so mehr Mühe hatte Dan, nicht zu weinen.

„Hier, lieber Herr“, sagte er, „setze dich hierher.“ Auch Dan machte den Fehler, mit der Hand auf den Platz zu deuten, als würde Simson sehen können. Er ging zu dem Mühlstein und klopfte mit der Hand darauf. Als der große Mann sich nicht setzte, streckte er seine Hand aus, nahm ihn beim Arm und führte ihn vorsichtig.

„Bist du ein Junge?“ forschte Simson und drehte den Kopf in Dans Richtung.

„Ja“, antwortete der Kleine. „Ich bin ein Junge, und ich bin hier, um dir zu helfen.“

Mit zitternden Fingern stellte Dan die Schüssel mit Wasser auf den Mühlstein und tauchte das Tuch ein. Als er es leicht ausgewrungen hatte, fuhr er damit vorsichtig über Simsons Gesicht, um das verkrustete Blut abzuwaschen. Immer wieder die Tränen unterdrückend, fuhr er dann mit den Wangen fort, wobei er Simsons Kinn mit einer Hand leicht festhielt und seinen Kopf drehte, wie er es benötigte. *O Herr,* dachte er, *ich wage es nicht, die Augen zu berühren. Sieh, seine Augen! Es gibt nichts mehr hinter den angeschwollenen und verklebten Lidern.*

Wie er es fertiggebracht hatte, dieses Gesicht zu säubern, ohne dabei die Fassung zu verlieren, wußte er später selbst nicht mehr. Als er das Gesicht gewaschen hatte, fuhr er mit dem Lappen über Simsons Kopf.

Der Gefangene fuhr zurück und packte das Handgelenk des tapferen Jungen. „Berühre nicht mein Haar", befahl er.

Als der Junge vor Schmerz schrie, weil Simson zu fest zugepackt hatte, ließ er ihn los.

„Es tut mir leid", entschuldigte sich der Junge. „Niemand will dir etwas tun. Wir sind in diesem Augenblick allein hier."

Simson sackte zusammen, verbarg sein Gesicht in den Händen und stöhnte laut. „Gott Abrahams", weinte er, „mein Haar! Meine Augen!"

Erschüttert wich Dan ein wenig zurück. Das war nicht zu bald geschehen, denn der Riese sprang plötzlich auf, hob seine mit Ketten gefesselten Arme hoch und schwenkte sie hin und her und gab einen tiefen Laut von sich, wie ein gefangener Stier.

„Mein Haar!" schrie er. „Meine Augen! O, was habe ich getan? Was habe ich getan?"

Er warf sich über das Mühlrad und trommelte mit den Fäusten darauf. „Delilah! Bariath!" schrie er. „Wo seid ihr?"

Für einige Augenblicke setzte er das Geschrei fort, während Dan ihn aus einer Ecke des Raumes heraus beobachtete. Die Tränen liefen dem Jungen über das Gesicht. Was für ein seltsames Paar sie waren. Ein blinder Riese und ein Sklavenjunge.

Doch da war mehr als gemeinsamer Schrecken, der sie verband. Wäre einer von ihnen in der Lage gewesen, sie beide beobachten zu können, hätte er sich über ihre Ähnlichkeit gewundert. Ihre einander ähnelnden Gesichtszüge, das dunkelschwarze Haar. Und Simsons Augen waren ebenso dunkel und tief gewesen wie die des Jungen.

Endlich sank der Gigant gegen das Mühlrad, nachdem er seine Stimme und seine restliche Kraft verausgabt hatte. Dann rutschte er ermattet auf den Fußboden.

Als Dan sich endlich von seinem Schrecken erholt hatte, betrachtete er das klägliche Bild. Wie lange er so dagesessen hatte, wußte er nicht. Doch dann erinnerte er sich an die Schüssel mit Wasser und das blutige Tuch. Er hockte sich neben den Gefangenen und wischte ihm von neuem das Blut aus dem Gesicht. Dabei hörte er nicht auf zu weinen.

Der große Mann war in Schlaf gefallen und bemerkte gar nicht, daß sich Dans Tränen mit dem Wasser in der Schüssel vermischten und daß der Dienst, den der Kleine an ihm tat, mehr aus Liebe als aus Pflicht geschah.

3. KAPITEL

Es war der siebente Tag, seit man Simson in die Getreidemühle der Philister gebracht hatte. Als Dan an diesem Vormittag durch die unterirdischen Gänge zur Mühle ging, tat er es mit festen und schnellen Schritten.

Der Junge hatte nicht nur gelernt, sich nicht mehr vor den Schatten in den unterirdischen künstlich beleuchteten Räumen zu fürchten, er kannte jetzt auch den Weg zur Mühle genau. Und außerdem war sein Verhältnis zu dem blinden Israeliten jeden Tag etwas entspannter geworden.

Er sprach nie darüber, daß er sich jeden Tag darauf freute, zu dem Helden gehen zu können. Hätten die Priester erfahren, daß er viel mehr für den Gefangenen tat, als sein Dienst erforderte, hätten sie wohl einen anderen Jungen zu dieser Aufgabe abgestellt.

Auch der Blinde bemerkte immer mehr, mit welcher Freundlichkeit der Junge ihn behandelte. Mußte Dan Trinkwasser für Simson holen, dann brachte er es so kühl wie möglich. Hatte er ihn mit Mahlzeiten zu versorgen, achtete er darauf, daß es besonders große Portionen waren. Ohne es nötig zu haben, zog er Simson die Sandalen aus und wusch seine schmutzigen, blutverkrusteten Füße.

Zum Glück nutzte der Wächter jedesmal die Zeit, wenn Dan zur Mühle kam, um sich zu entfernen. Wohin er ging, wußte Dan nicht. Vielleicht nach draußen, um ein wenig frische Luft zu schnappen, vielleicht auch zu seinen Gefährten, um mit ihnen zu reden oder zu spielen. Er nutzte jedenfalls diese Gelegenheiten aus, sich seinen Dienst zu erleichtern, und Dan war froh darüber. So waren die beiden, Dan und Simson, gewöhnlich allein in der Mühle.

In den ersten Tagen sprach Simson kaum ein Wort. Doch der Junge redete ihn trotzdem stets freundlich an. Am gestrigen Tag hatte er zum ersten Mal eine Veränderung im Verhalten des Israeliten bemerkt. Sein Gesicht schien etwas freundlicher zu sein. Noch immer sprach er kaum ein Wort, doch er schien sich über Dans Kommen zu freuen.

Als sich Dan heute dem Raum näherte, fiel ihm auf, daß der Lärm aus der Mühle scheinbar lauter war als in den Tagen zuvor, als würde sich der Stein schneller drehen. Als er leise die Tür öffnete, staunte er über Simsons Energie.

Ganz gewiß liebte der große Mann seine mühselige Arbeit nicht. Doch seine Kraft nahm Tag für Tag ein wenig zu, und so drehte er das schwere Mühlrad schneller.

Als der Wächter den Jungen mit einem Brummen begrüßte und dann, die Tür hinter sich zuwerfend, davonging, hielt Simson mit seiner Arbeit inne und sagte: „Sei gegrüßt!"

Erstaunt nahm Dan den Gruß entgegen. „Ich grüße dich auch", antwortete er.

Ohne daß etwas gesagt wurde, setzte sich Simson auf den Stein, um zu empfangen, was immer der Kleine vorhaben mochte.

„Du siehst viel besser aus", bemerkte Dan, als er mit dem kühlen, feuchten Tuch dem Riesen das Gesicht abwischte. „Und dein Haar, keine Sorge, ich werde es nicht berühren, aber dein Haar wächst wieder."

Als Simson plötzlich nach der Hand des Jungen griff, wollte dieser in Furcht zurückweichen. Doch Simson hielt seine Hand sehr vorsichtig fest und legte sie dann auf seinen Kopf. „Ja", sagte der Gefangene, „du merkst es auch. Es wird wieder länger, nicht wahr?"

Ein wenig bange strich Dan über das kurze Haar Simsons, wie jemand, der einem Löwen über die Mähne streicht.

„Und ich fühle, daß auch meine Kraft wieder zunimmt", erklärte Simson. „Mein Haar wird länger – und ich werde stärker." Nach diesen Worten lachte der Gefangene ein wenig, und Dan lachte mit ihm.

Als Simson Dans Lachen hörte, wurde er ruhig und legte den Kopf etwas auf die Seite. „Deine Stimme –", sagte er stockend, „ist wie die eines Engels."

Da Dan nicht wußte, wie er das verstehen sollte, schwieg er. Doch Simson wurde richtig eifrig. „Rede weiter mit mir", drängte er, „denn du bist mein Engel. Der Engel, der mir dient."

Simson nahm dem Jungen den Lappen aus der Hand und hielt dessen kleine Hand leicht fest. „Das ist die Hand eines Engels", beharrte der blinde Held. „Und auch die Stimme." Nach einem Augenblick des Schweigens fuhr er fort: „Wie kommt es, mein Junge, daß du Hebräisch sprichst? Bist du ein hebräischer Engel?"

„So ist es", stammelte Dan. „Ich bin aber kein Engel, sondern ein Hebräer."

Simson lehnte sich zurück und kicherte ein wenig. Dann wurde er wieder ernst und fragte: „Wie bist du an diesen elenden Ort gekommen, mein lieber Junge? Bist du ein Gefangener wie ich? Oder wurdest du nach hier verkauft?"

Solche betrüblichen Vorkommnisse waren nicht ungewöhnlich unter heidnischen Nationen, besonders auch durch die Feindschaft, die zwischen Israel und den Philistern bestand. Die Philister machten sich kein Gewissen daraus, hebräische Kinder zu Sklaven zu machen, wenn sie welche fangen konnten.

Doch Dans Geschichte war nicht so einfach. Als er daran dachte, mußte er den Kloß hinunterschlucken, der sich in seinem Hals bilden wollte. „Ich wurde nicht gefangen", sagte er leise.

Er hatte diese Worte kaum gesagt, da bereute er sie auch schon. Er durfte nicht offen von seiner Vergangenheit sprechen, um nicht die Verwandtschaft zu dem Gefangenen zu offenbaren. Das durfte nicht geschehen, denn wenn andere es erfuhren, würde er wahrscheinlich seinen Dienst an dem Gefangenen nicht mehr tun dürfen.

„Wie bist du dann nach hier gekommen?" forschte Simson weiter. „Wenn du aus einer hebräischen Familie kommst, wärest du doch nie verkauft worden."

Die Worte verwirrten Dan, denn er erkannte, daß der große Mann der Wahrheit nahe war. Als er daran dachte, wie Josef ihn verlassen hatte, begann er zu zittern. „Ich – ich kann mich nicht mehr daran erinnern", log er.

Ohne ein weiteres Wort zu sagen, lief er zur Tür und wäre dabei fast über die Wasserschüssel gestolpert.

Als Simson begriff, daß der Junge ging, bat er ihn, noch zu bleiben. Doch Dan hatte schon die Tür geöffnet und trat auf den Gang hinaus. Simson hörte nur noch, wie der Junge sich eilig entfernte.

Der Gefangene saß immer noch neben dem Mühlrad, als der Wächter zurückkehrte. Er hatte seine Arbeit noch nicht wieder begonnen, sondern dachte über die Reaktion des Jungen nach.

„Steh auf!" schrie der Wächter. „Warum arbeitest du nicht? Und wo ist der Junge?"

Als Simson spürte, wie die Peitsche an seinem Kopf vorüberzischte, um auf seinem Rücken zu landen, griff er danach. Nicht, um sich davor zu schützen, sondern um sie dem Unhold zu entreißen. Als er sie in der Hand hatte, warf er sie in die Ecke. Mit einem schnellen Griff hatte der große Israelit den Wächter gepackt und riß ihn zu Boden. Dann setzte er ihm einen Fuß auf den Hals und drückte ein wenig darauf.

„Ich kann nicht sehen, aber dafür um so besser hören", warnte er den Wächter. „Ich werde dir den Hals zertreten und das Genick brechen, wenn du meine Fragen nicht beantwortest."

„Verschone mich", bettelte der Unhold. „Frage, was du wissen willst."

„Erzähle mir etwas von dem Jungen", forderte Simson. „Wie ist er an diesen heidnischen Ort gekommen?"

Als der Wächter nur versuchte, seinen Kopf unter Simsons Fuß herauszuziehen, drückte dieser fester zu, bis des Burschen Gesicht schon blau anlief. Kaum noch Atem bekommend, schnaufte er: „Ich weiß nichts über ihn."

„Wirklich nicht?" knurrte Simson und drückte noch fester zu.

„Er ist ein Hebräer", röchelte der Wächter. „Das weiß ich, aber mehr nicht."

„Wer hat ihn nach hier verkauft?" fragte Simson weiter.

„Ein Israelit", stöhnte er.

„Du lügst!" drohte Simson. „Israeliten verkaufen ihre Angehörigen nicht."

„Aber ich weiß nicht mehr. Der Mann hatte das Recht dazu."

„Welches Recht?" Simson war noch immer nicht zufrieden mit den Antworten und hatte deshalb den Druck seines Fußes nur ein klein wenig gelockert. Gerade so viel, daß der Wächter antworten konnte.

„Er war sein Vater", stöhnte der Philister. „Hat ein Vater nicht das Recht dazu?"

„Nicht in Israel!" stellte Simson fest.

„Dazu kann ich nichts sagen, weil ich es nicht weiß." Der Philister atmete schwer, weil er immer noch zu wenig Luft bekam.

„Aber ich weiß es", erklärte Simson. „Ich war Richter in Israel."

Mittlerweile hatte der Unhold sich damit abgefunden, daß er Simson nicht entkommen konnte. Er gab nach.

Als Simson jetzt die nächste Frage stellte: „Wer war es? Wer war dieser erbärmliche Jude?", antwortete der Philister bereitwillig: „Ich kenne seinen Namen nicht. Ich glaube, er hat ihn nie gesagt. Ich weiß nur, daß er von einem Ort kam, der Zora heißt. Ja – von Zora."

Als Simson das hörte, wurde er blaß. Er hörte nur noch halb hin, als der Philister nun noch hinzufügte: „Der Junge ist nur ein halber Israelit, und der Mann wollte ihn nicht mehr bei sich behalten.“

4. KAPITEL

Die Nacht war die schlimmste Zeit für Simson. Obwohl durch seine blinden Augen kein Lichtschimmer drang, konnte er sich tagsüber doch manchmal an einigen Sonnenstrahlen erfreuen, die durch den Schacht auf seinen Rücken fielen. Auch hörte er die Geräusche von der Straße, und der Junge besuchte ihn. Doch in der Nacht packte ihn die Stille der Einsamkeit, und alle trüben Gedanken kehrten zurück.

Es war die achte Nacht in der Getreidemühle. Doch diesmal waren es nicht seine persönlichen Nöte, die ihn in Depressionen stürzten. Seinen Gedanken beschäftigten sich mit dem Jungen und dem Schicksal, das er erlitten haben mochte.

Offensichtlich war das Kind weggegeben worden, schlimmer noch, verkauft von einem Israeliten! Diese Tatsache allein schon ließ Simson keine Ruhe. Es konnte gar keine Frage geben, daß er den Israeliten kannte, wenn die Auskunft des Wächters stimmte und der Israelit von Zora war. Die Frage, wer dieser gemeine Bursche war, genügte schon, um die Gedanken in Simsons Kopf wild durcheinandergehen zu lassen.

Die Morgendämmerung mußte schon nahe sein, als sich in Simsons Kopf die einzelnen Gedanken zu einem Bild formten, angeregt durch die Informationen, die er von dem Wächter erhalten hatte. Simson wollte nicht für wahr haben, was seine Logik ihm sagte, weil er es für zu entsetzlich hielt.

Der Mann war also aus Zora. Wahrscheinlich ein Kaufmann oder ein Händler, denn nur solche Israeliten kamen nach Gaza. Er war verheiratet gewesen oder hatte zumindest ein Verhältnis mit einer heidnischen Frau, wenn der Junge nur ein halber Israelit war.

War die Mutter des Kindes, wie Simson vermutete, eine Philisterin, dann mußte sie das Kind schon in sehr frühem Alter fortgegeben haben. Oder sie war vielleicht gestorben und hatte den Israelit mit dem Kind zurückgelassen. Nach Simsons Schätzung, wie alt der Junge war, mußte das vor ungefähr acht Jahren gewesen sein.

Außerdem mußte der Israelit ein ziemlich gewissenloser Mensch sein, denn kein Israelit würde sein Kind verkaufen, es sei denn – Simson weigerte sich, den Gedanken zu Ende zu denken, und doch war es die unausweichliche logische Konsequenz – es sei denn, das Kind war nicht sein eigenes.

Vielleicht hatte das Elend der letzten Tage auch sein Gehirn in Mitleidenschaft gezogen, denn die Möglichkeit, die durch diesen Gedanken vor ihm lag, konnte nur dem Gehirn eines Unsinnigen entspringen.

Doch je mehr er alle Dinge überlegte, um so plausibler erschienen sie ihm. Kalter Schweiß stand auf seiner Stirn, und sein Herz klopfte heftig.

Wenn er also den Weg der Logik weiterging, konnte er nicht bei dem unbekannten Israeliten halt machen, auch nicht bei der heidnischen Frau oder dem Jungen, sondern die Gedankenkette führte unausweichlich zu ihm selbst.

Plötzlich sah er sich im Geist vor dem zerstörten Haus Mardoks stehen, in dem hier und da noch kleine Flammen züngelten und in dem die Asche noch heiß war. Jezel war in diesem Haus umgekommen, und das Kind, mit dem sie schwanger war, mit ihr. Davon war Simson bisher überzeugt gewesen. Doch nun drängte ihn seine Logik, die Dinge anders zu sehen.

Konnte das Kind überlebt haben, wenn es vielleicht kurz vor der Katastrophe geboren worden war? Wenn das stimmte, dann war es also nicht Josefs Kind, sondern Josef hatte es gefunden und aufgezogen. Das war das Geheimnis um den Jungen.

Es war tatsächlich möglich, daß Simson der Vater des Kindes war, ebenso konnte Josef es sein. Doch in dem einen Punkt war Simson sicher: Josef hätte nie sein eigenes Kind verkauft! *Herr! Gott!* seufzte Simson, *sage mir die Wahrheit.*

Gab es einen Weg, die Wahrheit zu erfahren? Wenn der Junge Simsons Sohn war, dann würde Josef ihm nie die Wahrheit über seinen Vater erzählt haben, und wenn Simson selbst dem Kleinen seine Gedanken mitteilte, konnte er ihn zu Tode erschrecken.

Bald würde es dämmern, und der Unhold mit seiner Peitsche würde auftauchen. Er würde voller Rachegelüste sein und jede Gelegenheit benutzen, den Gefangenen die Peitsche kosten zu lassen. Doch er würde Simson nicht zerbrechen können, denn dieser hatte ein Rätsel zu lösen. Er mußte herausfinden, ob der Junge sein eigener Sohn war. War er Dans Vater, dann würde seine Seele sich aufschwingen über alle Mauern des Gefängnisses hinweg, und nichts würde sie halten können, auch wenn er den Rest seines Lebens hinter diesen Mauern würde verbringen müssen.

5. KAPITEL

Etwa zur gleichen Zeit, als Simson über den Jungen nachdachte, lag sein Wächter auf Marijahs Bett und zuckte immer wieder zusammen, während sie Öl auf seine Wunden und Schrammen auftrug. „Du bist eine feine Frau“, sagte er. „Du weißt mit einem Mann umzugehen.“

„Dieser Simson ist ein wilder Mann“, bemerkte sie. „Warum ist er über dich hergefallen?“

„Das war eine ganz seltsame Sache“, erinnerte sich der Philister. „Aus irgendwelchen Gründen hat er großes Interesse an dem Jungen gefunden, der sich um ihn kümmern muß. Du weißt, es ist der, den du und Josef zum Tempel brachten.“

Marijah hielt erstaunt inne. „Dan?“ fragte sie. „Der kleine Dan sorgt für ihn?“

„Ja“, bestätigte der Wächter. „Die beiden sind so etwas wie Freunde geworden.“ Er kicherte, weil ihn das zu amüsieren schien.

Doch Marijah fand dies keinesfalls amüsant. „Was wollte dieser Israelit denn von dir wissen?“ fragte sie.

„Er fragte mich, wie der Junge in den Tempel Dagons gekommen wäre“, berichtete der Wächter weiter. „Und er wurde fast verrückt, als ich ihm sagte, ein Israelit habe ihn nach hier verkauft.“

„Das hast du ihm gesagt?“ fuhr Marijah ihn an.

„Warum nicht?“ bestätigte der Mann. „Ist das ein Problem?“

„Was hast du ihm noch gesagt?“ bohrte sie weiter.

„Er wollte den Namen des Israeliten wissen, den habe ich ihm aber nicht gesagt."

Marijah entspannte sich ein wenig, fragte aber dann weiter. „Hat er sonst noch etwas aus dir herausgepreßt, als er dir drohte, dich umzubringen?"

„Nun, ich habe ihm noch gesagt, daß der Israelit von Zora war und daß der Junge nur ein halber Israelit ist", gab der Wächter Auskunft.

„Bei allen Göttern", schimpfte die Frau. „Hast du vergessen, daß Simson ebenfalls von Zora ist? Meinst du nicht auch, daß er jeden Menschen in dem kleinen Ort kennt? Wie viele Männer aus Zora würden wohl ein Kind verkaufen, das nur halb israelitisch ist?"

„Warum regt dich das so auf?" wunderte sich der Wächter. „Gibt es noch mehr um diese Sache zu wissen, als du mir bisher erzählt hast?"

„Das nicht", log Marijah. „Aber du hast doch nun am eigenen Leib erfahren, wie gefährlich Simson ist, selbst noch als Gefangener und mit Ketten gebunden."

„Da mache dir nur keine Sorgen", lachte der Mann. „Simson wird niemand mehr gefährlich. Du solltest den armen Burschen einmal sehen. Er ist blind und völlig zerbrochen. So hängt er in seinen Ketten, mit denen er an den Mühlstein gebunden ist. Er macht den Eindruck einer erbarmungswürdigen Kreatur. Also sei ganz beruhigt."

Mittlerweile hat Marijah ihre Behandlung beendet. Der Wächter richtete sich auf, zog seine Kleidung an und drückte ihr zwei Münzen in die Hand. Als er zur Tür ging, sagte er noch: „Übrigens, du kannst dir den armen Kerl selbst ansehen. Zu Dagons großem Fest wird Simson öffentlich zur Schau gestellt, damit alle ihn betrachten können."

Als Marijah darüber nachdachte, ob Simson herausfinden könnte, daß Dan sein Sohn war, überlegte sie: *Das würde unserer Rache doch nur dienlich sein. Denn was könnte Simson wohl mehr treffen als die Tatsache, daß sein Sohn ein Diener im Hause Dagons sein muß?*

Das war eine Rache, die man sich nicht schlimmer ausdenken konnte, obwohl sie sich nun mehr durch Zufall ergab. Marijah freute sich darüber, und auch Josef würde sie auskosten, wenn er es hörte.

Ihr fiel noch etwas ein, und sie lief schnell zum Fenster. Gerade verließ der Wächter unten ihre Herberge.

„Halloo!“ rief sie ihm nach.

Der Wächter drehte sich um und blickte fragend zu ihr hoch.

„Sage mir“, rief sie, „wird der Junge zu Dagons Fest ebenfalls bei Simson sein?“

„Das nehme ich an“, nickte der Mann. „Der arme Blinde wird jemand brauchen, der ihn führt.“

„Gut!“ freute sie sich. „Ich werde Josef eine Nachricht zukommen lassen. Wir werden beide zum Fest kommen, um Simson und den Jungen zu sehen.“

6. KAPITEL

Rachedürstend kehrte der Wächter am Morgen in die Getreidemühle zurück. Er hatte sich vorgenommen, Simson heimzuzahlen, was dieser am Tag vorher mit ihm gemacht hatte. Der Bursche blieb außerhalb Simsons Reichweite stehen und schlug ihn erbarmungslos mit seiner Peitsche.

Anschließend brüllte er Simson an: „Es liegt sehr viel Getreide hier. Ich habe dem Priester, der die Aufsicht hat, versprochen, daß es alles sehr schnell gemahlen wird. Also mach mich nicht zum Lügner, sondern arbeite schneller als bisher, sonst muß ich mit meiner Peitsche noch weiter nachhelfen."

Damit stürmte er aus dem Raum und ließ Simson mit seinem schmerzenden Rücken allein. Für einen langen Augenblick lehnte Simson über das Rad gebeugt. Jeder Versuch, sich zu bewegen, ließ neue Schmerzwellen über seinen zerschlagenen und blutigen Rücken ziehen. Endlich, mit einem lauten Schmerzensschrei, gelang es ihm, aufrecht zu stehen und mit der Arbeit zu beginnen.

Niemand hatte den Schrei des Gefangenen gehört, außer der kleine Dan, der vor der Tür stand und zitternd den blinden Helden beobachtete. Gleich nachdem er davongelaufen war und Simson mit dem grausamen Wächter allein ließ, hatte er sich geschämt. Er war entschlossen, alles wieder gutzumachen.

Er machte sich selbst Mut und blickte durch das Fenster in der Tür in die Mühle. „Herr Adonai", flüsterte er. „Armer, armer Simson."

Der Anblick war schrecklicher, als er erwartet hatte. Von Schmerzen gequält, schob der Held Israels den schweren Balken, der die Mühle antrieb, immer im Kreis herum. Sein Rücken war zerschlagen, und aus vielen Wunden lief ihm das Blut herunter.

Dan lief schnell und holte Wasser. Dann betrat er, ohne weiter nachzudenken, was ihm selbst geschehen könnte, die Mühle. „Simson“, rief er, „was haben sie mit dir gemacht?“

Simson blieb stehen. Kopfschüttelnd befahl er: „Geh fort, Junge, du bist nicht sicher hier.“

„Aber der Wächter hat mich geschickt“, widersprach Dan. Er zog Simson mit sich und forderte ihn auf, sich zu setzen.

„Du bist sehr freundlich“, sagte Simson. „Aber ich weiß es besser. Der Wächter hat dich nicht geschickt, er will, daß ich viel leiden muß.“

Dan ging nicht auf Simsons Worte ein, sondern beschäftigte sich mit den Wunden des Riesen. Dabei lauschte er aufmerksam nach draußen, da er um diese Zeit eigentlich gar nicht hier sein durfte. Er würde Schwierigkeiten bekommen, sollte der Wächter jetzt zurückkehren.

Simson kämpfte mit sich. Sollte er dem Jungen nun weitere Fragen stellen oder es lieber lassen? Endlich beschloß er, nicht direkt zu fragen, sondern auf Umwegen.

„Dan“, begann er, „weißt du, warum der Wächter mich so geschlagen hat?“

„Sie sagen, du hättest mit ihm gekämpft und ihn zu Boden geworfen. Stimmt das?“

Die Bewunderung in seiner Stimme war zu hören. Simson nickte lächelnd. „So ist es. Du weißt doch, mein Haar wird wieder länger, und ich werde wieder stärker.“

Beide mußten lachen, während Dan fortfuhr, den Rücken des Gefangenen zu waschen.

„Kannst du dir vorstellen, Junge, warum ich das getan habe?“ fragte Simson.

Der Kleine schüttelte nur den Kopf und schwieg.

„Der Bursche hat mich belogen", fuhr der Blinde fort. „Er sagte, dein Vater habe dich an den Tempel Dagons verkauft."

Dan hatte seine Arbeit beendet und versuchte, den Lappen in dem restlichen Wasser zu säubern. Er blickte Simson aber nicht an, und dieser konnte seine Unruhe spüren.

„Der Mann, der dich verkauft hat, war doch sicher nicht dein Vater, oder?" bohrte Simson weiter.

Lange herrschte gespanntes Schweigen, das plötzlich durch das leise Weinen des Jungen unterbrochen wurde. Der Gefangene richtete sich auf. War er zu weit gegangen? Hatte er zu harte Fragen gestellt?

„Beruhige dich", flüsterte Simson, legte dem Kleinen den Arm um die schmächtige Schulter und zog ihn an sich. „Soll ich dir eine Geschichte erzählen?"

„Ja", sagte Dan leise und nickte mit dem Kopf.

„Da war ein Junge, dessen Mutter starb, gerade als er geboren war. Das kleine Baby wurde von einem bösen Burschen gestohlen, der Josef heißt."

Bei diesen Worten machte der Junge eine Bewegung, als wolle er sich den Armen des Mannes entwinden. Doch der Riese hielt ihn fest.

„Böse, wie er war, verkaufte Josef den tüchtigen Jungen", fuhr Simson fort. „Doch Adonai war mit ihm. Er brachte ihn in die Getreidemühle seiner Feinde, wo der Junge seinen richtigen Papa fand. Seinen armen, hilflosen Papa."

Wie Simson die Wahrheit herausgefunden hatte, konnte sich Dan nicht vorstellen. Aber als es so klar ausgesprochen wurde, durchfuhr es seine junge Seele wie ein Blitz. Er weinte bitterlich und schmiegte sich noch enger an Simson.

„Woher weißt du es?" fragte der Junge schluchzend.

Simson strich ihm über das Haar. „Also habe ich recht?" fragte er. „Du hast es also selbst auch erfahren?"

„Ja", gestand Dan.

„Dieser böse Josef", grollte Simson. „Hat es ihm Freude gemacht, dir diese grausame Wahrheit mitzuteilen?"

„Er hat mir nie etwas davon gesagt, und er weiß auch

nicht, daß ich es weiß“, gab Dan zu. „Er hat mit einer rothaarigen Frau darüber gesprochen, und da habe ich sie belauscht.“

„Rothaarig?“ fuhr Simson auf. „Wo, Kind, wo ist das gewesen?“

Als Dan ihm erzählte, wie Josef ihn mit nach Gaza und in die Herberge an der Mauer genommen hatte und wie Josef und die Rothaarige dort sein weiteres Schicksal besprochen hatten, stöhnte er: „O Herr, mein Gott, werden immer noch neue Früchte meiner Sünde auftauchen?“

Dan, der den Kummer seines Vaters nicht verstand, konnte ihn nur bemitleiden.

„Vergib mir, mein Sohn“, weinte Simson. „Vergib mir!“

Der Junge legte seine Arme um den Hals seines Vaters und fragte sich, was er ihm denn vergeben sollte. „Ich bin doch bei dir“, bettelte er. „Freue dich doch darüber.“

Simson hörte auf zu weinen. Während er den Jungen immer noch umarmte, sagte er: „Du bist ein Geschenk Gottes. Vielleicht kommt es wirklich nicht darauf an, wie du zu mir gekommen bist.“

Ganz zart fuhr der Riese nun mit seinem Zeigefinger über das Gesicht des Jungen hinweg und fragte: „Du bist mein Sohn, aber ich kenne noch nicht einmal deinen Namen.“

„Ich heiße Dan, Herr“, sagte er. „Mein Name ist Dan.“

„Da hat der alte Josef wenigstens etwas richtig gemacht“, erklärte Simson lächelnd. „Er gab dir den Namen unseres Stammes. Aber weißt du, ich habe dich so lieb, ich werde dich Dani nennen.“

Der große Mann hatte keine Ahnung, wie dieser Name das Herz des Jungen berührte. „Das darfst du“, sagte der Kleine begeistert, „wenn ich Papa zu dir sagen darf.“

So eng aneinandergeschmiegt, als wären sie nur einer, saßen die beiden beieinander, der Gefangene und sein Dienstengel, Vater und Sohn, und stärkten sich durch das Gefühl, nun zusammenzugehören.

TEIL IX

DER TEMPEL UND DER TRIUMPH

Marissa fuhr aus ihrem Halbschlaf auf und zog sich die Bettdecke bis zum Kinn. Die Nacht war sehr dunkel in Zora, denn es schien kein Mond.

Wäre sie nicht halb wach gewesen, würde sie gedacht haben, das Geräusch an der Tür sei ein Traum. Doch sie war sicher, sie hatte leises Pochen gehört, und sie fürchtete sich, zu antworten.

Die Furcht war in letzter Zeit oft ihr Begleiter gewesen. Seit dem Tag, an dem Simson als ihr Bräutigam hatte nach Zora kommen sollen und nicht erschienen war, hatte sie in einem Durcheinander erstorbener Hoffnungen und zerschlagener Versprechungen gelebt.

Es war eine Schande gewesen, an ihrem Hochzeitstag ohne Bräutigam dazustehen, und es war demütigend, von seinem Verhältnis zu Delilah hören zu müssen. Doch diese Gefühle hatten bald noch größeren Schrecken weichen müssen, als sie von Simsons Niederlage in Sorek, von seiner Gefangennahme und Blendung erfuhr.

Hilflos hatte sich Marissa in Depressionen und Verzweiflung zurückgezogen und kaum mehr das Haus verlassen. Sie hatte auch keine Besucher mehr empfangen, die ihr neue Aufträge bringen wollten.

Wenn nun jemand mitten in der Nacht an ihre Tür klopfte, erzeugte das neuen Schrecken für ihr schon mit Furcht erfülltes Herz. Sie lag ganz still und hoffte, das Klopfen sei nur durch einige Zweige verursacht worden, die der Wind bewegt hatte.

Doch da war es wieder: *Poch! Poch! Poch!* Und dann hörte sie die verzweifelte Stimme einer Frau.

Sie sprang aus dem Bett und eilte zur Tür. „Rena, bist du es?“ fragte sie.

„Marissa, laß mich hinein“, bat die alte Frau. „Es gibt Schwierigkeiten.“

Das letzte Mal, als Simsons Mutter in Marissas Wohnzimmer gestanden hatte, war der Tag gewesen, an dem die Frauen des Ortes letzte Hand an ihr Brautkleid legten. Das waren glückliche Augenblicke gewesen, als sie, als Simsons Verlobte, sich im Glanz ihres Brautkleides von allen Seiten bewundern ließ.

Doch es war keine Freude in Renas Augen, als sie jetzt von der neuen Krise berichtete. „Manoah ist sehr krank“, sagte die alte Frau. „Ich weiß nicht, wie lange er noch durchhalten wird.“

Die Gesundheit von Simsons Vater war schon seit einigen Monaten stark angeschlagen gewesen. Doch dann hatte er sich in Erwartung der kommenden Hochzeit wieder ein wenig erholt. Doch dann war es schlimmer geworden als vorher, als sein Sohn nicht zur Hochzeit erschien. Und die Nachricht von seiner Gefangennahme hatte ihn nahezu umgebracht.

„Ich komme“, erklärte Marissa. Sie zog eine Robe über und ergriff ein Kopftuch und war bereit, Rena nach Hause zu begleiten.

Doch die alte Frau hielt sie zurück. „Nein, meine Liebe“, sagte sie. „Es wird nicht gut sein für dich, wenn du Manoah jetzt siehst. Die Ärzte sind bei ihm. Doch er ruft immer und immer wieder nach Simson. Und sogar wenn er diese Nacht noch überleben sollte, würde nur der Anblick seines Sohnes ihm noch ein wenig Hoffnung geben.“

Marissa erbleichte. „Was möchtest du dann von mir?“ fragte sie.

Als Rena ihr die schlimme Antwort gab, blickte die junge Frau sie entsetzt an.

„Du mußt zu Simson gehen“, befahl die alte Mutter. „Niemand anders würde oder könnte es tun.“

Völlig entgeistert schüttelte Marissa den Kopf. Sie war schon einmal gegangen und hatte Simson aufgesucht und dabei ihren fraulichen Stolz völlig beiseite geschoben, als sie nach Hebron ging, um ihn zu warnen. Sie wollte und konnte sich nicht noch mehr demütigen und so etwas noch einmal tun.

„Weshalb glaubst du, man würde mir überhaupt erlauben, ihn zu sehen?“ rief sie. „Und selbst wenn ich es dürfte, so ist er doch ein Gefangener. Ich könnte nichts für ihn tun.“

Tränen traten in die Augen der älteren Frau. Sie bettelte: „Du kannst ihm das Geheimnis erzählen, das sein Vater lange in seinem Herzen bewahrt hat. Es ist Zeit, Marissa, daß Simson die ganze Wahrheit über seine Berufung erfährt.“

Verwundert fragte Marissa: „Welches Geheimnis ist das denn, Rena?“

Ohne auch nur eine Sekunde zu zögern, erzählte die alte Frau die Geschichte von der Voraussage des Engels, wie Simson von Geburt an dazu bestimmt sei, sein Volk von seinen Feinden zu erretten. „Er wurde geboren, um die Philister zu besiegen“, erklärte Rena fest, „und nicht, um ihr Gefangener zu sein.“

Zitternd vor Ehrfurcht schloß Marissa ihre Augen.

„Doch es scheint so, als habe Simson aufgegeben“, fuhr Rena fort. „Welche Hoffnung gibt es da noch, wenn nicht jemand zu ihm geht und ihm sagt, daß sein Auftrag noch nicht beendet ist.“

Als die alte Frau die Tränen in Marissas Augen sah, legte sie ihr die Hand auf die Schulter. „Der Herr ist dein Beschützer“, sagte sie ermutigend. „Du mußt unserem Sohn klarmachen, daß er sich gegen seine Feinde erheben muß. Das ist der Wunsch und die Botschaft seines sterbenden Vaters an ihn.“

Sprachlos dachte Marissa über diesen unvernünftigen Wunsch nach. Als wäre keine Zeit vorübergegangen, erinnerte sie sich an den schrecklichen Traum, der sie in das Lager der Nasiräer getrieben hatte. Sie dachte an Gottes nachdrückliche Forderung, zu Simson zu gehen und ihn vor den üblen Plänen zu warnen, die gegen ihn geschmiedet wurden.

Sie hatte das zwar alles getan, aber was hatte es genützt? Simson war blind in die Falle der Philister gerannt. Er hatte sich wieder von seiner größten Schwäche besiegen lassen und war den Listen der Verführerin zum Opfer gefallen.

„Rena", wandte sie ein und versuchte einen furchtlosen Eindruck zu machen, „du bist überarbeitet. Du weißt nicht, was du erwartest."

Die beiden blickten sich einen unbehaglichen Augenblick lang in die Augen, Rena fordernd, und Marissa ablehnend.

Endlich, als sie sah, daß Marissa nicht nachgeben wollte, ging Rena zur Tür. „In Ordnung", sagte sie. „Du hast ja recht. Eine solche Reise ist nichts für eine Frau."

Doch ehe sie das Haus verließ, blieb sie noch einmal stehen. Ihr schien etwas eingefallen zu sein. „Josef!" rief sie. „Josef geht doch oft nach Gaza! Ich werde ihn bitten, und er wird uns sicher helfen."

Wie mit einem Messer durchschnitt der Name von Simsons Feind Marissas Seele. Sie lief hinter der alten Frau her und ergriff sie beim Arm. „Halt!" rief sie. „Belästige Josef nicht mit diesen Dingen!"

Rena zuckte mit den Achseln. „Warum nicht?" fragte sie.

Marissa mußte sich sehr zurückhalten, um nicht alle Beschuldigungen aufzuzählen, für die sie Josef verantwortlich machte. „Ziehe ihn nicht in diese Sache hinein", seufzte sie. „Ich werde nach Gaza gehen. Vielleicht kann eine Frau eine solche Mission doch eher ausführen als ein Mann."

Da sie bekommen hatte, was sie wollte, verbarg Rena ihr befriedigtes Lächeln. Wenigstens einmal im Leben war Josef zu einem guten Zweck brauchbar gewesen.

INTERMEZZO

Marissa lehnte an der Mauer vor der Getreidemühle der Philister. Ihr Herz klopfte, als hätte sie einen Hammer in der Brust. Sie war viele Kilometer durch winterliches Land gegangen und hatte den Mut gehabt, sich auf das Gebiet des Dagontempels zu wagen. Hier war sie dem mysteriösen Jungen begegnet, der sie zu dem Raum geführt hatte, in dem der große israelitische Richter gefangengehalten wurde. All das, nur um die strahlende Sonne ihrer glücklichsten Träume in einem hilflosen Zustand, blind, gebunden und gequält von den grausamsten Schergen der Philister zu finden.

„Herr, Gott, hilf mir!“ flehte sie. „Hilf mir, damit ich nicht vergesse, warum ich hier bin!“

Wie auf dem Weg nach Hebron, als sie dort Simson aufgesucht hatte, versuchte sie sich auf den Auftrag zu konzentrieren, der höher war als ihr persönliches Verlangen.

Immer noch bereitete ihr der Gedanke, daß ihr Geliebter in ein so großes Elend gefallen war, große Not. Sie hätte vielleicht nicht mehr den Mut aufgebracht, in die Getreidemühle zu gehen, wäre nicht der kleine Junge wieder zu ihr gekommen.

„Meine Dame“, sagte Dan, und trat aus dem dunklen Raum heraus, „der Gefangene möchte wissen, wer du bist.“

Diese Frage war mit so fester Stimme gestellt worden, daß Marissa vom Auftreten des Jungen tief beeindruckt war. Er schien den blinden Mann, für den er zu sorgen hatte, in jedem Falle beschützen zu wollen, und das fand sie anerkennenswert.

Marissa beugte sich zu ihm hinab, schaute dem Jungen tief in die Augen und antwortete: „Wie ich dir schon sagte, ich bin seine beste Freundin. Vielleicht die beste, die Simson je hatte."

Marissa war nicht bewußt, daß Simson sie hören konnte. Da er nichts mehr sah, war er viel mehr auf seine Ohren angewiesen als früher, und darin hatte er schon große Fortschritte gemacht. Deshalb fiel es ihm auch leicht, Marissas Worte zu verstehen und ihre Stimme zu erkennen.

Plötzlich rief er in der Einsamkeit seines Gefängnisses: „Herr, mein Gott, Du hast mich in doppelter Weise gesegnet!"

„Er kennt dich!" rief der Junge erstaunt und nahm ihre Hand. „Komm, habe keine Angst."

Marissa ließ sich führen und betrat die Getreidemühle. Zu ihrem Erstaunen sah sie Simson stehen, das Gesicht zum Himmel gewandt, als würde er ein unsichtbares Licht sehen. Er zitierte ein hebräisches Sprichwort: „Du gibst den Waisen Väter, und den Einsamen schenkst du eine Familie."

Zitternd betrachtete Marissa ihren Helden, den Mann, den sie nie aufgehört hatte zu lieben, obwohl sie nicht mehr an seine Liebe für sie glaubte.

Als er jetzt sein Gesicht ihr zuwandte, auf dem ein freudiges Lächeln lag, hielt Marissa die Hand des Jungen fest. „Wer hat dies Simson angetan?" flüsterte sie in der Hoffnung, er würde es nicht verstehen.

„Die Philister", war die schlichte Antwort.

Doch Simson hatte es gehört. Er schüttelte seinen Kopf und rief: „Nicht nur die Philister, Marissa. Ich war es selbst, meine eigene Schwäche der Sünde gegenüber, die mir dies eingebracht hat. Komm, meine Liebe, ich möchte dich berühren, damit ich von einer Last befreit werde."

Als die Frau zögerte, senkte Simson den Kopf wie ein einsamer Löwe. „Bin ich so furchterregend?" stöhnte er. „Bin ich ein Monster, oder immer noch der Mann, den du liebst?"

Mit einem Seufzer lief Marissa bis zu seinen ausgestreckten Händen, die sie ergriff und einen Kuß darauf drückte. „O lieber Simson“, weinte sie. Als sie ihm nun in die Arme fiel, weinte sie, scheinbar untröstlich, an seiner Schulter.

Simson hielt sie zart fest und weinte mit ihr. „Kann es sein, daß du mir vergibst?“ stöhnte er. „Sage mir, daß es so ist, Marissa, denn ich bin tausend Tode gestorben, seit ich dich das letzte Mal gesehen habe.

Aus einem Impuls heraus wollte Marissa antworten, sie habe ihm vergeben. Doch plötzlich fuhr der Gedanke, wie ihr Geliebter in den Armen der berüchtigten Delilah gelegen hatte, durch sie, und das machte es ihr nicht so leicht.

Sie trat zurück und betrachtete den betrübten Bittenden. „Du bittest um Vergebung“, stöhnte sie. „Bin ich denn eine Puppe, daß man bei mir nur an einem Faden zu ziehen braucht?“

Simson senkte den Kopf und nahm ihre Vorwürfe hin wie weitere Schläge mit der Peitsche.

„Du hast mich immer wieder betrogen, Simson“, weinte sie. „Wieder und wieder!“

Voller Scham schlug Simson die Hände vor das Gesicht. „Meine Augen! Meine Augen!“ klagte er.

Dieser Schrei ließ Marissa bis ins Innerste erzittern. Doch es war keine Bitte um Mitleid, wie an den folgenden Worten zu erkennen war. Er bekannte: „Es waren meine Augen, die mich immer zum Betrug verführten. Augen der Lust und der Sünde! Wie oft habe ich Gott gebeten, Er möge mich blind machen, damit ich die Versuchungen zur Lust und zur Sünde nicht mehr sehen könnte.“

Er stolperte zurück und warf sich weinend über das Mühlrad. „Und nun hat Er mein Gebet erhört“, stöhnte er. „Die Wege Gottes sind ganz gewiß höher als die unseren. Aber es sind immer die richtigen Wege.“

Tief erschüttert stand Marissa in stillem Schrecken vor dem geliebten Mann. Sie wagte nicht, ihn noch ein zweites

Mal zu tadeln, denn sie erkannte, daß er unter seinem Versagen schon mehr gelitten hatte, als sie ahnte. Und sie liebte ihn noch mehr als je zuvor.

Leise ging sie zu ihm, setzte sich neben ihm auf das Mühlrad, nahm seine breite Hand und begann sie zu streicheln. Der kleine Dan beobachtete das seltsame Paar mit schweigendem Staunen.

„Simson", sagte sie leise, „ich bin nicht nur gekommen, um zu sehen wie es dir geht, sondern weil deine Mutter mich sendet. Dein Vater ist schwer krank und läßt dir eine Botschaft überbringen."

„Vater?" schnaufte Simson.

„Sie – sie sagen, er liegt im Sterben", stammelte Marissa. „Aber er bittet dich, er fordert dich auf, du sollst dich selbst an den Philistern rächen, Simson. O, mein Lieber, du mußt sein Herz in seinen letzten Stunden erfreuen."

Simson erhob sich und schüttelte verständnislos den Kopf. „Vater?" fragte er verwundert.

„Gott hat dich nicht verlassen", ermutigte Marissa ihn. „Deine Mutter hat mir ein Geheimnis erzählt, Simson, eines, das sie und dein Vater bis jetzt für sich behalten haben."

Nun berichtete sie, was Rena ihr von dem Engelsbesuch erzählt hatte. „Du bist von Gott gesegnet und beauftragt", schloß sie. „Von Geburt an bist du dazu bestimmt, uns von den Philistern zu erretten."

Zitternd lehnte sich Simson an das Mühlrad. Es schien so, als würde das Rätsel seines Lebens doch noch eine Lösung finden. Und diese Möglichkeit schien zu groß für ihn, als daß er sie hätte in diesem Augenblick ganz fassen können.

„Du bist immer noch der starke Mann Israels", machte Marissa ihm Mut. „Du bist noch unser Held. Räche dich selbst, um deiner Familie und um unseres Volkes willen."

Doch gerade als Hoffnung aufkeimen wollte, schüttelte Simson den Kopf und fuhr sich über sein wieder wachsendes Haar. „Delilah glaubte, mein Haar sei meine Kraft", sagte er spöttisch. „Doch es war eigentlich nicht der Verlust meines Haares, der mich besiegte, sondern meiner Sünden wegen hat der Herr sich von mir zurückgezogen."

Sanft fuhr Marissa ihm jetzt über das Haar. „Will der Herr denn für immer strafen?" fragte sie. „Will er nie vergeben, wenn wir unsere Sünden bereuen?"

Als er sich ihr jetzt zuwandte, erkannte sie, wie Zweifel und Hoffnung auf seinem Gesicht miteinander kämpften. Sie erklärte fest: „Du bist der Stern Israels, mein Geliebter! Stehe auf, fasse Mut und gewinne deinen guten Namen zurück!"

Für eine ganze Weile herrschte Schweigen, während Simson über ihre Worte nachdachte. Dann forderte er Marissa und den kleinen Dan auf, sich neben ihn zu setzen. Er überlegte noch einen Augenblick und begann dann:

„Vor langer Zeit gab der Herr mir einmal ein Rätsel ein, mit dem ich meine Feinde besiegen wollte. Ich dachte damals, ich hätte seine Bedeutung begriffen. Doch erst jetzt sehe ich, daß ich nur den oberflächlichen Sinn erfaßt hatte."

„Ein Rätsel", fragte Dan interessiert. „Was war es?"

„Aus dem Fresser kam etwas zu essen", erinnerte er sich und lächelte, „und aus dem Starken kam etwas Süßes."

Marissa überlegte. Sie fragte sich, welches Erlebnis im Leben ihres Geliebten ein so paradoxes Rätsel hervorgebracht hatte.

„Was hatte es zu bedeuten?" wollte Dan wissen.

„Was es damals bedeutete, ist nicht mehr wichtig", überlegte Simson laut. „Was es jetzt sagen will, darauf kommt es an: Gott hat mir aus dem Leid, das mir durch eigene Schuld widerfahren ist, das Glück geschenkt, den tiefsten Wunsch meines Herzens zu erfahren."

Er zog Marissa an sich und flüsterte: „Meine Liebe, wenn ich es recht überlege, so bist du doch die einzige wahre Liebe meines Lebens."

Dann nahm er Dans kleine Hand und legte sie in ihre. „Dies ist mein Sohn, Marissa. Er ist Fleisch von meinem

Fleisch. Und er würde auch gern dir gehören, denn seine Seele sehnt sich nach einer Mutter, die er nie kennengelernt hat. Und wenn ich es mir recht überlege, so bist du meine Frau, obwohl du es nie geworden bist."

Marissa konnte kaum begreifen, was Simson sagte. „Dein Sohn?" schnaufte sie überrascht.

„Ja, er wurde gerettet aus der Asche von Mardoks Haus. Josef hat ihn mir gestohlen, ehe ich überhaupt wußte, daß ich einen Sohn hatte. Er hat ihn großgezogen und als seinen eigenen Sohn ausgegeben."

Simson schwieg einen Augenblick, ehe er fortfuhr: „Aber dann hat Josef den Jungen aus Haß gegen mich nach hier gebracht und an die Priester Dagons verkauft. Und in diesem Haus des Todes und des Götzendienstes wurde er mir wiedergegeben. Und nun, meine Liebe, lege ich ihn in deine Hände. Bewahre und erziehe ihn für mich, bis ich wieder mit euch beiden zusammensein kann."

Tief erschüttert blickte Marissa auf den Jungen. In seinem hübschen Gesicht entdeckte sie den Schatten einer Ähnlichkeit mit ihrem Geliebten.

Doch der Junge entzog ihr seine Hand und klammerte sich an Simson. „Papa, schicke mich nicht fort!" rief er.

„Sei nur ruhig, mein Sohn", sagte der Riese leise und legte die kleine Hand wieder in die Marissas. Dann umfaßte er die beiden Hände mit seiner großen, als könne er seine neugefundene Familie so umfassen, wie er sie in sein Herz geschlossen hatte.

„Natürlich wird die Zeit kommen, da werde ich wieder bei euch sein", redete der Gefangene seinem Sohn zu. „Du mußt mich auch jetzt noch nicht verlassen, sondern kannst bei mir bleiben, bis der Morgen dämmert. Du weißt doch, morgen ist Mardoks großes Fest."

Verwundert, aber auch beruhigt schmiegten sich Marissa und ihr neuer Schützling in die Arme ihres Helden. Bald waren sie auf dem Mühlrad eingeschlafen, und der Hauch der Zuversicht bedeckte sie wie mit einem Mantel.

2. KAPITEL

An dem großen Festtag Dagons kamen viele Besucher schon mit der Morgendämmerung in die Stadt, und die Arbeit in den Straßen und im Tempel begann noch früher, um alles für das Fest vorzubereiten. Der kleine Dan erwachte als erster von den Geräuschen, die durch den Schacht in die Mühle drangen. Er sprang auf und rannte zur Tür.

Dann schüttelte er die beiden anderen. „Ich muß gehen!“ rief er den noch Schlaftrunkenen zu. „Heute ist der große Opfertag für Dagon. Und wir Jungen müssen dabei alle helfen. Man wird bald nach mir suchen, wenn ich nicht erscheine.“

Voller Furcht klammerte sich Marissa an Simson. Doch der schob sie von sich und sagte zu Dan: „Nimm sie mit. Du mußt unserer lieben Mutter den Weg hinaus zeigen. Sie darf hier im Tempel nicht gesehen werden.“

Marissa ordnete schnell ihre Kleidung und fragte: „Was sind das für Opfer, und warum ist draußen schon soviel Lärm?“

„Es ist der größte Feiertag ihres Gottes Dagon“, erklärte Simson.

„Und was wird da alles geschehen?“ wollte Marissa wissen.

„Es werden sehr viele Opfer gebracht, sie feiern ein großes Freudenfest, und außerdem wollen sie auch den Sieg über ihren größten Feind feiern“, sagte Dan. „Aber es sind sehr böse Menschen, liebe Frau, sehr böse“, fügte er hinzu.

„Geh jetzt, Dani“, befahl Simson, „und bringe Marissa sicher hinaus!“

Doch die Frau klammerte sich an den Gefangenen. „Ich werde nicht gehen“, sagte sie. „Wie könnte ich dich jetzt wieder verlassen.“

Simson zog sie nochmals fest an sich und lauschte dann auf den Lärm von draußen. Dann sagte er: „Es ist ein guter Tag, um dem Gott Israels zu vertrauen! Geh jetzt, Marissa, wir treffen uns in Zora!“

Mit diesen Worten schob er sie zu Dan.

„Komm schnell!“ drängte der Junge. „Der Wächter wird bald erscheinen.“

Mit Tränen in den Augen ließ Marissa sich von Dan hinwegführen. An der Tür rief sie nochmals zurück: „Ich liebe dich!“

Simson nickte ihr noch zu und biß sich auf die Lippen, um nicht wieder in Tränen auszubrechen.

Seine Gedanken gingen mit Marissa. Er hoffte, Dan würde sie sicher aus dem Tempel bringen. Um sich abzulenken, begann er den Balken zu drehen und die Mühle in Bewegung zu setzen. Die vielen verschiedenen Geräusche von draußen wurden immer lauter, und sein brutaler Wächter war noch nicht erschienen.

Nach Sonnenaufgang wurden auch Musik und Gesang von draußen hörbar. Simson, der sich mit heidnischen Sitten ein wenig auskannte, wußte, daß dies nur der Anfang war. Das Fest würde bis spät in die Nacht hinein dauern. Was er nicht wußte, war, was die Philister heute mit ihm vorhatten. Doch wenn auch der Sieg über ihn gefeiert werden sollte, würde er wohl sein Teil dazu beitragen müssen, und er würde sicher den Feiernden zur Schau gestellt werden. Doch er befürchtete, es könnte noch mehr als das kommen.

Nie war er vorher so voller Furcht gewesen. Bei allen

Auseinandersetzungen mit seinen Feinden hatte er wohl Zorn und Rachedurst gekannt, aber nie wirkliche Furcht.

Damals im Falkengebiet, wo er fast vor Durst gestorben wäre, hatte er die Furcht vor dem Tod kennengelernt. Aber was ihn heute plagte, war die Furcht vor dem Unbekannten. Er war den Philistern blind und hilflos ausgeliefert. Die Nachricht von seinen Eltern, die Marissa ihm gebracht hatte, war der einzige Schimmer der Hoffnung.

Endlich erschien auch sein grausamer Wächter. Da Simson gerade eine kleine Pause eingelegt hatte, schlug der Unhold ihn heftig mit der Peitsche und zwang ihn, die Mühle wieder in Bewegung zu setzen. Dabei murmelte er, daß die Arbeit an der Mühle nichts wäre im Vergleich zu dem, was heute noch auf Simson zukommen würde.

Als es Mittag wurde, kam diesmal kein kleiner Junge, um ihm Wasser zu bringen. Der Schweiß lief ihm in Strömen vom Körper. Immer wieder lauschte er nach draußen auf den Lärm der Feiernden. Als es dann still wurde, erklang eine einzelne Stimme, die eine Ansprache hielt. Simson erkannte den Redenden. „Bariath!" knirschte er wütend.

Ja, es war sein blonder Feind, auf dessen Befehl hin ihm die Augen ausgestochen wurden und dessen Geliebte ihn zu diesem tiefen Fall verführt hatte.

Auch jetzt noch, in seiner immerwährenden Dunkelheit, mit keinen Augen mehr, die er schließen und öffnen konnte, stand die Erinnerung des weißrot glühenden Eisenstabes vor ihm. Er konnte vor seinen inneren Augen sehen, wie dieser Stab von einem höhnisch grinsenden Philister vor seinen Augen hin und her geschwenkt wurde, ehe er ihm damit direkt in die Iris stieß. Simson hatte vor Schmerz laut geschrien. Und dann war diese grausame Prozedur bei seinem zweiten Auge wiederholt worden.

Ein Schmerz, von dem er glaubte, daß er nicht zu ertragen wäre, hatte ihn danach den ganzen Tag gepeinigt. Er hatte gelernt, wie es war zu sterben und doch weiterzuleben. Doch als die Erinnerungen an dieses schreckliche Ereignis verblaßten, sprach Bariath immer noch, und jetzt konnte Simson ihn auch verstehen:

„Männer und Frauen von Philistäa! Anbeter unseres großen Gottes Dagon!“ rief er gerade. „Wir feiern heute auch den Sieg über unseren schlimmsten Feind, der in Aschkalon gewütet und hier in Gaza das Stadttor herausgebrochen und davongetragen hat, den Mann, der viele tausend unserer Männer erschlagen hat, das Monster von Israel, Simson!“

Die Zuhörer draußen verfielen in Raserei. Lautes Geschrei, Stampfen der Füße und Händeklatschen mischten sich mit dem Lärm der Trompeten, Trommeln und Pauken.

Als wieder Ruhe eintrat, fügte Bariath mit seiner lauten Stimme, die weithin zu hören war, noch hinzu: „Wir wollen heute unserem großen Gott Dagon, der uns den Sieg über unseren Feind Simson gegeben hat, dafür Dankopfer bringen. Und anschließend wollen wir feiern, fröhlich sein und es uns gut gehen lassen.“

Wieder begann das laute Beifallsgeschrei und das Dröhnen der Musik, bis es in einen Gesang überging, der irgendwo begonnen hatte und von den Zehntausenden, die feierten, aufgenommen und immer und immer wieder gesungen wurde. Simson lauschte ein wenig, bis er die Worte verstand. Die Philister sangen:

Unser Gott hat
unseren Feind in unsere Hand gegeben,
ihn, der unser Land verwüstet hat,
der so viele von uns erschlagen hat.
Unser Gott hat unseren Feind
in unsere Hand gegeben.

Es war schon gegen Abend, als Simson aus einem alptraumhaften Schlummer erwachte. Eine schmale, sanfte Hand, nicht zu dem schrecklichen Traum passend, der ihn soeben noch erschreckt hatte, rüttelte an seiner Schulter. Noch von seinem Traum erschreckt, griff Simson nach der Hand und drückte heftig zu.

„Papa“, schrie Dan vor Schmerz, „ich bin es doch nur!“

Mit einem lauten Seufzer ließ Simson die Hand los und zog den Jungen an sich. „Gott sei Dank, es ist vorbei!“ rief er.

Simson wurde hellwach und hörte, daß die Philister immer noch sangen. Inzwischen waren die meisten auch schon betrunken und gaben sich ausschweifenden Exzessen hin. Die Stadt war voller Teufelei und Sünde.

„Es wird bald vorüber sein“, flüsterte Dan. „Sie verlangen jetzt nach dir, und wenn ihr Wunsch erfüllt ist, dann wirst du wieder sicher sein.“

Simson war überrascht und ging einige Schritte zurück. Doch Dan drängte ihn und versuchte, ihn und sich selbst zu überzeugen, daß die Sache harmlos enden würde. „Sie sagen“, schnaufte er, „du sollst für sie tanzen. Aber komm“, drängte er, „wir müssen jetzt gehen, sonst werden sie noch ungeduldig.“

„Sie senden dich, um mir das zu sagen?“ ärgerte sich Simson. „Ich soll für sie tanzen, und sie schicken einen kleinen Jungen, um mich zu holen. O Herr, mein Gott, wie schamlos sie doch sind. Sie haben keine Achtung mehr vor mir. Barbaren sind sie alle!“

Zu Dan sagte er: „Lauf davon, mein Junge! Renne um dein Leben, so schnell du kannst. Diese Verrückten meinen es nicht gut mit dir. Bringe dich in Sicherheit.“

Doch Dan ergriff die Hand des Gefangenen und begann zu weinen. „Nein, Papa, ich werde dich nie verlassen. Ich bin froh, daß sie mich zu dir gesandt haben, dann kann ich auch bei dir bleiben.“

„Also gut“, willigte Simson ein, „dann laß uns gehen.“ Er ließ sich von dem Jungen führen, dabei fragte er erregt: „Und Marissa, wo ist sie? Konnte sie sicher die Stadt verlassen?“

„Nein, Papa“, antwortete er schüchtern. „Die Dame wollte dich ebenfalls nicht verlassen. Ich habe sie oben unter der Treppe versteckt, die zum Getreidelager führt. Erst wenn das Fest vorüber ist, will sie gehen.“

3. KAPITEL

Marissa saß versteckt in einer Ecke hinter der Treppe, die zum Getreidelager hinabführte. Als Dan sie am Morgen aus dem Tempel führen wollte, hatte sie sich geweigert und gesagt: „Ich kann Simson nicht verlassen! Nicht jetzt!"

Also hatte der Junge sie in das Versteck gebracht, von wo aus sie, wenn sie vorsichtig war, ab und zu auch einen Blick auf den großen Tempelhof tun konnte.

Sie hätte sich auch unter die Feiernden mischen können. Neben den Philistern waren auch Leute aus vielen anderen Völkern zum Hauptfest Dagons in seine Stadt gekommen. Und da Marissa diesmal eines ihrer schönsten Kleider angezogen hatte, wäre sie unter den Feiernden nicht weiter aufgefallen. Aber das Risiko bestand immer, daß man sie als Israelitin erkannt hätte. Deshalb blieb sie in dem Versteck.

Während Simson nur den Lärm des wilden Festes ertragen mußte, kamen für Marissa auch noch die Gerüche hinzu und das, was sie auf dem Hof sah. Auf dem großen Altar im Hof wurden Tausende von Tieren – Tauben, Ziegen und Schafe – für Gott Dagon geopfert.

Es war leicht zu erraten, daß der blonde Riese, der die Festrede hielt und den Ehrenplatz einnahm, derselbe Mann war, der den Sieg über Simson zustande gebracht hatte. Als eine schwarzhaarige, überaus schöne Frau sich neben ihn setzte, schlug Marissas Herz heftiger. Das war sicherlich Delilah, die einzige Waffe der Philister, mit der sie Simson besiegen konnten.

Hätte Marissa die Frau nicht schon identifiziert, dann hätten es die Philister jetzt für sie getan. Laut jubelten sie: „Delilah! Delilah!" Und bald wurde der Name der Frau mit der der Gefährtin Dagons, der Göttin der Liebe selbst, zusammengebracht. „Aschtaroth! Aschtaroth! segne Delilah!" riefen sie immer wieder.

Marissas Herz wurde schwer, als sie Delilah und Bariath nebeneinander sitzen sah. Sie fragte sich, was diese beiden größten Gegner Simsons sich wohl für ihn ausgedacht hatten, um ihren Triumph noch voll auszukosten.

Es wurde schon langsam Abend, da neigte sich Delilah zu Bariath und flüsterte ihm etwas ins Ohr. Bariath lächelte breit, erhob sich und hob Ruhe fordernd die Hand.

„Meine Damen und Herren", begann er, „unsere Dame Delilah, die uns einen so großen Dienst erwiesen hat, indem sie unseren größten Feind überwand, hat eine Bitte. Sollten wir die nicht erfüllen?"

Wieder erhob sich lauter Beifall, und von allen Seiten hörte man zustimmende Rufe.

„Unsere Dame möchte ihren besiegten Feind sehen", verkündete Bariath laut. „Sie meint, da sie ihm Gastfreundschaft gewährt hat, sollte auch er ihr einen Gefallen tun."

Wieder erntete er allgemeine Zustimmung.

„Holt den Gefangenen", befahl Bariath. „Er soll für uns tanzen."

Das würde ein Spaß werden! Wie demütigend mußte das für den Mann sein, vor dem sich noch vor kurzer Zeit alle Philister fürchteten und der lange Jahre Israels großer Held gewesen war. Die Menge begann im Rhythmus seinen Namen zu rufen: „Simson! Simson! Simson! Tanze für uns und singe für uns!"

Marissas Herz wurde von Furcht ergriffen. Wie sehr würden diese Leute Simson demütigen, fragte sie sich. Die Aufmerksamkeit der Feiernden wandte sich dem Haupteingang zu, wo sie Simsons Erscheinen erwarteten.

Marissa fand, dies sei eine günstige Gelegenheit, sich

nach draußen zu begeben und unter die Menge zu mischen, da jetzt doch niemand auf sie achten würde. Sie schlang den Schal eng um ihr Gesicht und schob sich vorsichtig unter die Menschen, und obwohl sie vor Angst zitterte, suchte sie sich doch einen Platz in den vordersten Reihen.

Es dauerte nicht mehr lange, da wurden die Pauken lauter, und die Erwartung der Menge wurde befriedigt, denn Simson erschien zwischen zwei Pfeilern innerhalb des Eingangs zum Tempel. Aber zu ihrem großen Schrecken sah sie, daß der kleine Dan es war, der den Blinden an der Hand zu seinem Platz führte. Schnell führte sie die Hand zum Mund, um den Verzweiflungsschrei zu ersticken, der aus ihrer Kehle aufsteigen wollte.

Kaum hatte sie sich wieder gefaßt, da hörte sie hinter sich jemand überrascht die Luft ausstoßen, und ein Arm faßte ihren Ellbogen. Sie fuhr herum und blickte in die glitzerndsten Augen, die sie je gesehen hatte. Von unter her sie anblickend, wurde sie förmlich von dem Haß dieser Augen durchbohrt. „Josef?" schnaufte sie überrascht. Doch wie hatte er sich verändert. Aus dem einst so klugen und fröhlichen Geschäftsmann war ein von Haß verzehrter Mensch geworden, der mit sich selbst und aller Welt im Unfrieden lebte.

„Marissa", zischte er durch die Zähne, „wie kommst du hierher?"

Marissa stand wie erstarrt. Sie hätte ihm gern tausend Fragen vorgelegt und tausend Anschuldigungen vorgebracht, doch es war ihr nicht möglich, auch nur ein einziges Wort zu sagen.

Neben ihm, den Arm um seine Schulter gelegt, stand eine rothaarige Frau, die mit ihrem Putz, ihrer Schminke und ihrer Schönheit fast mit Delilah verglichen werden konnte.

„Wer ist das?" fragte sie flüsternd Josef.

„Simsons Geliebte", antwortete er laut genug, daß auch Marissa es verstehen konnte. „Aber nicht so, wie du das warst, meine Liebe."

Hochmütig blickte sie Marissa an und zuckte mit den Achseln, als wollte sie sagen, ein Mann, der sich in diese Israelitin verlieben könnte, verdiente es nicht besser.

Wieder fragte Josef voller Haß: „Wie kommst du nach hier, Marissa? Glaubst du, du könntest Simson noch retten und nach Zora nehmen, als einen dir treuen Gatten?"

Sie zuckte zusammen und wandte sich ab. Doch er sagte von hinten: „Und du glaubst, daß er dich jetzt möchte? Ein Mann, der Delilah genießen durfte?"

Als die Rothaarige ihm einen eifersüchtigen Blick zuwarf, fügte er schnell hinzu: „Und natürlich auch meine Schönheit Marijah."

Bis ins Innerste getroffen, konnte Marissa nicht verstehen, von welchen Dämonen Josef getrieben wurde. Sie drängte sich weiter durch die Menge, bis sie ziemlich in der vordersten Reihe, aber seitlich an der Mauer stand. „Simson!" seufzte sie. Aber niemand kümmerte sich darum.

Das zum Donner gesteigerte Gedröhn der Pauken verstummte, als Bariath seine Hand hob und befahl: „Bringt den Gefangenen nun zwischen die beiden mittleren Säulen, damit alle ihn sehen können. Dort soll er für uns tanzen!"

In dem gewaltigen Tempel gab es Hunderte von Säulen. Viele waren nur zur Verzierung da, andere wieder zum Tragen von Gebäudeteilen. Doch die beiden riesigen Säulen, die Bariath meinte, waren die beiden Hauptsäulen, bei denen alle anderen Lasten zusammenliefen, dazu gehörten der Tempel, die große Haupthalle und die Terrassen auf den Dächern der Halle und des Tempels.

Unter diesen Dächern standen Tausende von Menschen, die alle einen Blick auf den großen Feind Philistäas erhaschen wollten. Und auf den Terrassen drängten sich noch einige tausend. Die Zurschaustellung des starken Mannes, des Helden von Israel, war der Höhepunkt dieses Tages, den sich viele nicht entgehen lassen wollten.

„Sing, Simson!" riefen die dreitausend, die in der Halle

in seiner Nähe standen, und Tausende mehr auf den Dachterrassen. „Tanze, Simson!"

Dan, der den Gefangenen bei der Hand hielt, begann zu weinen. Marissa mußte alle Kraft zusammennehmen, um nicht loszurennen und den Jungen in ihre Arme zu reißen. Doch sie wagte es nicht, da sie dadurch den Jungen nur in Gefahr bringen würde.

Nun begannen die Pauken wieder, und die andere Musik fiel ein. Dan zog an Simsons Hand, und dieser beugte sich zu ihm nieder. Nur Simson verstand die verzweifelten Worte des Jungen. „Papa, tanze", bettelte er, „dann werden sie dich wieder gehen lassen."

Simson richtete sich wieder auf und tat, was von ihm verlangt wurde. Seine Füße bewegten sich schwerfällig wie die eines tanzenden Bären im Takt der Musik. Die Menge lachte und spottete, Dan hielt den Gefangenen fest an der Hand, und Marissas Herz war nahe am Zerbrechen.

Doch was war das? Der Gefangene schien matt zu werden. Laut genug, das viele der Umstehenden es hören konnten, sagte er zu dem Jungen: „Führe mich zu den Säulen, damit ich mich ein wenig dagegenlehnen kann."

Verwundert gehorchte Dan und tat, was Simson forderte. Simson lehnte sich einen Augenblick an die eine Säule und ließ sich dann von Dan direkt zur anderen führen. Als er zwischen ihnen stand, streckte er seine langen Arme aus und stützte die großen Handflächen rechts und links an die beiden Säulen, die das Gebäude trugen.

Die Leute begannen zu protestieren, ihre Köpfe zu schütteln und zu spotten. „Wo ist nun deine Kraft, mächtiger Simson?" höhnten sie. „Kannst du nicht einmal mehr auf deinen eigenen Füßen stehen, ohne dich stützen zu müssen?"

Als Marissa näher hinblickte, erkannte sie einen Ausdruck auf seinem Gesicht, den vor allem die hätten beachten sollen, die ihn weniger gut kannten. Er tanzte noch immer. Wenigstens hob er seine Füße und bewegte den Oberkörper im Takt der Musik zwischen den beiden Säulen hin und her. Doch sein Gesicht war ein wenig emporgehoben, so als lausche er auf etwas, das er über die Musik und das Geschrei der Menge hinweg hören könnte.

Als wäre es erst gestern gewesen, und nicht ein halbes Leben zurück, wußte Marissa sofort, wo sie diesen Gesichtsausdruck schon einmal bei ihm gesehen hatte. Sie erinnerte sich daran, als Simson noch ein Bauernjunge war und den Heuwagen emporgehoben hatte, unter dem der kleine Josef gefangen lag. Da hatte er wenige Augenblicke vorher das Gesicht genauso zum Himmel gehoben, als lausche er auf die Stimme Gottes. Und an jenem Tag hatte er Worte gerufen, die sich für immer in Marissas Seele eingegraben hatten.

Sie sprach sich selbst Mut zu, während sie hier im Hof des heidnischen Tempels stand, und erwartete, daß Simson wieder ähnliche Worte sprechen würde. Und mit einem Mal bekam alles einen Sinn, die Forderung Renas, zu Simson zu gehen und ihm die Botschaft zu überbringen. Die Begegnung mit Dan, der sie zu Simson führte, den sie sonst nie gefunden hätte, und nun diese Stunde.

Plötzlich rief Simson laut: „O Gott, gib mir Kraft!“ Er stemmte sich mit aller Macht gegen die beiden Säulen und schrie: „Herr und Gott, denke doch an mich! Gib mir nur noch dieses eine Mal die Kraft, mein Gott, damit ich an den Philistern Rache nehmen kann!“ Wieder stemmte er sich gegen die Säulen und drückte mit aller Kraft gegen sie.

Die Menge beobachtete ihn und lachte nur noch lauter. Sie glaubten, er würde jetzt einen Clown spielen. Soviel hatten sie gar nicht erwartet. Welch ein Spaß das doch war!

Doch während die Menschen vor Vergnügen schrien, löste sich Marissa aus den Reihen, erhaschte dann einen Blick von Dan und winkte ihm, zu ihr zu kommen. Doch während der Junge zögerte und sich an Simsons Hüfte klammerte, deutete sie zum Dach, wo sich schon einige Risse zeigten.

Nur ein Israelit hätte darauf geachtet. Ein Israelit oder eine Israelitin, die immer noch an die Macht des allmächtigen Gottes glaubte. Niemand sonst. Keiner der Philister, oder wer auch sonst noch anwesend war, hätte jetzt nach oben geblickt und Simsons Bemühungen ernst genommen. Alle wollten keinen Augenblick des komischen Schauspiels vermissen, das ihnen der gefürchtete Held Israels jetzt bot.

Als Dan auf den Wink Marissas hin nach oben blickte, sah er, wie die Säulen begannen sich zu verbiegen. Es zog ihn nun nach zwei Seiten. Er wollte seinen geliebten Vater, den er gerade erst gefunden hatte, nicht wieder allein lassen.

„Papa!" schrie er verzweifelt.

„Geh, Dani!" befahl Simson. „Geh, mein Sohn! Laufe zu Marissa und sorge für sie wie für eine Mutter!" Und mit einem kurzen Stoß seines mächtigen Beines schleuderte er Dan von sich.

Weinend rannte der Junge in Marissas ausgestreckte Arme.

Und es war gerade noch Zeit gewesen, denn nun bemerkten auch die Menschen plötzlich die Gefahr. Alle Augen wandten sich von dem Löwen Israels ab zu den schwankenden Säulen, und von den Säulen zum Dach – und vom Dach zu den vielen Menschen, die da oben standen.

Auf einmal war das Schauspiel nicht mehr amüsant. Menschen, die an den Balustraden hochgeklettert waren, um besser zu sehen, stürzten auf den Hof. Die auf den Dächern stürzten durcheinander, als die Terrassen Schieflage bekamen. Aus Musik und Gesang wurden Schreckensschreie. Gelächter verwandelte sich in Angst, als alle Gebäude auf dem Tempelberg zu wackeln begannen.

Entsetzt wandten sich die Menschen dem Ausgang zu. Doch die ausbrechende Panik machte alles nur noch schlimmer, denn die Leute stürzten übereinander und verstopften die Gänge und die Kolonnaden.

Ein Gebäude nach dem anderen stürzte zusammen. Tausende wurden unter den Trümmern begraben oder lagen mit gebrochenen Gliedern herum. Im Zentrum des Eingangs saßen der große Bariath und seine Dame Delilah. Sie waren sich vor Schreck in die Arme gefallen und klammerten sich aneinander. Doch sie fanden genausowenig Sicherheit wie Josef und die von Schrecken ergriffene Marijah, die vergebens zu entkommen suchten. Alle wurden in den Untergang mit hineingezogen – Reiche und Arme, Männer und Frauen.

„Gedenke an mich", schrie Simson, und seine Stimme dröhnte wie die eines Racheengels. „Herr, denke an mich, wenn ich mit diesen Philistern sterbe!"

Mit einer letzten gewaltigen Anstrengung stürzte er die beiden Schlüsselsäulen um, und das gesamte Haus Dagons wurde zu einem Trümmerberg, unter dem der Held Israels ebenfalls mit begraben war.

Der Mann, der die Philister viele Male besiegt hatte, tötete im Sterben noch viele mehr als während seiner ganzen Lebenszeit.

EPILOG

Herr und Gott, denke doch an mich!
Richter 16,28

Ein voller Mond hing über der kleinen Stadt Zora. Am Bach spielte ein leichter Sommerwind mit den Weiden, und das Wasser des Baches glitzerte im Mondlicht.

Die meisten Frauen beendeten gerade ihre abendliche Hausarbeit. Marissa mußte nicht in der Küche bleiben. Unverheiratet, wie sie war, schätzte sie die Zeit, in der sie allein sein konnte. An einem so schönen Abend wie diesem fand man sie kaum im Haus.

Sie saß auf einer Bank am Bach und lauschte dem Gesang der Männer, der aus dem einfachen Versammlungssaal zu ihr herüberklang. Es war zwar kein Sabbath, aber seit vielen Jahren versammelten sich die Männer auch zu anderen Zeiten in der Halle. Einfach um Gemeinschaft zu haben, wie sie das nannten.

Die Frauen wußten, daß ihre Männer über die Zukunft Israels diskutierten. Welchen Kurs sie einschlagen sollten, nachdem das Land immer mehr zu einer politischen Einheit wurde.

Manche waren dafür, daß eine Monarchie die veraltete Regierung der Richter ablösen sollte. Andere natürlich hingen an dem Althergebrachten. Sie glaubten, Gott sei der König Israels, und jede Erhebung eines Menschen zu einer solchen Position könnte Götzendienst bedeuten.

Marissa hatte lange genug gelebt und so viel gesehen, daß sie wußte, am Ende würde doch Gott immer wieder Seine Pläne und Seinen Willen durchsetzen, ganz gleich, wieviel die Menschen diskutierten.

Nur eine Sache konnte Marissa von ihrem Lieblingsplatz am plätschernden Bach losreißen. Sie hatte die Aufgabe übernommen, noch für einen anderen Menschen zu sorgen. Und als sie jetzt seine Stimme hörte, die nach ihr rief, erhob sie sich und antwortete: „Hier bin ich, Dan! Ist die Versammlung zu Ende?"

Die Versammlungshalle leerte sich. Alte und junge Männer verabschiedeten sich voneinander und gingen nach Hause. Dan kam über den Marktplatz zu Marissa gelaufen.

„Wo hast du deinen Umhang, Mutter?" fragte er. „Es wird jetzt doch etwas kühl."

„Du machst dir zu viele Sorgen um mich", lächelte sie. „Nun, hat eure *Gemeinschaft* zu etwas geführt?" neckte sie ihn. „Warum müßt ihr Männer an so schönen Abenden in der stickigen Luft sitzen?"

„O Mutter", wehrte Dan sich, „ich wünschte, du könntest einmal dabei sein. Wir machen Pläne. Du wirst es noch sehen."

„So, so", lachte sie. „Ihr macht scheinbar immer Pläne. Welche waren es denn heute abend? Ein neuer Krieg gegen die Hittiter, oder ein neuer Handelsvertrag mit Ägypten?"

„Keins von beiden", erklärte Dan. „Nimm mich doch einmal ernst. Wir werden einen König bekommen, du wirst sehen. Vater war der letzte große Richter Israels."

Marissa, die ihren Sohn von der Seite studierte, sah immer wieder, wie viele Ähnlichkeiten er mit seinem Vater im Aussehen hatte. Zwar war er nicht so riesig groß wie der starke Richter Israels, doch in seinen Gesichtszügen, seinen Augen und seinem schwarzen Haar fand sie vieles von ihrem geliebten Simson wieder. Außerdem war er sehr intelligent und war trotz seiner jungen Jahre schon zu führenden Stellungen in der Stadt aufgerückt.

Marissa hörte ihm aufmerksam zu, als er jetzt fortfuhr: „Weißt du, Samuel ist ein großer und guter Richter und ist unter unserem Volk sehr beliebt. Aber er hat zu viele Lasten zu tragen. Wir erfuhren aus Siloh, daß er nach einem passenden Mann sucht, der König in Israel werden könnte."

„Da braucht er nicht mehr lange zu suchen", lächelte Marissa. „Sagt ihm, wir hätten einen solchen Burschen in Zora."

„Du weißt, Mutter, daß dies nicht meine Aufgabe sein kann. Ich bin damit zufrieden, unter unserem Volk ein Lehrer zu werden."

Marissa nickte. „In diesem Punkt ähnelst du sehr deinem Großvater Manoah. Der war auch ein sehr weiser Mann."

Dan erinnerte sich, wie sie in Gaza dem Einsturz des Tempels entkommen waren. Marissas Aufmerksamkeit und die Aufforderung Simsons, zu fliehen, hatten ihnen die wenigen Minuten Vorsprung gesichert, die dazu dienten, den einstürzenden Komplex noch sicher zu verlassen.

Marissa hatte ihn mit nach Zora genommen und ihn geliebt, als wäre er ihr eigener Sohn. Dan hatte auch dem Herzen seiner Großmutter Rena noch viel Freude bereitet. Leider hatte Manoah den Verlust Simsons nicht überlebt. Er war an dem Tag gestorben, als in Gaza der Tempel zusammenbrach.

„Also sage mir", bohrte Marissa, welche großen Dinge hast du heute abend gelehrt?"

„Ich habe von dem Beispiel meines Vaters gesprochen und den Männern klargemacht, daß niemand von uns ohne Fehler ist und daß wir auch keinen König finden können, der perfekt wäre. Wir müssen nur bereit sein, uns ganz für unseren Gott und für Israel einzusetzen. Wir alle müssen im Leben auch die bitteren Früchte essen und verdauen. Doch die Gnade Gottes bleibt für uns immer erreichbar, wenn wir sie suchen. Aus unseren größten Fehlern können wir oft so viel lernen, daß am Ende große Siege daraus entstehen. Ich denke, das können wir am Leben meines Vaters sehen."

Marissa nickte nachdenklich, als sie jetzt an der Seite Dans nach Hause ging.

„Ich habe immer noch die letzten Worte Vaters in den Ohren: *Mein Gott, denke doch an mich!* Und ich meine, auch wir sollten ihn nie vergessen", fügte Dan noch hinzu.

„Mein Sohn", flüsterte sie, „solange es Männer wie dich in Israel gibt, wird man auch immer an Simson denken."

STREBEN NACH INNEREM FRIEDEN Dr. Henry Brandt

Der Verfasser dieses Buches ist der von Tim LaHaye so oft erwähnte christliche Psychologe Dr. Henry Brandt. Er zeigt hier, wie unser körperliches und geistiges Wohlbefinden eng mit dem Frieden der Seele zusammenhängt, und wie aus innerer Unruhe, aus Furcht, Schuldgefühlen, Groll und Zorn schädliche Einflüsse auch für unsere leibliche Gesundheit entstehen. Magengeschwüre, Herzbeschwerden, Nervenzerrüttung und anderes sind dann das Ergebnis. Doch Dr. Brandt zeigt auch den Ausweg aus diesem inneren Unfrieden. Deshalb ist dieses Buch für Gläubige und Ungläubige eine große Hilfe.

Best.-Nr. 20 142 134 Seiten (Paperback) **DM 13,80**

BEREIT SEIN FÜR GOTTES GELEGENHEITEN Larry Tomczak

Gottes Zeitpunkt recht erkennen, wenn Er gerade eine besondere Aufgabe für uns hat, und dann für Ihn bereit stehen; das ist das Thema dieses Buches. Gott will uns gebrauchen und durch uns wirken, wenn wir Ihm stets zur Verfügung stehen. Er wird uns dann „göttliche Gelegenheiten" in den Weg führen, also Zeiten, in denen der Heilige Geist besonders durch uns wirken und uns gebrauchen möchte, Sein Reich mit zu bauen, anderen zu helfen, die in Not sind, mit ihnen zu beten — ja Er möchte sogar durch uns Wunder tun. Larry Tomczak ermutigt hier zu solcher Bereitschaft und gibt feine Ratschläge, wie wir Gottes Stimme besser verstehen, Seinen Willen besser erkennen und uns vom Heiligen Geist besser gebrauchen lassen können.

Best.-Nr. 20 144 142 Seiten (Paperback) **DM 14,80**

ERGRIFFEN VON BARMHERZIGKEIT Douglas Wead

Das Leben in den Straßen Kalkuttas ist das tiefste Stück der Hölle auf Erden. Prostituierte, Waisenkinder, Bettler, Aussätzige, hilflose und verkrüppelte Kinder, Drogensüchtige — sie alle sind ein Stück von diesem elenden, schmutzigen, schrecklichen und erbarmungslosen Leben. Doch inmitten dieser Hölle lebt auch ein Engel der Barmherzigkeit. Es ist der christliche Missionar Mark Buntain, der sich dieser Elenden annimmt und ihnen hilft nach Leib, Seele und Geist. Dieses Buch schildert Einzelschicksale solcher elenden Menschen in Kalkutta, und zwar in so fesselnder Weise, daß man dieses Buch kaum mehr aus der Hand legen mag, bis man die letzte Seite gelesen hat. Außerdem zeigt es etwas davon, was heute Missionsarbeit bedeutet. Spannend von der ersten bis zur letzten Seite sollte es jeder lesen, Alte und Junge.

Best.-Nr. 20 075 168 Seiten (Paperback) **DM 13,80**

MIT DEM HEILIGEN GEIST AN'S ZIEL Georg Steinberg

Jeder Christ weiß, daß er in der heutigen so verwirrten Zeit ohne die Führung des Heiligen Geistes nicht auskommen kann. Dieses Buch zeigt uns anhand der Brautwerbung des Elieser für den Sohn seines Herrn in biblisch fundierter Weise, wie der Heilige Geist die Gemeinde Jesu führen kann und will, wenn wir uns Ihm anvertrauen. Die Notwendigkeit und Möglichkeit solcher Führung auch im Leben des einzelnen wird uns groß gemacht und auch gezeigt, wie der Heilige Geist uns ausrüsten will. Jeder Christ wird das Buch mit viel Gewinn lesen.

Best.-Nr. 20 095 110 Seiten (Taschenbuch) **DM 7,80**

Preisänderungen vorbehalten

Zu beziehen durch:
Leuchter-Verlag eG, Industriestraße 6–8, D-64386 Erzhausen, Postfach 1161
In Österreich: Buchhandlung der Methodistenkirche, A-1082 Wien, Trautsongasse 8, Postfach 65